十四歳からの読書ナビ

小原 信

教文館

邦訳書からの引用文は、本書の文体を考慮し、一部変更したところがある。
そのため、訳者名表記もすべて割愛した。

目次

プロローグ

1951年の春、ひとりのアメリカ人が、ジープに乗って、わたしの中学にやって来ました。おそらく村はじまって以来の出来事だったのでしょう。こういう異変はすぐに伝わるらしく、学校中の授業はたちまち中断されてしまいました。校門の前のジープをみんながのぞきに出て来て、人だかりになりました。

前触れもなく、いなかの中学にガイジンが現われるのは一大事件です。何事かと訝《いぶか》っていたら、校長室に呼び出されて、わたしが当事者になってしまったのです。そこには身長2メートルくらいの、碧い目のひとがいて、かがみ込むようにわたしに話しかけて来ました。かれはプロテスタント・キリスト教の、ある教派の宣教師でした。父がやっているわが家の日曜学校のことを聞きつけて、父に会うために、神戸から山越えでやって来たのです。名前はロバート・C・シェラー。年齢は30くらいのひとでした。

その日父は、隣り村の中学に、校長として勤務中。父に連絡をと言われ、学校にひとつしかない電話で連絡をとりました。壁の送話器に向かい、呼び出しを頼む電話機です。相手の出るのを待って話しかける黒い電話。これはわたしが生まれて初めてかける電話でした。とりあえず自転車で、かれをわが家まで誘導し、父の帰りを待つあいだ、母がお茶を出すそばで、わたしは待機しました。

小川日曜学校は、2年前のクリスマスから父が始めた日曜学校。よるは家族の寝室になる、一階の6畳と8畳の畳の部屋を使っていました。他に弾けるひとがいないので、お前やれといわれて、オルガンはわたしが担当していました。急いで帰宅した父は、しばらく黙って話をきいていましたが、開口一番、これはわたしの日曜学校です。わたしは、わたしのやり方でやりますが、いいですねと、初対面のかれに、父がしっかり、だめ押しをしたのに、わたしは驚きました。

それ以来、シェラーさんは、隔週の日曜日にやって来て、英語で聖書の話をしたのです。シェラーさんはだまってじっと立っていて、わかりやすい英語で、*God is love* と、リズムよく、シンプルに言い放つひとでした。くわしい説明をしないままです。英語はわからなくても、なにかわかる感じがする。そういう不思議な感動をよぶお話でした。そのあと、かみさまはですね、わたしたちにですね、と通訳の説明がながながとつづく。これがわたしには煩わしかった。英語がわからなくても、すうっと体感できるものがあると、わたしは体感していたからです。

シェラーさんは、時間通りに聖書の話だけをして、さっと帰っていくひとでした。ガムやチョコレートなど、いっさい関係のない、さわやかなおつきあいでした。かれが前座で聖書の話をし、そのあと父がしめくくりの話をします。父の話は、あちこちに話が飛ぶので、東西南北といわれていました。

クリスマスに皆勤賞の賞状をわたすとき、父は賞状には書かれていない文言まで述べるので、みんなが大笑いしたものです。オルガン担当のわたしは、すぐ傍のシェラーさんの英語がよく聞こえました。子どもたちの後ろには、青年団の幹事さん、小学校の先生に中学の英語の教師らが座っていました。

クリスマスには１００人近くの子が来るようになっていました。子どもたちへのプレゼントは、ノート、鉛筆、聖句のカード、みかんなど。父がサンタをやりました。献金はしていません。

後に小島信夫の『アメリカン・スクール』(1954年、芥川賞)を読んだわたしは、高校の英語教師らが、英語ならできるひとばかりなのに、アメリカンスクールを訪ねるとき、ガムやチョコレートを投げつけられても平気でいる、被虐趣味のいじましい描写がつづくのに唖然としてしまいました。戦後日本のインテリ層の、アメリカへの対応の仕方はかくも卑屈なものだったのか、と呆れてしまいます。それに較べると、わが家ではだれも物怖じしないで、ごくふつうにしていました。母は「はい、麦茶です、どうぞ」と対応していました。わが家では「シェラーさん」を尊敬しつつも、媚びへつらうことはありませんでした。

シェラーさんは黄土色のステーションワゴンで来られました。わが家までは車が入れないので、少し離れたところで降り、狭い道を歩いてわが家へ来られるのです。村のひとはどこかからしっかりとみつめていました。何かあればたちまち噂《うわさ》になる集落のまなざしの凝視がありました。かれは定時にあらわれ、聖書の話だけをして帰っていかれました。イースターのとき、ヘレン夫人が「うるわしの白百合」(beautiful lilies)を独唱されたとき、オルガンのそばのわたしはその豊かな声と胸に圧倒されました。

父は村でただひとりのクリスチャンであることに使命感を感じて、わたしの中1(1949年)のクリスマスから日曜学校を始めたのです。シェラーさんの登場により、アメリカとアメリカ人が、いきなり、わが家の一部になりました。ふだん家族の寝ている畳の間が、ガイジンの来る日曜学校になったのです。

14歳の少年にとって、夢のように遠い「アメリカ」が、いきなり向こうから近づいて来たのです。だからといって、何かが急に変わったわけではありません。しかし、わたしのなかで何かが動きはじめました。

オルガンのそばで、かれのシンプルでクリアな英語を生で聞いているうちに、外国というのが、もうかつてのような、遠いはるかな国の想像の産物ではなくなっていったのです。

1951（昭和26）年はわたしの14歳の春。この年マッカーサーが帰国します。70年前のことです。

本書のカバー写真は、昭和27（1952）年の小川日曜学校。左端がわたし、信《しん》。高1、15歳のとき。後列右から2人めが父、その横がシェラーさんご夫妻、わたしの横が末弟歓《かん》と母、その前がボビーくんと横向きのジュディちゃん。乳母車も同伴されました。父の左前が弟謙《けん》、その左前が弟望《のぞむ》、母の前が弟進《すすむ》。あの頃いろいろ撮られたコダックのカラースライドがあるはずだと思い出し、お願いして頂いたもの。

わたしの発想の起点は、神戸とアメリカであり、聖書と倫理学かもしれません。神戸はわたしにとって、刷り込みの起点であり、アメリカは異次元でありながらも、わたしに侵入して来た分身のようなものになりました。アメリカとキリスト教が、いつもどこかに関わるのがわたしの精神的背景です。ちいさいころは、聖書の暗唱をさせられたので、文語文の聖書を何箇所か暗誦しています。

われ山にむかひて目をあぐ、わが扶助《たすけ》はいづこよりきたるや（詩篇一二一篇）
ヱホバはわが牧者なり、われ乏《とも》しきことあらじ（詩篇二三篇）
涙と共《とも》に播《ま》くものは、歓喜《よろこび》と共に収穫《かりと》らん（詩篇一二六篇）
ヱホバ、城をまもりたまふにあらずば、衛士のさめをるは徒労《むなしきこと》なり（詩篇一二七篇）
世に勝つものは誰《たれ》ぞ、イエスを神の子と信ずる者にあらずや（一ヨハネ五章）

14歳の位置づけはむずかしいので、ここでは象徴的な14歳ということにして、わたしが個人的に出会いのあった本や出来事とその周辺のお話をします。14歳は、そのひとが人生をはじめる起点です。

『十五少年漂流記』のゴードンは14歳
『ハックルベリー・フィンの冒険』のハックも14歳
『赤毛のアン』は11歳から16歳までをあつかっています
『アンネの日記』のアンネは、14歳になったと意識して、隠れ家で書いています
クリストファー・コロンブスが船乗りになったのは14歳のときです
エマーソンは、14歳でハーヴァード大学に入学しています
ローマに出かけた天正の少年使節も、ジョン万次郎も14歳です
ヴィトゲンシュタインはこのころ、有名な交響曲をいくつも口笛で吹いていました

シェラーさんの登場は、わたしにとって号砲そのものであり、めまいがするほどの衝撃を受ける機会《カイロス》でした。かれは、いなかの少年を、怖いもの知らずの、生意気な中学生にしました。向こうに何か凄いものがある。そう確信して、夢と希望に充ちあふれる異界をめざす少年を造形していったのです。何をやるにも、ごく自然にやる気が湧いて、何でも即座に挑戦する生き方が可能だと信じる感覚の源になりました。
ここにあるのは、そこに何が書かれているかの説明でなく、それをどう読んでいったかの報告です。そういう出会いによって、わたしが形成された経過を報告し証言するのが本書の狙いです。

I　ゆめみる

1　ときめく

ほのかな輝きがまばゆく、ときめきのあったひとは、ながく心に残ります。溢れんばかりの叙情性や季節感は、時がたっても古びることはありません。そういう淡い思いは、ただの感傷にみえて、それだけではないのです。それはそのひとのひそかな思い入れとして、キカイ的な反応とは違う、人間的感性の応答として、そっと尊ぶべきものです。ときめくことで、いつもの時間が、ふだんとはちがう特別の時間となり、同じ一日がまったく別の新しい一日になります。それが夢のある人生です。恥ずかしがることはありません。青春とは、青葉がいっせいに芽吹く春のような、いのちの勢いに溢れている時期のことです。

あのころをいちがいにすべて否定する必要はありません。それが昇華されたさいには、ある種の免疫をおびた、力強さが備わって来ます。心のなかにある古典の名文句《アフォリズム》は、文語文の格調のある文など、自然に心のなかに住み着いていています。俵万智に、こういう歌があります。

思い出の一つのようでそのままにしておく麦わら帽子のへこみ　　（『サラダ記念日』）
「もし」という言葉のうつろ人生はあなたに一度わたしに一度　　（『かぜのてのひら』）

ときめきを感じる者は、じぶんの人格を発達させ、自立した人間として成熟していきます。ときめくひとは、相手とじぶんが一体となることを求め願うのです。ときめきは内発的で、能動的な感情です。本気でコミットしなければ、傷つくことはない。本気で関わったひとだけが、傷つくのです。ほんとうにときめいたひとだけが体験する感動やよろこびは、何ものにも代えがたいもの。ときめいて出会うことがなければ、心がざわめくことはありません。たとえ心がざわめいても、そのことをそのときはうまく言えないじれったさがあり、わかったようでわからない。それが恋の始まりであり、それが文学の核心です。

シェイクスピアの『お気に召すまま』（*As You Like It*）には、「好きになるときは、いつでも〈ひとめぼれ〉だ」（Who ever lov'd not at first sight）ということばがあります。「ひとめ見て」（at first sight）です。こちらから思い切って声をかけることは必要であり、そのための勇気です。ためらうことも恥ずかしがることもありません。ほんとうに何もなく淡い思いで終わる、ほのかな出来事かもしれません。

いったいあれは、どういうことだったのか、ということも、後になるまではわかりません。ひとのあこがれは、未来とは関係なく、じぶんがいまここで思わずうっとりしてしまうような対象への思い入れです。

それはぜひ未知の未来にもあってほしいが、同時になつかしさとして、じぶんの後ろにもあってほしいものなのです。ほのかなあこがれのうぶな純粋さは、おそらくだれの心にも、どこかに痕跡が残っているはずです。そのときうまく言えなかった。ひとりで思い悩んだのは、われの目覚めと関わりがあります。

愛を考えるさいの意味づけのひとつとして、「出会い」の有無が問題になります。

何でもありそうなのに、意外に何もないままのひとが、意外に多いようです。かつてはしがらみや取り決めがあって、それがネックになっていました。身分や貧富の差、戦地への召集、不治の病とみられていた結核という病なども、せっかくの愛を妨げる原因になっていました。またかつて女子校では、異性との交際を、あえて不純異性交友という言い方をしてつとめて避けさせる傾向もありました。いまはそういう取り決めをして、若いひとの愛を妨げるものなど、何もない自由な時代です。

数ある愛のうたのなかでも、島崎藤村の『初恋』は多くのひとの心をときめかせたうたでしょう。子どものころ垂らしていた前髪を結い上げた姿を彷彿とさせる名文句です。

まだあげ初《そ》めし前髪の
林檎のもとに見えしとき
前にさしたる花櫛《はなぐし》の
花ある君と思ひけり

堀口大學の『コクトー詩集』にある「耳」という詩は、わずか二行の詩です。しかし、多くのひとに愛唱されたせいもあり、もはや翻訳だなどとは思わせない、創作同様の効果を持つ例です。

私の耳は貝の殻
海の響きをなつかしむ

じぶんのあこがれていたものが何だったのか。よくはわからないままでも、じぶんには、これだけは、わかる、これがわたしの探していたものだというものが、なにか摑めたら、あなたの人生は新しく始まります。これだというものがあれば、求めつづけていけばいい。何がしかのことはじぶんにとっては、もう受けとめたのであり、それはじぶんにとっては抜きさしならない、じぶんの生き方としてまとわりついています。

それがそのひとの根幹にあるものです。それは容易には変更できない強固なものです。筆者が作品のなかで描く人物は、読者にはなじみのあるタイプであり、それは改めて意識しなくても、そのひとの作風として、それが好きだから、いつもの語り口に対して、いつもの読み方ができるのです。文字で書かれた詩歌は、それを暗記することで、心に染みこんでいきます。そういうことに自信をもっていい。高村光太郎の詩はきれいな詩ですが、そこには正気をなくした妻に対する、哀切なおもいがこめられています。

いやなんです
あなたのいつてしまふのが——
花よりさきに実《み》のなるやうな
種子《たね》よりさきに芽の出るやうな
夏から春のすぐ来るやうな
そんな理屈に合はない不自然を
どうかしないでゐて下さい

（高村光太郎『智恵子抄』）

伊藤左千夫の『野菊の墓』は、1906（明治39）年の作品ですから100年以上前の日本人の愛のすがたです。可憐で一途な純愛ものです。感傷的な失恋小説であり、整った巧みさがあるとは言えないのでしょうが、ある時期の日本の若者がそういう切ない愛を体験していたことを証しする作品です。

そのうぶで、けなげな思い入れの切なさは、いつ読んでもいいものです。人生に対してひたむきな激情というのには心を打たれます。主人公の「僕」（斎藤政夫）は14歳。かれは母の看護に来ていた二つ年上の従姉《いとこ》の民子と仲よしになります。彼女が家に来て仕事をする姿をみかけ、からだをかがめて茄子《なす》をもいでいる横顔、しなやかにつやのある鬢《びん》の毛につつまれた耳たぶ、豊かな頬《ほお》のしろくあざやかな愛らしさ、藤色の半襟や花染の襷《たすき》などに、すっかり惹かれてしまいます。しかし、民子は親のいうまま気の進まない結婚をするため、村を去り、やがて亡くなります。民子は病の床でもかれに会いたいと願いつづけ、かれの写真と手紙を胸から放さずに持ちながら、亡くなったと聞かされる、というのです。

イタリア、ヴェローナの町の名門であるキャピュレット家とモンタギュー家は昔からいがみあう仲で、遠縁の者も家来の者も憎みあう仲でした。ある日、キャピュレット家で盛大な晩餐会が開かれ、モンタギュー家の者以外はだれもが大歓迎されました。モンタギュー家の息子ロミオはパーティで宝石のように輝く女性をみかけて、すっかり憧れてしまいます。それがキャピュレット家の世継ぎの令嬢ジュリエットでした。ふたりは相手が仇敵だと知りつつも、その思いを抑えることができません。シェイクスピアの『ロミオとジュリエット』の物語が悲劇的なのは、途中で事故が起きて番狂わせが起きたからです。思いもかけず、ジュリエットが毒薬で仮死状態になりますが、やがて彼女は生き返れるはずだったのです。

そうとは知らないロミオは、毒薬を飲んで後追い自殺をしてしまいます。死んだロミオの傍らで、目を覚ましたジュリエットは、薬の取り違えと知らずに、じぶんも短剣を刺して死んでいきます。情報伝達の不具合が生んだ不運な心中物語です。（ミュージカル『ウェストサイド物語』は、この作品のアメリカ版です。）

プラトンは愛ということを、精神のあこがれとして、そのひとのなかにある生得的なものとして説明しています。そのときじぶんを捉えるのは、そのひとへの恍惚とした傾倒です。相手の人格全体に対する、それとは特定できない、全面的な傾倒です。そのとき、ひたすらそのひとのことを思いあこがれるときめきが、好きだということでしょう。そういう思いが潮のように迫って来るとき、性的なものがいつも伴なっているとはかぎりません。思わず夢中になってしまう。しかし、その思いがそのまま叶うことがないとしても、じぶんはそのひとにあこがれをいだきつづける。そういう傾向がもともと人間に備わっている根源的な傾向だというのです。

恋というのはある種のじぶん探しです。そこにはじぶんだけに見えるじぶんと、相手に見えるじぶん、相手にだけわかるじぶん、じぶんだけにわかる相手、じぶんにも相手にも見えないじぶんがいます。相手にとってのじぶんとじぶんにとってのじぶんには、いつも少しだけずれがあります。人生には、いつもぴったり合う、運命の赤い糸が存在しているわけではありません。ギリシャ的な発想では、真理は前からそのひとに備わった力を引き出すこと（教育、Erziehung）に可能性を見いだしますから、じぶんに内在するものの目をひらく必要がありますが、ヘブライ的・キリスト教的に言いますと、そのときそのひとに新しい力が外から賦与（恵与）されて新しく生まれる（新生する）のです。それまで、そこになかったものへの関心や愛情が芽生えて来て、そこに何かが生まれる（生成する）のです。

相手への思いは、前からあったというより、出会いがあったことで新しく生まれるのです。その思いは、前にはなかったものが新しく生まれたのであり、無から有が生じたのです。新しいものが創造された驚きは、よろこびです。いつもそこには予定された「赤い糸」があるというのは消極的な発想です。

新しい愛が芽生えて、新しいふたりの関係が生成することは、生きる意欲を高揚させます。じぶんを変えるためには、具体的な努力が必要なのと同様に、相手を変えるためにもそれなりの努力が必要です。そのさいじぶんの内側にだけ可能性があり、それを本人があとで発見するわけではありません。お互いの関わりのなかで、新しく生まれてくるものがドラマを展開していくのです。

だれかを好きになるとか嫌いになるというのは、そのひとを変身させる力を帯びています。ギャリコの『まぼろしのトマシーナ』は獣医の父親が、避暑客相手のペット診療で忙しくしているひとです。ある日、重傷の盲導犬を連れて来たひとの犬の手当に忙殺されていて、娘のメアリーの大切な子猫《トマシーナ》の診察を頼まれていたのに、父は犬の手当にかまけていて、重症のトマシーナを死なせてしまいます。

トマシーナの死とともに、メアリーは、心のなかで父を殺してしまい、生きる力をなくしてしまいます。

ほんとうに悲しくなれば、そのかなしさでそのひとの心がだめになります。かなしいとき、それだけで、死んだも同然になることは、若くて元気なひとにも起きます。失恋は重病です。じぶんのあこがれがだめになると、からだが丈夫でも、心がだめになります。メアリーは父がトマシーナを死なせたことで生命力をうしない、死にそうになりますが、渓谷に住む魔女《ローリー》が森に埋葬されていたトマシーナを掘り出してみると、トマシーナにはまだ息があり、手当を受けてトマシーナは生きかえります。

思わず、かっこいい、とか、好き！と思うひとがあらわれると、理由などないまま、あこがれてしまいます。そのとき、そう感じてしまう。初恋とか舞い上がるというのは、胸がきゅんとなるような体験です。そのときそう思った、そう感じた、ということが大切です。いつかどこか、あなたにも、そういうことがあったでしょう。ぼうっとして舞い上がるとき、その相手にただあこがれてしまいます。

だれかと恋がしたい、相手がほしいというひとは、恋人がいないからさみしいと思うのでしょうが、そうとはかぎりません。恋人がいるひとは、いるのにわかりあえないさみしさがあり、言い分はどちらにもあります。すべての不安は、相手がいるかいないかではなく、もともとひとは生きるかぎり、さみしさからも不安からも解放されることはないのです。

だれかいい相手が欲しい、だれかがじぶんの相手になって欲しいと思うのは特別なことではありません。だれかを好きになることは、ひとがひととして、もうひとつの人格と意識的に出会うことであり、軽く考えてはいけません。あこがれは、いつも未来にあるのではありません。

少年・少女のころの、夢のような淡い心象風景は、どこかなつかしくて、忘れられないものです。いくら目を凝らし、耳を澄ませても何も見えないが、ときめいた日のことは忘れません。ゴールズワージーの『林檎の樹』には、初々しい少女との恋が描かれています。心のなかの叫びは、せつなさが込められていますが、その思いは現実とは別の現実世界へ引き込んでいきます。うまく言えないが、そういう思いは、容易には消えていかない。めろめろになるというのはそういうことです。フロムの『愛するということ』は、ロマンチックなイメージを予測するひとに対して、きびしい訂正をいくつか迫っています。

大東亜戦争（いまは太平洋戦争ともいう）が終わり、1952年4月に米軍の占領が終わるまで、日本では検閲と統制という縛りがあるため、人びとはひどく緊張した生き方を強いられました。

アメリカは怖いもの、畏怖すべき対象であり従順以外の態度などありえなかったのです。アメリカは連合国の指導者としての自負もあり、1945（昭和20）年から1952（昭和27）年まで、世界を制覇したつもりで、みずからをあこがれの的にする自負を持っていました。戦後日本の数年を最高司令官として、天皇の上に君臨する存在として、日本のすべてを牛耳る存在だったのです。マッカーサーという名は、戦後日本人には、夢とあこがれを象徴する名前であり、戦後日本人にとって、かれは天皇に代わる新しい権威の象徴であり、見えないファンタジーを提供する代理人でした。多くのひとは戦後、アメリカをあこがれにも似た心でみつめていました。敗戦国日本に絶望した国民は戦勝国への感謝する思いをGHQに書き送った投書が50万通もあったそうです。（袖井林二郎『拝啓マッカーサー元帥様』）しかし、かれは朝鮮戦争で原爆の使用をちらつかせたため、トルーマンに解任され、アメリカに帰国します。かれの帰国には、かれに感謝する都民630万人が感謝の決議をしたほどの人気でした。

萩原朔太郎は、海外渡航がめずらしかった大正時代のハイカラ作家として、フランスへの切実なあこがれの心情をこう詠っています。

ふらんすへ行きたしと思へども
ふらんすはあまりに遠し
（「純情小曲集」）

フランスという国も、かつてはルネ・クレールの映画やパリ祭のシャンソンの醸《かも》し出すあこがれの国でした。そのひとの心のなかにある魔法の森へのあこがれは、とりたてて英雄になりたいとか偉くなりたいというおおげさなものではありません。いろいろ想像するだけで、その望みが叶わなくなったからといって落胆することは、ない。そこが漠然としたあこがれのいいところです。『星の王子さま』や『ナルニア国ものがたり』を読んだひとは、特定のだれかと競りあうことがなくても、想像の世界を自在に羽ばたくだけで、いくらでも若くなったり元気になったり、気前がよくなったりできるのを知っています。

心やすまるゆめの世界をみつけ、それにあこがれて生きるひとは、揺れ動く波間をいつのまにかじぶんの住処《すみか》とみて、自然や永遠とも対話することができるようになります。そういうひとは世界をひろがりのあるものとしてみつめることができるようになります。人類は、このままどこまでも進歩していけると保証されているわけではありません。めずらしいものがあらわれると、まるで世界が変わったかのように錯覚して、こういう生き方が永続するかのように考えるなら、ユヴァル・ノア・ハラリ『ホモ・デウス』の厳しい警告を待たなくても、人類がいま冒している危険行為のあやうさは、見えるひとには見えているのです。

とくべつな意味で、いい思い出が持てるひとは、そういう僥倖《ぎょうこう》をうまくみつけているひとです。そういうひとは同じ時間、同じ人生を過ごしていても、しあわせを見つけられて幸せになれるひとです。あこがれるものがいろいろあった。せんぱいやともだちがいた。好きなタレントがいた、と言えるひとは、あこがれやときめきを知っているひとです。ひとの寿命は、みかけの健康とは関係がありません。ひとは生かされているあいだだけ、いのちという電流がながれているのです。電流が切れると、いのちは尽きます。

なつかしさがつのると、過去が未来にもあらわれて、未来のいのちが増して来ます。それがなつかしさです。わたしたちはそれを思い出と呼んでいます。たとえば親しいひとが亡くなると、そのひとをめぐるなつかしさや思い出は、ただの過去のことではありません。そのひとが亡くなったあと、遺された者にとって、そこからつづく時間は、ただの過去というより、未来という時間に、そのひととの関わりが生きいきと同伴する時間になるのです。なつかしさを貫く時間は、過去現在未来という一本の線をなした時間というのではなく、過去と未来を貫いて存在するなつかしさが同伴する「透明な時間」というのがふさわしいかもしれません。ここでいう時間は、思い出がこもっているから、何か色がついていてもおかしくないのですが、なぜか透明に透けて見えてしまうから、あえて「透明な時間」といっているのです。

親しいひとが亡くなると、そのひとと関わりのあった数十年は、一気に俯瞰できる絵巻やカンバスのように、さあっと見えて来ます。それは遠い心象情景ですから、よほど集中しないと、たいていはそのままになっているのですが、それまでのつきあいの濃淡により、見え方の濃密なひとの場合だと、いつまでも消えない透明な時間としてのこるから不思議です。

そのときは気づかなかったし、そのとき見えなかったことが、後から見えて来ることがあります。たぶん後からわかったという事後認識のせいもあるのでしょう。過去は過去ですが、それはただの過去でなく、いまなお生きた過去として、現在のことでもあるのです。それでいて、その過去は未来にもつながっていくため、過去と未来が無関係ではなくなる。そういう時間が、時計や予定表に縛られた仕事中心の時間とは別の、心の時間として存在するのです。

おそらくひとは、そういう透明な時間をそのひとなりに持ち堪えて生きているのです。見た目にはただのひとであっても、ただのひとと言い切るわけにはいかない、不思議な時間を、それぞれじぶんのなかに持ち堪えて生きているのです。そのとき気づかなかったことが、後になって見えて来ます。見えるのは、じぶんが気づいたからであり、気づかないかぎり、そこには何もないままです。そのとき、見えなかったこと、気づかなかったことが、後から見えて来る。それが振り返りの時間です。もうなくなっているはずの時間が、思い出として、記憶としてわたしのなかに残る時間は俯瞰できる、透明性がある時間です。

それは驚きであり、同時に後悔（悔悟）する時間でもありますが、感謝する時間であり、よろこびの時間でもあるのです。後からわかったので、うれしい、ありがたいということの他に、口惜しい、残念だということも事実ですが、そういうひとは新しく出直すことを考えていない、了簡の狭いひとです。

消えているようで消えていない。忘れているようで、忘れていない。宙ぶらりんに見えてけっこうしっかり心に残る時間は、過去だけれどただの過去にならない過去として、いまも伏在していることのあらわれとして顔を出すのです。そういうときの切ない思いは、哲学におけるよりも、庶民文化の根底にある持続低音として、歌謡曲のなかなどで、ごく自然な感じとして連綿とつづいています。そのあらわれが、演歌の歌詞にある、思い切りの悪い、うらみ節としていろいろ歌われているのです。

1898（明治31）年夏、柳田國男が伊良湖岬で過ごしたとき、浜辺に漂着した椰子《ここやし》の実を拾い上げました。後日、その話をきいた藤村は、「椰子の実」といううたを発表しました。椰子の実は、縄文の頃から日本各地で見かけたものですが、改めて気づいたのが柳田で、それを「流離《りゅうり》の憂《うれい》」と詠んだのが藤村です。

その「物凄《ものすさま》じき荒磯」と詠われた浜辺は、いまは長くのびた砂浜になっているそうです。

名も知らぬ遠き島より
流れ寄る椰子の実一つ
故郷《ふるさと》の岸を離れて
汝《なれ》はそも波に幾月

旧《もと》の樹は生ひや茂れる
枝はなほ影をやなせる
われもまた渚を枕
孤身《ひとり》の浮寝の旅ぞ

（島崎藤村「椰子の実」）

初恋とは淡くはかないものです。というより、そういう淡いものが初恋だと知っておく必要があります。初めて淡いときめきを感じたときのことは、だれもうまく言えないものです。好きだったが、そうは言えなかった。思い切って言ったが、だめだった。いまはそれが口惜しくも、なつかしい。ほのかな淡い思いを、どこかでだれかがうまく、言いあらわしてくれるとうれしい。それほどじぶんの手には負えない、いじれったさがあります。初恋は切なくて、かなしい。初恋とは古来、まず百パーセントだめだったという話を脚色したもの。あとから、出会い直して結婚したひとは、初恋ではなく二度目の恋になるはずです。
初恋は、ただかなしいというのではありません。どこか心残りのあるような、それでいてあれはあれでよかったと、どこか諦めながら、思い切れない思いが漂ったまま、ひとりでいまも、どぎまぎしているのです。初恋は、だれにもおとずれる、しずかな内的革命です。一瞬にして、それまでの規則正しい日常性が破られるほどの破壊力を秘めているからです。それは特定のだれかをいまも思いつづけるというより、恋に憧れて淡い思いを抱くようなものです。初恋とは、夢破れた過去の思いの総称かもしれません。何か不思議な感覚のあこがれが生まれていたということがあった。特定のだれかが相手だというのは、どうも後づけの話のようであり、ほんとうはもっとどでかい衝撃のようなものが、そこに蠢《うごめ》いていたのでしょう。

ジョージア州アトランタを舞台にした『風と共に去りぬ』の冒頭は、印象的です。遊学先のヨーロッパから帰って来たアシュレーが、颯爽とあらわれ、出会いがしらに、地元の人気娘にむかって、

スカーレット　ずいぶん大きくなりましたね

と言ってのけたのですから。アメリカ南部のジョージア州タラという狭い街では、異国から帰郷したばかりのアシュレーが、灰色のうるんだ目で、よく透るいい声で、いきなりそう言ってくれたのは、よほどの衝撃だったにちがいありません。スカーレット・オハラは16歳でした。その瞬間、スカーレットは心をときめかせてしまい、それ以来、「アシュレー病」から抜け出せなくなります。アシュレーの一言が、これ以降スカーレットの心にどこまでもつきまとうことになります。それは彼女にとって、青天の霹靂でした。『風と共に去りぬ』は、アイルランドからアメリカに移住してきたアイリッシュ系のひとたちの自負と誇り

の込められた生活をていねいに描いた長篇小説です。わたしは新制中学がまだ小学校と同じ校舎で授業をしていたころ、新校舎の建設予定地全体がピンクのれんげ畑になっているところに寝そべって、これを読みました。わたしはわが家で飼っていた牛にごちそうをしてやろうと、家から牛を連れて10数分のれんげ畑に連れて行き、牛を放置したまま、大の字になって、スカーレットの物語を読んだのです。

スカーレット・オハラの威勢のいい活躍ぶりは、タラのオハラ家にふりかかる、いくつもの災難をのりこえていく頼もしい主人公として、そこにじぶんの分身をみつけるかのように、夢中で読みふけりました。スカーレットの生きざまは、たしかに男まさりで、多少横暴さも気にはなるものの、没落するタラの実家を切り盛りするには、あそこで長女がしのいでいかなければ、一族の苦境を切り抜けることはできなかった。あれだけ強引にしたたかでなくては一家の危機を乗り越えていくことはありえない。

覚悟を決めてたたかうひとのサンプルとして、スカーレットの生きざまは痛快でした。そこに登場するマミーやプリシーは、ひとりの人間としてよく描かれており、奴隷ということを気にしませんでした。言うことをきかないスカーレットを叱責してやりこめる、マミーの姿はりっぱな家政婦の仕事になっています。

本があまり手に入らなかった時代だったので、たまたまみつけた農協の書棚が貸出し自由を認めてくれたので、そこにあるのを借り出していました。箱入りの三笠書房の上製本でした。(後日これは、三笠書房の保管室で確認しています。) わたしは日比谷の東京宝塚劇場で、菊田一夫のゲネプロをみたことがあります。アシュレーが仲谷昇、レット・バトラーが藤拓也、プリシーが宮城まり子でした。熱演の最中、燃えさかるタラのシーンに興奮した馬が、舞台で放尿を始め、練習がしばし中断されてしまいました。

(ジョージア州アトランタといえば、わたしにはいろいろ奇しき体験があります。アトランタのエモリー大学は、日野原重明先生の留学先であり、イエール時代の友人James Laneyが学長になり、聖歌隊の指揮者になったDonald Saliersも仲間であり、歴史学の教授Brooks Holifieldは同じ夫婦寮の友人でした。再会して夕餉《ゆうげ》を囲めたのはたのしいひとときでした。ジョージア州は、引退したシェラーさんの郷里なので、再会を愉しみに約束までしていたのですが、休暇中の回送がうまくいかなくて、再会は叶わなかったのです。）

何かをやってみたい、じぶんもそうなってみたい、というのは、これだけ情報化が進んでくると、だれもが訳知りになるため、何が欲しいのか、どの店に行きたいのかが分散して、収拾がつかなくなっています。

そういう表向きのことでなく、いわく言いがたい根源的なあこがれがあって、それを無視できないまま、どこかにつづいている。そういうあこがれがあります。あこがれには、想像しているだけで、未整理の体験が多く含まれています。おそらく大半は実現することがないのでしょう。しかし、まるでそれらすべてが実現可能かのように、何かがそこに見えている。そう期待して待つ心があるひとには、うれしくも頼もしい未来が見えているように思えて、未来に向かって背中を押してくれることがあります。それはただの夢想ですが、そんなことなどおかまいなしに、そこまで近づいてみよう、という気構えが湧きあがってくる。そういう無謀になれる時期の無謀さは決して馬鹿にはできません。

もともとあこがれは、漠然としたあこがれという印象を与えますが、それだけではありません。漠然とした予感のようなものがあって、そこに近づきたい、そういうものにふれてみたい、という根源的なあこがれが、だれにもどこかにあります。心がうずくような思いがしたこともあります。それは、後からそう言っているわけで、そのときは何も言えないまま終わったのです。

都会から来ていて、また転校していった女の子のことや、文化祭で演劇をいっしょにやった相手に、ひそかに感じていた思い。練習のあと「きょうは家に帰りたくない」としょげていたとき、何もできないまま、もどかしかったことなど。作家の水上勉は、ある日湯上がりの母親の裸体を目撃して、いつもと違うお色気を感じたと言っています。いなかの小学校の参観日は、どの母親も地味な色の着物姿でした。

そのなかでただひとり、洋装の母の立ち姿は、逆光をあびているかのようにめだった存在でした。黒いビロードのワンピース姿の母にただようものに新鮮な驚きをわたしは感じていました。幼稚園の帰りには、これ、お母さんに、といって、その日習ったうたの楽譜をもって帰っていました。そのころ母は、家ではオルガンで弾いてくれたりしていました。

あこがれは、よろこび（Joy）である、とC・S・ルイスは言っています。それは他のどういうことばでもあらわしようがない、原初的なよろこびだというのです。（『喜びのおとずれ』）淡い思いのまま終わったあこがれは、うまくいかなかっただけに、なつかしさが抜けきれません。だれもがうまくいかなかった淡い思い入れとして、実現しなかったことは、いくらでもあります。それでもなつかしさと諦めきれない思いが、マグマのようにいまも蠢いています。あのときちょっとどきどきした、心がときめいた、というのは、遠いはるかなものでも、燃えたぎったあつい思いであったことに変わりはありません。そのとき、少しでも見えたものは、ただの夢ではなかった。見えそうなものを待ちこがれる心は、もうすぐやって来そうな予感がして心が震えたのです。あの頃の思いを、おとなはいまはもう持ちあわせていないのでしょう。あこがれに似たあのころの思いは、人間性への畏怖のような感情とつながっていて、心をときめかせます。

あこがれとでもいうしかない、ほのかなときめきは、異性に対するときめきとして、心を昂揚させたものは、なつかしく、もどかしさをそのままにしてより美しく思い起こさせます。そんなものなど、何もなかったというひとは、感動をみつけられなかった気の毒なひとというほかありません。相手の感情表現にふりまわされた思いは、思い通りにならなかっただけに、打ち砕かれたまま、それでもどこか清らかなイメージがつよく、時を経てもその鮮度は落ちません。だが、そこにあっても見えなかったため、見えないままだったものもいろいろあるのです。その気がないと、見えないため、気づかないままになっているのです。その気になれば、見えて来る。まだ来ない未知の日が、美しく見えるのとちがい、過ぎ去った日は、ただの美化でなく、あこがれが添加されているだけに、よけいにきれいに見えます。淡いあこがれを抱いていたあの日は、失敗もしたが、無知ゆえの無謀さが、いまも濃厚な記憶としてのこっています。

予測される困難より、期待できる可能性に賭けて、大胆に歩みはじめた日々を取り返すことはできません。しかし、そこまで挑戦できたことはすばらしいことだったのです。ほんとうに見えたもの、憧れていたものは、どういうわけか、いまもその片鱗がどこかにあって、あのころの淡い願望や憧憬は、決してただの夢ではないものとしてのこっています。それは表面には出ないで、いまも隠れたままです。

台所でスパゲッティを茹でていた主人公が、ＦＭ放送にあわせて口笛をふいていたとき、それまで時を刻んでいた時計が、ピタリと止まり動かなくなった。（村上春樹『ねじまき鳥クロニクル』）そういうことはだれにも覚えがあるでしょう。時計はぜんまいを巻かなければ、動かない。ここで知らされる思いとは、あらゆるものが前進し発達していくというのが幻影だと知るときの恐怖でしょう。

この世界がじぶんたちの望むように、永久に前に向かって動きつづける、と疑うことのなかった世界が、ある日、もしピタリと止まったら、と想像したときの恐怖感を見逃してはなりません。

いまこうして生きていることはすばらしいと思えるひとには、よろこびがあります。それが素朴にときめくということです。何をやっても面白くない、いいことなど何もない、というひとは、その何かをみつけることができない、じぶんの無能ぶりを暴露しています。同じ条件を与えられても、それをうまく活かせるひとと、そうでないひとがいます。親の七光りがあってチャンスをもらったのに、そのチャンスを活かせられなかったひとがいます。与えられた一瞬をつかみ、それを活かせたのは、そのひとの才覚です。

すべてを自己責任の問題にはできませんが、すべてを環境のせいにするのは、できることをしないで逃げることになります。生まれつきの運とか才能というのはあるようです。スポーツや芸能の才能は、努力したからといってうまくいくとはかぎりません。スポーツも芸事も向き不向きがあるのでしょう。そうわかって、やりたいことをやっていけるひとには、人生にはいろいろ愉しいことが待ち構えているはずです。


戦後の日本人にとって、アメリカ人の生き方や暮らしぶりは、何もかもがあこがれの的でした。家電用品やくるまが普及していて、庭に芝生のある家は、テレビドラマでおなじみの世界ですが、それらはもう端的に経済成長期にさしかかった日本人にはあこがれの的だったのです。アメリカの大学、とくにアイビーリーグは遠いあこがれでした。外国語を学ぶことは、そのことばによって未知の世界を覗き見る扉を開けて未知の世界に通じる路のように思っていました。そのころアメリカ留学にはフルブライト留学生制度があり、アメリカへ行けば新たな展望がひらけるような気がして、アメリカ留学は多くの若者の夢でした。

わたしは神戸の教会の牧師先生がプリンストン大学出身であり、14歳のとき、アメリカ人宣教師のシェラーさんがわが家の日曜学校に来て英語で聖書の話をしていたので、「カルバリの十字架」とか「ゲッセマネ」はなじみのある語彙でした。王羲之の書もやっておられた担任の岩城文吾先生が書道で東京藝大へ内地留学され、東京都台東区上野公園にて、という封書を下さったのもいい刺激でした。そういう何気ないことも、ひそかなあこがれに加味されて、わたしの心をトーキョーとか海の向こうの異国に目を向かわせる誘因になっていたのかもしれません。

わたしがアメリカに留学した1962（昭和37）年は、個人の海外への渡航はまだ解禁されておらず、私費での留学などありえない時期でした。（サラリーマンの平均年収は34・1万円。高額所得番付2位の手塚治虫が1250万円でした。）新幹線もモノレールもまだなかったので、だれかを羽田まで見送りに行くというだけで、けっこうハイカラな印象があったのです。

さいわいわたしはフルブライト留学生としてイエール大学に空路で出かけたのですが、前の年までは、（氷川丸という）船で太平洋を渡ってアメリカへ行ったのです。わたしの年からフルブライト留学生は、空路でアメリカへ発つというので、出かけるのも見送るのも、一大行事のようなもので、家族も友人も来てくれました。同期の精工舎（服部セイコー）のAは、同僚がバス2台で見送りに来たそうです。

わたしは東京オリンピックを見ていません、というと、テレビがまだなかったのでしょう、と思うひとがいますが、わたしはそのころアメリカにいたのです。わたしが留学した年の夏、フルブライト生は首都ワシントンへ出かけ、ホワイトハウスで当時司法長官だったロバート・ケネディの執務室に入る機会がありました。（そのときもらった署名入りの名刺は、最近50何年ぶりにみつかりました。）

未知の世界は未知であるがゆえに、見えない未知のものがどこまでもつづいていて、それはすばらしいものだ、と思えて興奮し、元気が出て来るのです。そういうとき、無謀も恥知らずもお構いなしに、大胆であつかましいふるまいをしてしまう。それが未来に通じる輝く夢だと思ってしまう。

後から考えると、とんでもなく大変なこともやってしまうが、信じられないような効果を発揮する。うまくいけば、よりひろい視野が向こうにひろがっていて、想像以上の結果が得られるとしたら、もっけのさいわいというほかないでしょう。そう信じられるひとは、生きていくうえで、ものすごいことができてしまったひとということになります。しかし、情報化時代といわれるいまは、より多くの情報を得ることに汲々《きゅうきゅう》としていて、そのうちのどれが重要か、じぶんには何が必要かを吟味するゆとりもないまま、あえて冒険などしない慎重さをよしとして、草食的と言われても怒らない若者がふえています。

夢を見ること、すてきなものに憧れることは、たとえ淡いものであっても、だれもがごく自然に抱く前向きの現象です。スポーツをやるひとなら、オリンピックで金メダルをとりたいと思う。勉強が好きなら、進学校へ行き、さらにいい大学に行きたいと思う。未知なもののなかに、なにか素敵なものをみつけて、それに惹き寄せられて、どこかへ羽ばたいていきたいと夢見る心は、だれにもあるものです。

若いということは夢を抱いて、それに向かってはばたいていくこと、多少の冒険はやれるときにやってみるものです。べつに、などと言っていないで、なにかひとつ挑戦するのは若者の特権です。いまとはちがうどこか遠くへ行ってみたい。向こうへ行けば何かもっとすてきなことがあるのではないか。そう思う心は、若さのせいだけではありません。

わたしにとってもあこがれの対象は、トーキョーでありアメリカでした。わたしは小学校6年のときに、担任の先生に連れられて富士登山に行っています。そのとき沼津までの往復で、太平洋沿いに見た海のながめや、急行が停車する駅ごとに売る駅弁売りの声音《こわね》を堪能しました。御殿場で立ったまま自宅宛に絵葉書を書いた情景を覚えています。ご来光を見るため、山頂付近の山小屋で雑魚寝して、翌朝ご来光を見ることができました。下りは草鞋《わらじ》ばきで、麓の須走口《すばしり》まで一気に走り抜けた体験は爽快でした。

そこへ向かって羽ばたいていくのを当然であるかのように、未来に向かって、おおらかに突っ走っていました。それは敗戦から立ち上がる戦後日本の国民的な精神的志向でもあったのです。

日本ではながらく首都東京へ行って勉強するというイメージが立身出世と結びついていました。それは明治以来の日本の若者のあこがれでもあったのです。夏目漱石の『三四郎』は、九州から大学入学のため上京する青年小川三四郎が汽車で移動するシーンからはじまる物語です。

新しいところで何か芽を出してみたいというあこがれに似た思いは、「いつのまにか」大きな希望の根拠となっていきます。何も気づかないまま、いまの状況で満足しているひとは、まだ目覚めることなく惰眠をむさぼっているひとです。もし世のなかの動きの向かう先が、いかに怖いものかに気づくなら、いまの状況から飛び出したくなるのは当然です。じぶんも、何かしたい、どこかへ行きたい。それが国家的レベルの切実な移動なら、集団的な移民となり、国外へ向かう難民となり、さらに深刻な場合は亡命です。しかし、現実の日本人は、トーキョーへ行きたい、都心へ出て行きたい、ということで、近代日本のありようとなると、ひたすら首都トーキョーの一極集中化によって経済大国を形成して来たのです。

「親のあこがれ」が子どもを束縛することになるのは問題です。母親からの束縛がどれだけ重荷だったかを告白するひとがいます。（小島慶子『解縛』）じぶんができなかったこと、やりたかったことをわが子に期待し、押しつける親がいます。子育てやおけいこや教育は、わが子への期待感を、じぶんの代わりに実現してくれるとみなす親のエゴがつよいと重圧になります。親にいわれてピアノを習い、塾に行き、医学部へ行ったというのは、本人のあこがれが実現したのではなく、親の希望が叶えられたということかもしれません。親の希望が子どもにうまく乗り移れば、幸せな幼少期になりますが、それが度を過ぎたとき、生涯にわたるトラウマになることがあります。「秋葉原通り魔事件」の犯人加藤智大も母の希望に添えないまま、もがくようにして犯行におよんだのです。（中島岳志『秋葉原事件』）

フィッツジェラルドの『グレート・ギャツビー』は念願の巨万の富を得ながらも、心を寄せる元恋人になかなか再会できないまま、その恋人目当てに日夜豪華なパーティをひらく男の話。ようやく彼女と再会できたものの、かつての恋人は結婚しており、なんとか「あの日」（過去）を取り戻そうとするものの挫折してしまう話です。過去はくりかえせる（*We can repeat the past*）とひたむきに思いつづける主人公と、そんなの無理よ、という元恋人のデイジー。舞台になっているニューヨーク郊外のロングアイランドへは、若い副牧師の屋根裏（の部屋）に泊まり込んで、身の上相談にのっていたときに利用したところ。

まるでニックのような立場だったわたしには、あの眼科医の巨眼の広告が目に焼き付いています。（映画では、ロバート・レッドフォードのが、だんとつにいいですね。）

クリスマス前のニューヨークというと、金持の息子なのに、高校から追い出されて、よるの街をさまよう少年ホールデンの話は身につまされる話です。サリンジャーの『ライ麦畑でつかまえて』では、全寮制の高校を中退になり、自宅のあるニューヨークに戻って来たが、いろいろ電話連絡を試みても繋がらない少年の孤独で気の毒なお話です。公衆電話をいくつかけても繋がらない。ようやく繋がっても家族が出てきたので切ってしまったというのです。妹のフィービーにと買ったレコードも落として壊してしまいますが、そのかけらちょうだい、と言ってくれる妹のことばが唯一の救いになっています。

わたしは食堂が閉まり寮が無人になるイエールの最初のクリスマスに、クリスマスを祝わないはずのユダヤ人の友だちに招かれてブルックリンの家にいきました。かれは同じ寮の友人で卓球仲間でした。化学専攻のかれは、ジュリアードにも受かったという伝説のある男で、耳にしたクラシックをその場で弾ける才物でした。わたしはたまたま書斎でみつけたヘブライ語の聖書をひらいて、さらさらと音読したところ、次の日からは出て来るビフテキが家長の父親と同じサイズのに昇格していたのに驚いたものです。

昭和11（1936）年生まれのわたし（長嶋監督と同年）にとり、関東大震災（1923年）の生まれの先輩教授のことは、13年前ですが想像できませんでした。みなさんもじぶんの生まれる前の、キューバ事件（1962年）とかケネディ暗殺（1963年）のことは、知らない歴史上の事件だと思われるでしょう。

1960年代のイエール大のキャンパスでは、東西の冷戦の最中でした。フルシチョフがキューバにミサイルを持ち込んだので、ケネディはそれを爆撃するかもしれない。ライブでテレビを見ている男子学生が膝を震わせるほど衝撃の大事件でした。スミスカレッジ出身のMは、わたしレイプされるのかしら、カラテ、やろうかしら、と口走ったりしていました。ケネディが暗殺された日は、大学の中央図書館にいたのです。そのとき、図書館中にケータイラジオが大音響でなりひびき、学生たちが悲鳴をあげ、嗚咽するという騒ぎになりました。ケネディが狙撃された、という小型ラジオがライブでがんがん鳴り響いたときの臨場感はすごいものでした。その日街中でもバスのなかでも、多くのひとが涙を流していました。

モーツァルトの生まれた、オーストリアのザルツブルグ（塩の町という意味）では、木の枝を岩塩坑の塩分を含んだ溜まり水に放り込んでおくと、結晶作用が起きて、塩の結晶が付き、光りかがやくダイヤモンドをちりばめたようなガラス細工ができて、宝石細工が結晶したように見えるそうです。

他人から見ると何でもないひとりの異性が、彼・彼女の心のなかでは、すべて美しいものにみえて、すべて魅力的にみえる、そういうものです。それが、愛の結晶化です。そういう心の「結晶化」作用をスタンダールは、恋人のなかに新たな完全性を見出して、それが喜びと創造の源になるというのです。そういう恋愛を、スタンダールは、『恋愛論』のなかで、「情熱」の恋愛、「趣味」の恋愛、「肉体」の恋愛、「虚栄」の恋愛というふうに恋愛論を展開しています。かれが描く愛は、ゲームとしての恋愛であって、相手が靡《なび》くかどうか口説いてみようという、社交界の恋愛です。

本気であこがれているあなたから見れば、結晶作用などと悠長なことはいっておられないでしょう。あこがれているひとは、夢心地のなかにいるだけで、心があたたまって来て、しあわせになれる。それは魔法です。まだ遠くまでは何も見えていないのですが、わくわく感があれば、恋愛にも、語学にも、留学にも、必死になれます。そういう淡いが強烈な思い入れを、若き日に抱けたひとが、夢を見て夢に突進できるひとです。そういうひとが、いつまでも若さを保って生きていけるのです。そうはいっても、何もかも見えてしまい、珍しいものなど何もない、というネット社会では、欲しいものはコンビニにあるくらいで満足し、感性が鈍化したまま、問題がそこにあっても驚かないのです。

かつていなかのひとには、トーキョーや海外の暮らしが神秘性を帯びたあこがれの対象でした。

戦後のしばらくは、世界中のひとが、西部劇やアメリカ風の生活、アメリカ的な文明にあこがれ、アメリカに行く夢を見たのです。いまから考えると、戦後育ちのわたしたちのころは、テレビもビデオもテープもなく、ラジオや新聞だけでニュースを知っていたのです。海外の文化は、活字や絵画や音楽を通して想像していました。わたしたちの世代は、レコードは高価で、ソノシートで語学の勉強をしました。歴史の転換点で指導者になったひと、大作家になったひとは、どこかに見えない妖気のようなものを嗅ぎつけ、そこに立ちむかっていったのです。

危機を察知し警醒のことばを吐いた旧約の預言者、あるいは思想家のソローやM・L・キングには、他のひとには見えない、夢やまぼろしが、たとえ遠くからでも太鼓の音のように聴こえていたのです。

あこがれというと、だれもが抱く共通の目標のようなものを考えるひともいるでしょう。オリンピックでメダルを獲りたいという願望だけでなく、ほかに熱中するものがあるひとは、金メダルにはこだわらなくても、ほかにも何かあるはずです。それが欲しい、そうなりたい、という夢は、当然それなりのストレスも加わる世界を生きることで、意気消沈することもあります。

ただし、そういうあせりとは無縁のあこがれがあります。それは、未知の世界へのあこがれであり、じぶんのあこがれが、だれかのあこがれと競合することがないので、ストレスを感じることはありません。そこに妖精のようなものを感じて、より深い領域にあこがれる場合、年齢とか立場とも、世俗的な地位とも関わりなく、だれもがそこへ辿りつくことができて、しあわせになれるあこがれがあるのです。

イエール時代の友人で、インドネシア出身のギンチン・スーカは、昭和18（1943）年、熱帯の空の下で、大東亜戦争（第二次世界大戦は後からの命名）のさなか、国民学校でいろいろ教わったが、そのときの歌はいまも覚えている、といって、いきなり、「見よ、東海の空あけて、旭日高《きょくじつ》くかがやける……」と歌ってくれました。あのころのせんせいは、やさしくてすてきだった、と軍国主義時代の若い日本人女性教師へのあこがれを話してくれました。かれの覚えている日本語は、「ばんざい」と「おはよう」でした。知りあいの中国人のひとも、叔父は戦時中のことは思い出すのはいやだけれど、そのころ教わった軍歌だけはなつかしくて、ときどき歌ってしまう、といっているそうです。

あることを叙述するとき、その書き方に微妙な違いがあり、その対比がおもしろいというひとがいます。アウエルバッハは、ホメロスと旧約聖書の違いを指摘しています。(『ミメーシス』)ギリシャ叙事詩である『ホメロス』と、『旧約聖書』の文体の違いは、あることを伝えるさいの文体が醸し出す効果が違うというのです。旧約聖書の「創世記」に出てくるアブラハムの物語は、簡潔で直截的です。わが子イサクを生け贄《にえ》に捧げよ、と命をうけた父アブラハムは、妻子には沈黙したまま、モリヤの山をのぼっていった、とだけ創世記は書いています。送り出す妻の心境も、連行されるイサクの心境にもふれません。旧約の文体は荒削りですが、力強い文章です。途中の会話や食事など、具体的なことは何も出て来ません。

アブラハムは朝はやく起きて、ろばにくらを置き、ふたりの若者と、その子イサクとを連れ、また燔祭《はんさい》のたきぎを割り、立って神が示された所に出かけた。三日目に、アブラハムは目をあげて、はるかにその場所を見た。……神の示された場所にきたとき、アブラハムはそこに祭壇を築き、たきぎを並べ、その子イサクを縛って祭壇のたきぎの上に載せた。そしてアブラハムが手を差し伸べ、刃物を執《と》ってその子を殺そうとした時、主の使が天から彼を呼んで言った。……「わらべを手にかけてはならない。また何も彼にしてはならない。あなたの子、あなたのひとり子をさえ、わたしのために惜しまないので、あなたが神を恐れる者であることをわたしは今《いま》知った」。

（創世記22章3～12〔口語訳〕）

このイサク奉献物語を、キルケゴールは『おそれとおののき』のなかでくわしく分析しています。高齢になってから与えられたイサクは、大切なひとり息子です。そのイサクを神への捧げ物として捧げよと命じられたアブラハムは、戸惑いながら、何も言わずに黙々とモリヤの山をのぼっていきます。ぎりぎりまでひとりで耐え抜いて、いよいよわが子を生け贄として捧げようと決心したその瞬間、神がアブラハムにあらわれた、というのです。

この話にはだれもが納得する合理的な説明ができず、いわくいいがたい謎の部分がありますから、結局はそのままにするほかない逆説的な出来事ということになるのですが、それだけに、古来、迫真のこのアブラハムの苦悩を、哲学者も神学者もいろいろ論じて来ました。

アブラハムの取った態度は、理性的に捉えようとすれば、結局、謎であり「逆説」としてしかわからないままです。旧約聖書が淡々と述べるこの箇所で、多くのひとが立ち止まり、考えさせられて来ました。

これに対して、古代ギリシャのホメロスの世界は、枕ことばのような前置きが延々とつづき、かけひきもあり、文体がまったくちがいます。これまたドラマティックで感動的です。英雄オデュッセウスがトロイ戦争のあと10年余り放浪したあと、乞食のみなりで故郷に帰還する一大ロマンが、ホメロスの『オデュッセイア』の「足洗い」の物語です。

帰郷した遠来の客人の足を洗おうとして、老いた女中が、「あなたはどなたさま?」と問いかけています。

よそのお人、まずわたしからお尋ねしたいと存じます。あなたはどなたで、どなたのお子で、あなたのお国とご両親はどこにおいでか、と。かの女に答えて智に富むオデュッセウスは言った。「奥方様、ひろいこの世であなた様の悪口を申せる者は一人もおりますまい。あなた様のお名は、神を畏れ、多くの逞しい人びとを治め、正義を保ち、その善政のゆえに黒い大地は小麦や大麦をみのらせ、木々には実がたわわになり、羊は仔を生まぬことともなく、海は魚を与え、民はその下《もと》に富み栄える聖王の名のように、広いみ空にまでとどろきわたっております。……どうかほかのことをお尋ねいただきたい」。

と紋切り型の対応をつづけます。しかし、お世話をした乳母です。このお方こそは、ながくお会いしていない、あのひとだ!とわかります。感激と興奮のあまり、かのじょは手から水盤を落としてしまいます。

老女は手で足を取り、上から下にさするうちに、この傷にふれて、はっと気づき、足をはなした。膝はそれで水盤におち、青銅の盤は音を立てて一方にかたむき、水は床にこぼれた。歓喜と悲痛が心をとらえ、両の眼は涙にあふれ、のどがつまって声も出なかった。……「ほんとにオデュッセウス様です、いとしいお子! それなのに、ご主人の体じゅうさわってみなくては、わからなかったとは!」

(『オデュッセイア』第19歌)

2 出会い《ガバ》

出会いとは、ある日あるとき、わたしに起きる覚醒の瞬間です。出会いは、霊感、ひらめき、天啓、インスピレーションなどとも言われる、閃光の瞬間です。その瞬間、ガバッとひらめくので、その一瞬をわたしは「ガバ」と言っています。その一瞬を強調するのに、出会いとか、めぐりあいという表現ではもの足りないので、わたしはガバという語を使います。ガバッとわかるから、「ガバ」です。

ガバはあっけなく起き、本人は唖然として取り残されます。ガバがあったひとは、後から少しずつ反芻しながら、思い出のなかでも驚愕します。そのとき、それが何かはうまく言い表わせない。そのとき、そばにだれかが居ても、そうか、そうなのかと、じぶんひとりが孤独のうちに感じ取るのがガバですから、その感動はじぶんひとりに関わる実存的な出来事です。じぶん以外のだれかが、同じように共感してくれることはありません。しかし、そのガバが、そのひとの、それ以降の人生を決定づけるのです。

ガバは、恩恵であり、ある種の報酬かもしれません。そのとき席を外していて、何も知らないままだったひとがいます。前からの知りあいなのに、仲間になりそこねたひとがいます。それはたぶん弱い出会いだったのでしょう。ながくいっしょにいても、関心がないひと、ご縁のないままのひとはいます。気づいたひとと、気づいて動かされたひとなどさまざまです。出会いは映像には残らないので、見えないままです。そういう稀有な瞬間が人生にはあります。ガバにより生きる活力を見出せるひとは幸せです。そうわかり、そう確信できる人は、人生を他のひとよりも、愉しく強く心地よく生きていくことができます。神経細胞を流れるイオンが、ある識域に達するまでは、しずかに蓄積されたままですが、ある時点で、鹿《しし》おどし現象を起こすような瞬間がある。たぶん、それがガバでしょう。ガバはそれまでの生き方を根底から揺さぶる劇的な瞬間です。ある日あるとき、初めて気づき、その発見が原動力となる。おそらくそれはわたしが気づく前から、あったのでしょうが、そうだったのかと納得するまではなかったもの。ガバはそう容易に、だれにでも訪れるものではありません。そのときはそうとしか言いようのない不思議な一瞬として、じぶんの認識が転換させられるのです。ガバは、わかったという程度のことで理解度を示すことはできません。

じぶんが心から、そうだと、ある日心から納得する瞬間が来るまでは、わかるとかわかったと思うだけでは、まだものにはなっていない。ながいあいだ開かないままだった扉が、ある日いきなり、開くのです。

ガバが来たとき、じぶんの全体像を俯瞰できるひとなどいません。そのとき出会ったと言い切れるのは、わたしだけです。ささやかでもそういう不思議な出来事の連鎖が、わたしの人生の転機になる出来事として、消えゆく記憶のなかにあって、マグマのように蠢きつづけています。

ガバは、そのひとの人生の起点です。ガバを起点として再出発がはじまります。偉人とか天才といわれるひとには、凡人には見極めがたい、不可思議な体験がそのひとの核になっているようです。ただし、そういう体験は、天才とか賢人といわれるひとだけに起きるのではありません。ふつうのわたしたちも、そういうガバは起きていますが、その衝撃の度合いが大きくないので、気づかない。

たいていのひとは、ガバを摑みそこね見逃しています。あることを考えていたわたしが、ふと気づくと、まったく別のことに気づいており、そのことがきっかけで、別の次元に引き込まれることは少なくありません。そのとき、ガバはわたしひとりに起きる、孤独な一瞬です。わたしだけに起きる、取り替え不能な変身の瞬間です。団体的なガバがあれば、おそらく社会的な混乱を来たすでしょう。かつてアメリカの植民地時代には「大覚醒」とか「リヴァイヴァル運動」というのがありました。

ガバはわたしひとりが体得するものであり、それがわたしの身体知になります。泳ぎを覚えた瞬間とか、スライスサーブが打てるようになったときのように、そこで変わる瞬間がわたしの変貌の起点です。それまでのじぶんが打ち砕かれて、それまでとは違う新しいじぶんになるという、見えない変貌が始まります。そのとき古いわれが新しいわれに変身します。凝縮された、そのほんの一瞬が世界史にもあったとして、シュテファン・ツヴァイクは歴史上の人物の生涯のなかに、そのひとの人生を突き動かす一瞬があったと証言しています。それは避雷針の尖端に大気全体の電気が集中するように、多くの事象の充満が、一瞬のなかに集積されて爆発する一瞬があったというのです。(『人類の星の時間』)

それは一切を決定づける、星の一瞬であり、全人類の運命の経路を決めるものだったのです。ナポレオンはモスクワ遠征のさい、敗色が濃いなか撤退のタイミングを誤りました。ドストエフスキーは政治犯として死刑の宣告をうけ、目隠しされて銃殺される瞬間、恩赦の知らせが届き、いのちを助けられたのです。フランスの国歌(ラ・マルセイエーズ)は、あるところでうたわれたところ、信じられないほど多くのひとの支持を得て、一夜にして、国民的なうたになったなど、印象的な逸話を紹介しています。

そういう劇的な一瞬がある。それを活かせたひとと活かせなかったひとがいる。そういう一瞬を活かせたひとは、天才として、名をのこしています。世の天才とか英雄といわれるひとは、その生涯のあいだ、たえず天才だったのではない。生涯のほんの一瞬だけ、天才だった。天才も、ガバの前後は、そういうことなど想像できない凡人だったというのです。避雷針に集まる雷光のような恐るべき一瞬がおとずれるまでは、世界史は動いていない。人びとを動かす星の時間とは、限られた稀有な瞬間であり、それが世界史にあらわれた「星の時間」だとして、世界史を左右した劇的瞬間をツヴァイクは紹介しています。

ガバは、どれほど穏やかに見えても、わたしの心の奥底に響きつづけており、その執拗で強固な波紋は動きをやめません。もしそれが本物なら、そのガバは身体全体で感じる、永続するものすごい感動です。そこではいつもと同じ風景が、別の新しい違った風景に見えて来ます。そういうガバを経験したひとには、同じ仕事も同じ仲間も、もう前とは同じには見えなくなって来る。そういう啓示がインスピレーションとして、喜びとして、また驚きとして、新しい人生のきっかけになる。そのひとは、心新たに、じぶんの仕事をはじめ、本も読み始めるに違いありません。

ガバは不思議なめぐりあわせとして、わたしの自分史に登場する予想外の大事件です。じぶんとしては、運命として受けとめて、感謝しながら反芻しつつ生きていくほかありません。その出会いは、じぶんひとりで単独で起こせるわけではありません。そうなるには、おそらくあまたの要因が背後にあって、見えない準備がなされていたのでしょう。前後の関係や自他の関係が伏線として複雑にからみあっているため、じぶんが体験したのと同じ体験をしたひとは、このひろい宇宙のどこにもいません。そういう個別的で孤独な出会いは、そのひとの感性、知性、教養に応じて、気づくひとだけが気づける貴重な体験です。

そうなのか、と何かがわかる瞬間、めまいがして身動きがとれなくなります。そのとき、わたしが感動していても、外からは見えないので、たぶん外からは気づかれないままでしょう。

しかし、もしその出会いの意味することがわかるなら、もしほんとうにわたしに何かが閃《ひらめ》いたのなら、わたしは、まちがいなく変身します。それをすぐだれかに話すというより、何かに打たれたようになり、身動きがとれなくなります。出会ったとき、出会ったものが何かはよくはわからない。ガバは、他のひとには見えないし、どこかに記録があるわけではないので、静かに進行する変貌です。その衝撃は、わたしのなかで、なかなか咀嚼しきれないのですが、だれかに話すとか、どこかに書いておくこともないので、痕跡が残るわけではないけれど、わたしの心の時間を止め、わたしの心をある方向に向けさせてくれるのです。

　わたしの歴史を動かす、そういう一瞬がありました。それがわたしの体験《ガバ》です。それが希望のひかりを予感させてくれて、ほとんど無意識のうちに、異文化や歴史や世界を考えさせてくれることになりました。人生にはそういう、予想を超える意外な気づきの一瞬がある、とわたしは確信し証言したい。そのとき、それまでのじぶんが、にせの現実を生きて来たというのではないにせよ、こういう新しい世界がある、それが新しい現実だと実感できるのなら、そこから新しい目がじぶんに開かれて来るのです。

　わたしが神戸から疎開したのは昭和19年、国民学校（小学校）の2年の夏でした。播州細川の庄は阿仏尼の『十六夜日記』ゆかりの地で、藤原惺窩《せいか》の郷里です。兵庫県美嚢《みのう》郡細川村垂穂《たれほ》（兵庫県三木市）は父の郷里ですが、父は学童疎開の引率者として、兵庫県朝来《あさご》郡（朝来市）へ行っていたので、父不在の母と子ども4人の母子疎開でした。そのせいもあり、村びとの納得する初期化はできなかった。父とは遅れて合流できましたが、疎開当初、母は不慣れな、いなか暮らしに苦労したようです。とりわけ、農作業は父も初めてのことでとまどうことばかりでした。村では男らが酒をのみながら深夜におよぶおしゃべりの会を寄り合いといって頻繁に開きますが、勤めがある父が早退したり欠席するので気に入られなかったでしょう。

そんななか、父は村でただひとりのクリスチャンとして、熟慮の末、昭和24年のクリスマスから、わが家で小川日曜学校を始めました。教員をしながらも農業もやる半農の生活で、農作業のできる日曜を犠牲にするのは、わたしたち家族を緊張感のある生活に追いやることになりました。

教員をしながら日曜学校をするのは、農作業のためのまとまった時間がないことを意味しました。校長としての務めがあり、父は学校は休めない。まとめて農作業をする時間がない。食糧難なのに、配給をもらえないなか、半農の家では米づくりに膨大な作業が必要です。日曜しか休めないのに、日曜を犠牲にしたのです。苗代、草取り、稲刈り、脱穀などの時間をどうやりくりするのか。まったく考えていなかったのです。

農地改革で近くのいい田を没収され、わけありの遠いところに分散した田んぼを耕していました。箱木《はこん》谷《だに》、狼谷《おおかみだに》、沼田野《ぬたの》、藪畑は、遠くにあって自宅からは、片道10分、20分と離れたところにある田んぼでした。母と長男のわたしは学校から帰ったあとの作業が待ち構えており、月明かりのなかの帰宅が多かったのです。田んぼの脇には、竹藪、栗の木、柿の木、梅の木、蓮池もありましたが、筍をとるくらいで、梅や栗の収穫は放置していました。それでも稲作のほかに、小麦、大豆、じゃがいも、大根、そらまめ、さやえんどう、ごまなども作ったのですから、驚異的な集約作業でした。

田植えのさい、池から水を引いてくるときは、いっせいに田植えを済ませなければならない。農繁期のあいだ、わたしと下のおとうとは、農繁欠席をしていました。風呂をわかすための薪も必要でした。農作業に欠かせない牛の世話は、わたしが小5から担当。これは大学入学までつづきました。夜は遅くまで起きていても、牛の世話をしてから、30分の自転車通学でした。

高1の冬は、柔道の朝練にも参加しました。サマーキャンプでの日本文化講演などだれも聞かないので、柔道の実演をしました。まず番長格の男を投げたあと、男子全員を背負い投げ。それ以降は全員が話に耳を傾けるようになりました。わが家の田畑は、きょうだいの仕送りのため、順次売却しました。箱木谷の田んぼは、その後グリーンピア三木になり、いまはネスタリゾート神戸というテーマパークになっています。

わたしは細川中学から県立三木高を経て、昭和30（1955）年、上京して新設のICU（国際基督教大学）に入学しました。3期生です。スイスから来日された高名な神学者のエーミル・ブルンナー教授につきたいと思っていましたが、教授は、その年の夏には帰国されます。教授は『永遠と愛』（新保満筆録）、『教会の誤解』などで、教会と無教会の対立を超える超教派《エキュメニカル》的な立場から発言されていました。ICU1年の前期には、教授の講義「キリスト教入門」を聴講し、新宿や日比谷の講演会にも出かけていました。当時のICUには、未来しかないといいたくなるほど、過去など何もなく、すべてパイオニア的精神でやっている雰囲気でした。

国際とはいうが、アメリカ中心で、英語の集中授業でしごかれました。上級生とはいっても、新設の講座はかれらと同じクラスで、だれもが同級生のような感じでした。ただ、通訳なしの講演のとき、くすっとする一瞬のはやさで上級生の英語力がわかるのでした。食堂はセルフサービスで、講義のあとの教授たちも来られて、同席させて頂ける雰囲気はなごやかでしたが緊張もしました。下宿は玉川上水路脇の栗林のなかの平屋。6畳一間の相部屋で月5000円。まわりの土地1坪と同じ値段でした。風呂は家主の家のもらい風呂。大家さんのお嬢さんに米兵宛の手紙の代筆を頼まれたりしました。ICU教会の日曜学校では1期の原崎（前田）百子《ももこ》（『わが涙よわが歌となれ』）と小5のクラスを担当。大学1年の夏、高知で超教派《エキュメニカル》のサマーキャンプがあり、英語漬けの生活をしました。そのときの体験はICU教会の日曜説教のときに報告させて頂きました。

昭和30年のICU教会のクリスマス礼拝は学生主催。聖書研究会の幹事会のとき、矢内原忠雄東大総長に頼もうというと、上級生全員が、そんな、と絶句するだけ。それじゃわたしが行く、というと、長老格の新保満と茅野徹郎が安田講堂まで付き添ってくれました。矢内原忠雄総長は、「わたしは無教会ですが、いいですか」と言われたので、「ICUはブルンナー教授も居た超教派《エキュメニカル》の立場です」と説明し、OKを頂きました。

初期のICUではこういうこともありました。父は矢内原の『嘉信』を日曜学校の上級生に配っており、矢内原とも文通があったので、わたしは親しみを感じていたのです。ICUは何でも思いついたことを実行させてもらえる未来志向の大学で、少人数でいろいろ学際的なことができたのです。現職の木村彰一東大助教授には放課後にクセノフォンの『アナバシス』をギリシャ語の原典で読んで頂きました。海が見える場面になったとき、海《タラッタ》だ、海《タラッタ》だと叫んだのは忘れられません。卒業生がいない分、伝統がないので、思いついたことを何でもやらせてもらえる自由奔放な学生生活でした。

ICUを卒業したあと、そのままのアメリカ留学はよくない、その前に日本の大学で実力を証明してからにしろ、と忠告され、東大の大学院へ行きました。東大では、カントはこういっている、マルクスもウェーバーもテキストはこうだという原書講読に終始して、かれらの発想のどこが独自でどこが現代に適用できるのか、問題点は何かなどは、ほとんど問うことのない精読だけの時間でした。ドイツ語やギリシャ語の原典の精読には時間をかけましたが、中身を吟味するという姿勢はありませんでした。わたしは倫理学科に居ながら、哲学、西洋古典学、国文学にも顔を出していました。マルクスの廣松渉、アリストテレスの岩田靖夫は同じゼミ仲間。万葉集の中西進は五味智英教授の前で発表をしていました。

アメリカ留学は何も知らないまま、始まりました。先輩がいないので、ほんとうの手探りでした。夏のあいだ、ペンシルベニア州のバックネル大学でオリエンテーションを受けました。世界中から来たおよそ300余人が英語力で組み分けられました。このとき、わたしのクラスでは、フォークナーの *A Rose for Emily* をアメリカ流に徹底的に読解してもらいました。(なめるように暗記するほど読みました。)

1962年夏のハイライトは、University Theater で各国からそれぞれの国の出し物をやったことでしょう。わたしは「日本における宗教の位置づけ」というスピーチをしたほか、狂言の「附子《ぶす》」をやりました。舞台には松をあしらい紙の裃《かみしも》をつくりました。そのとき、わたしは太郎冠者を演じました。(わたしの歩き方のくせが、狂言によくあうという、コロンビア大学の演劇教授のデュケ先生の推挙があったのだそうです。)

オリエンテーションには各界からの若手教授がそろっていて密度の濃い夏でした。俊才揃いのフルブライトの仲間のなかには、後からわかったのですが、司法試験の首席、次席、最高裁判所判事、東大総長、東大英文科教授、京大英文科教授になるひとと一緒だったのです。既婚者は単身の留学でした。アラブ系のひとが100人くらい居たので、当然何人かは相部屋にされました。わたしもしばらく相部屋で我慢したのですが、日に数度、大声で祈禱をはじめる者と同じ部屋に居つづけた者との相部屋は無理だと交渉して変えてもらいました。我慢しつづけた者はノイローゼになったようです。いつも黒い頭巾をしていたアラブ系のある男性は中近東系のひとが怖れていた、某国の王子だったようです。

イエールでの生活は1962年9月から始まりました。イエールでも、並み居る才物らのなかで、これほどもまれるとは想像していませんでした。途中で居なくなった者、ノイローゼで休学した者もいます。ドイツ人女性と結婚して家ではドイツ語を話している者、ギリシャ系の者で家ではギリシャ語で話している者、ラテン語の資料を見ながら要点を英語でタイプする者、ラジオで聴いたクラシックを即ピアノで弾ける者など。あさの学食に、閉まりかけたシャッターにうまく潜り込む者もいました。食事のとき、女性が同じテーブルに来ると席を立って椅子を引くのです。エレベーターに女性が乗り込んでくると帽子を取るのもマナーでした。夕食後は体育館で卓球もやっていました。化学専攻のデイヴィッドや数学専攻のベイリス、オックスフォードから帰ってきたビルなど、寮の仲間がいっしょでした。

イエールでカントを読むとき、カントがこう言っているとはわかったが、たとえばかれなら、ベトナムに出征が決まったとき、好きな子をそのままにして出かけるか、婚約し関係を持ってから出かけるのがいいか、具体例で議論しました。カントには、具体的なコメントがないので、カントならどういうだろうかと議論するのです。学際的なICUと伝統的な東大のやり方の後だったので、イエールでの雰囲気は、また元のICUのやり方に戻れてほっとしました。ICUには先例がなく、東大には過去しかなく、未来は乏しかった感じです。イエールでは過去現在未来をごちゃまぜにして、人種、宗教、専門分野を超越して、縦横に議論ができるので、議論のるつぼとはこういうことかと、愉しく幸せな議論の連続でした。

俊才の強豪の並みいるイエールで博士課程から始めることの無謀さを予測しないまま、無知ゆえの冒険をしたのです。さらに翌年には、婚約者を呼び寄せて学生結婚をするとは思ってもいませんでした。周囲から受けた心づかいなど、ろくに見えないまま、突っ走った姿には恐縮するほかありません。

中学生になってからは、先生が科目別になるので、新鮮で個性的な授業は愉しいものでした。英語の常深《つねみ》陽太郎先生は、小太りで丸めがねをかけた方で、関西学院の英文科出身。柔道の黒帯で小太りのがっしりした先生。英語の試験は謄写版印刷でなく、英文タイプライターで問題を印字した用紙が新鮮な感じでした。

ある日、教室に来られて、黒板に大きく *Gone with the Wind* と書かれました。そのとき、「風と共に去りぬ」だ！と納得。過去分詞の話はそこからでした。それが中1の英語の授業でした。この印象的な板書をクラスのだれも覚えていないのです！　わたしはその後、先生私蔵の『宮本武蔵』を職員室の書棚にみつけました。それは表紙を製本し直したもの。10冊ほどありました。それを「いいですか？」と1冊ずつ借り出すスリルも愉しくてたのしみでした。常深先生は、３人称の単数に -*s* がつかないと言われたので、*God save the Queen*（イギリスの国歌、これは父の十八番のハーモニカでした）には -*s* がない！のではと質問すると、これは May が省略された「祈願文」（optative sentence）だからだと言われて、そういうものがあるのかと納得させられた先生です。（先生は翌年、三木高に赴任されました。）

宮本武蔵は、たえず見えない敵と対峙するという緊張を強いられながら、いつも身構えて精進をつづけていく剣士であり、夢中で読みふけりました。わたしが読んだ『宮本武蔵』では、漢字にルビがふってあり、時代背景などはあまりわからないまま、どんどん読み進んでいきました。真剣勝負の立ち会いのときは、改行になるので、イメージでいろいろ想像できます。それに途中のどこかで、しばしば「たっ！」とか「なぬ！」とかというかけ声が聞こえて来そうになるだけで、その場の雰囲気を彷彿とさせてくれます。そのため、余白のあるページは想像力を働かせられるのでした。

次に挑戦してくる敵がいつどこにあらわれるかしれない。武蔵は片時も油断することなく、おのれを律していくその心がまえをたえず維持しながら精進していく、求道的な武蔵のすがたは、日々これ修業というわけで、よくそれでからだがもつものだと思いましたが、それはそれでよかったのです。

物語の全体を通して、武蔵とお通との関係はすれちがいのまま、ふたりは結ばれません。その微妙なすれちがいが、全巻に彩《いろど》りをあたえ、緊張感のあるものにしていました。西部劇ではぎりぎりまで緊張したあと、向きあって、ばん！と撃つのとはちがう緊張感です。文字だけで、想像して読むときの緊張感が好きでした。

武蔵を慕うお通のひたむきさにもかかわらず、すれちがいがつづいて、やきもきさせられるのもよかった。佐々木小次郎との巌流島の決闘は、はらはらどきどきでした。不断の鍛錬を怠らない武蔵とお通との邂逅はさいごまでみのらないのですが、いろいろ想像しながら10冊を読破できて、武蔵の単純明快な物語設定が少年時代のわたしにとって格好の気晴らしでした。宮本武蔵が『五輪書』という武道書を書いていることなど、もちろん知りませんでした。

わたしもだれかに出会いたい、だれか親しいひとが欲しい、と言いながら、メル友程度のつきあいしかないならさみしい。好きな相手がいるのにうまくいかないというのもさみしいが、だれともつきあいがないというのもさみしい。だれかが欲しいというのは、人間として当然の欲求です。

注意したいのは、さみしいのは、じぶんにだれもいないからではなく、だれかがいてもさみしさは残るということです。さみしさは親しいひとがいないからではない。だれか親しいひとがいても、さみしさはのこります。

親しいひとが居るふりをしていても、だれも居ないひとがいます。

かけがえのない存在として、ただ居てくれればいい。出会いのひとというのはそういうひとであり、はじめから何もかも用意されていて、それをみつけさえすればいいという、宿命論ではありません。そこに、あらかじめ用意されたじぶんにぴったりな出会いのひとなどというひとはいません。お互いにやりとりをするうちに、これこそが出会いだと思える相手がみつかり、そのひとをじぶんにとっての出会いのひとにしていくのです。

チャンスならいくらでもあるのに、衝撃性がないと、ありがたみがないようです。だれかに紹介されて出会うことが少なくなっていることもあり、当人同士が出会うチャンスが少なくなっているのは事実でしょう。これは当事者たちが自覚する以上に、未来の人口減少に影響を与える社会問題です。

以前なら知りあいのだれかに紹介されることもありました。いまはネット婚もあります。おたく的なひとで、インドア派だというひとは、積極性を発揮しにくいため、せっかくのチャンスをものにできない。

合コンとか婚活もありますが、信頼できるひとから紹介されて出会う機会が少ない。その結果なのか、自由にできるつきあいがあまりひろがらないようです。スマホがあって、連絡も情報も自在にできるのに、結婚として実を結ぶ出会いが稀になっています。代わりならいくらでもいるからと、出会いを真剣に考えないのでしょうか。愛に束縛がなくなったことで、おつきあいの禁止など、何もない自由な世のなかなのに！

ひととひととの出会いの意味は前以上に軽いものになっています。このひとより、あのひとがいい。できればタレントのだれかに似ているひとがいいなど、ふんぎりがつかない草食系が増えています。

ガバが来ると、忘れていたことも、見えて来て、新しいヒントがもらえます。そうなると、また次々に思い出すことが出て来ます。いまはもう見えないが、心のなかにある得体の知れないものが、背後にもまわりにもひろがって来るのです。ただたいていのひとは、そのことに気づかないまま、あわただしさにかまけて成り行きにしたがうだけで、その一瞬を見逃しているのです。

ガバを用意できるひとなど、いません。ガバの衝撃を素直に受けとめるとき、そこから歴史が変わります。たいていのひとは、あわただしさに身を任せ、日常性に埋没しているのです。その一瞬、どう受けとめられるかで、ガバとなるか、ただの一瞬で終わるかが決まります。そういう衝撃の瞬間が人生にはある。わたしはそう証言したい。圧倒的な衝撃が目に見えないところでしずかに起きる。そのことは、他の者にはまったく感知されることはないままです。外的な事件として衝撃的な出来事になることもありますが、たいていは、見えない静かな内的ドラマとして展開されるので、その衝撃のドラマは、ほかのひとには見えません。

回心 conversion というのは、ガバによって、わたしがすっかり変えられることです。ガバがあったというのに変身がないのは、にせのガバです。びっくりしただけでは、刺激や動揺はあったでしょうが、それが生き方の全面的な変貌につながらないかぎり、ただの衝撃にすぎません。ガバで変身した者には、何かが見えるようになり、別のひとになります。回心というのが言い過ぎなら、すっかり別のひとに変身すると言い換えてもいいでしょう。そうなるまでの時間的経過のなかでは、とくに何も起きないでしょうし、何の関わりもないことが、見えないまま行なわれていくだけです。

ただ、それが臨界点に達するとき、そこを起点として部分が全体を入れ替え、その一瞬がすべてにとって変わります。それがガバによる変身です。了解した、感動した、ということばに置換しても、言い尽くせない、説明しつくせないもどかしさがあります。そういう一瞬の体験が、そのひとの人生の底流として、生涯にわたる出来事として、そのひとの生きていく上での原動力として残りつづけます。

いろいろ評論活動をしていて、「ガバ」を知らないままだったが、ようやくガバがわかったひと、結局ガバがわからないまま逝ったとしか思えないひととして、わたしは3人のひとを考えています。

第一。作家の正宗白鳥は、若き日に内村鑑三に「全精神を傾注して」「惹きつけ」られ、内村の講演や著作に「思想的名優」を見出し、心がゆらぎ、感奮した内村一辺倒のひとでした。内村の演説や聖書講義を聴き、その著作を読むことで、全身が鼓舞されて、ただの好奇心や関心ではなく、感嘆する（thaumazein）ほかない陶酔状態になってしまったのです。白鳥には内村の存在そのものがインスピレーションの源でしたが、内村のいう信仰には、到達できませんでした。しかし晩年、若き日に出会った内村の信仰が地下の水脈のようにじぶんのなかに流れているとわかり、死の前に信仰を受け入れるようになります。晩年には内村鑑三全集をていねいに読んで『内村鑑三・如何に生くべきか』を書いています。これは多くの屈折を経た後に到達した独特の信仰告白であり、かれは信仰告白をしてから亡くなります。

第二。サルトルと小林秀雄は、どちらも筆がたつひとで自尊心がつよく、てらいもあり、じぶんではわかっていながらも、じぶんがそこに飛び込めない脆弱さを抱えたまま逝ったひとのようです。じぶんにわかったことを他人に対してアジテイト（挑発）するのはうまいが、みずから説いているじぶんの言説に飛び込み、自ら体験することはなく、ガバを体験しなかったひとのようです。

サルトルは、言うことだけでは何も始まらない。ひとには見えない、ある「回心」が必要だとしてこう書いています。（『存在と無』2、423）

これらの考察は解放や救出の倫理の可能性を閉め出すものではない。だが、そのような可能性は、われわれがここで語ることのできない根本的な回心ののちに、はじめて到達されるものである

サルトルは大衆をアジテイトしながら、その思いを書きのこした才人ですが、回心も変貌もないようです。かれは大衆に向かい政治活動に参加しろと呼びかけ、実存的に生きるとはコミット（アンガージュ）することだと言いつつも、自らはコミットしない、ガバのないひとでした。（『われとわれわれ』第一章）

第三。小林秀雄もまた、評論活動において、その能筆を発揮した才人ですが、『本居宣長』を書いたあと、わかったようなわからない『感想』（『新潮』に56回連載したが上梓を禁じた未完の書）をながながと書きつらねて、ディレッタントとしての能書きは威勢よく見せていますが、じぶんがのめりこむ対象をみつけられなかったようです。「正宗白鳥の作について」が最後の作品ですが、昭和56年、7回めの絶筆の文章には、内村鑑三に肩入れしてコメントしています。かれはかねてより隠れ内村ファンだったのかもしれないと思えるほど、かれの本音があらわれている文章です。わたしは小林は、内村の隠れファンだったとみています。（『小林秀雄全作品・別巻2』）サルトルも小林も知の巨人ですが、人間として生きていくうえで、じぶんが納得して生き、かつ死んでいくのに必要な、じぶんを突き動かすガバを知らずに逝ったひとのようです。

小林は白鳥が生涯のさいごに内村を認めてイエス・キリストを信ずると告白し、followerになったことにこだわり、内村を讃美する文をのこしながら、内村のadmirerにとどまったディレッタントだったのです。サルトルや小林の生きざまは、見過ごすことのできない、超インテリの悲劇だとわたしは見ています。

わたしの人生にドラマなどない、というひとは、大切なことを見逃しているひとです。目覚めないかぎり、恐怖も感動もありません。じぶんがそれにのめり込む実存性がなければ、そういうことは起きません。何かをやりとげたひとは、心に言いしれぬ緊張と感動を覚えて、積年の思いをやりとげたひとです。そういう瞬間を知るために、どこか無謀な飛躍（leap）がないかぎり、真の目覚めは起きません。

評論やアジテーションだけで、じぶんに賦与されたチャンスを摑みそこなったまま、審美的に生きているひとは実存的な人間ではない、というほかないでしょう。

ガバという、いわく言いがたい衝撃の一瞬は、内側から心を入れかえて回心をひき起こす誘因になります。それがそのひとにとっての、啓示の瞬間です。わたしという人間は、周辺全体から支えられている。そう見えるのは、何かが透けて見えるとき。それは一幅の絵画とも広大な空間ともちがうもの。わたしの存在が全体として透けて見えるときです。ひとはだれも見えない深い闇を抱えて生きていますが、そうはいかないと気づくときがあります。何かが見えている。そう気づくまで、ガバは起きません。気づかないひとには、何も起きません。たとえガバがそこにあっても、ない、のです。いいひとも、いい本も、そのひとの厚意も、気づかないひとには、ない、ままです。それがどこかにあるとしても、ない、ままです。

出会うということ、ガバということは、みつけないかぎり、ないのです。心から感動したことがあれば、だれかとの出会いや、だれかのことばを支えとして、より生きいきと生きていくことができます。そのときその場で、そうかと思うだけでやりすごすひとには、チャンスはそのまま消え去ります。

それでも、その一瞬に、無心に飛びつけるひとが、ガバに出会えるのです。一瞬、ショックを受けて身動きができなくなる。多くの著者は、じぶんが出くわした体験の一部を、だれかに伝えようとして、じれったいほど迂回をしながら、じぶんの物語を書きとめているのですが、それがそのまま読者に伝わるわけではないので、はがゆい思いをしながら、多くの本が次つぎにあらわれては消えているのです。

ガバはそのひとの活力になり、生きていく原動力になります。若き日の衝撃が、どれだけとんでもない力の源泉となることか。ガバなくして、そのひとの存在はありません。そういう体験がないひとは、まだ厳密には生きたことにはならない、ディレッタントかもしれません。ガバがきっかけとなって、それ以後の人生が変えられるという意味で、むかし偉人伝で読んだ劇的シーンはものすごいものだったのだろうと想像し、納得してしまいます。歴史のなかで大変なことが起きる瞬間は、とくべつ意識にものぼらないほど、あっけなくすぎゆく一瞬のようです。しかし、それが後までのこる、衝撃的な出来事だということがあるのです。

その瞬間、何かが起きる。そのときは、わけがわからないまま。しかし、それこそが出会いだった。そのことが、後から考えると、とんでもないことだった。やはりあれが出会いであり、ガバだった。そうなのか！と驚きはしたが、そのままにしていた、ということは、いろいろあるでしょう。

いま向こうから仕掛けて来られた、思いがけない衝撃の事実と、じぶんが仕掛けた思いもよらない衝撃的な行為のふたつに分けて考えてみましょう。ひとつ。向こうからの突然は、隕石の到来のようなものであり、それがうれしい出来事なら、衝撃だとか恩恵といって感謝して受けとめればいい。もうひとつ。じぶんからの突然のしぐさは、まわりが支持し理解してくれないかぎり、魔が差したのだとか狂ったのだとみられかねません。ひとまかせで無責任のようですが、じぶんの側にはその誘因がないまま、そうしてしまうことがないわけではない。何かが起きるというのは、ごく自然に恩恵として受けとめるものだけではない。そのままになっていたことが、ある日、あ、そうか！と納得させられる。そういう瞬間があります。それをうまく言えないから、出会いとか衝撃とかいいますが、あのとき、驚いて声も出なかった、どういうことかわからなかった、ショックだった。そういう思いが燻《いぶ》り続けています。

そういうとき、その一瞬すべてがみごとに繋がってしまい、全身的に圧倒されてしまう。そういうもがきと求道の時期を経て到達した者にだけ、時充ちて与えられるよろこびがガバです。そのとき、見えない扉が開かれます。それはだれかとの再会によって、目の前の映像がいきなり透けて透視めがねのように多重化されて見えて来る、透かしのある多重記憶の凝固したようなものであるのです。

ガバのすごさ、衝撃の度合いはうまく言えません。ただ、それがきっかけで、いまのわたしがあるのです。そうだったのかと思い、思わず「わかった！」（ヘウレカ、heureka）といって風呂場から飛び出した古代ギリシャのアルキメデスはおかしいが納得できる話です。あなたもいつか、「そうなのか」と、何かがわかればうれしいでしょう。たとえうまく説明できなくても、驚いたのです。うまく言えないもどかしさは、哲学者も小説家も抱えている悩みです。その瞬間の衝撃は、忘れたりすることのない人生の大事件です。

「原罪」がマイナスの大本だとしたら、プラスの大本を「原記憶」と言ってもいい。世のひとを救い、驚かせて来たものは、そのひとのなかにある原記憶が原動力になっています。ある日あるときの、その一瞬に潜むガバ。そう考え、じぶんの辿ってきた足跡を反芻しています。ガバは若くても老いていても、想像以上に活性化するきっかけになります。よくいわれる験《げん》とか憑《つき》というものに縋《すが》るつもりはありませんが、そのひとの内的疲労や身体的混乱を救う核となるのは、ガバをどう捉え直すかにかかっています。

あのときのじぶんはただ驚いて、ことばにできなかったというのがふつうです。あとになってから、ガバをどう捉えるかを少しは説明できますから、後出しじゃんけんで事態はいかようにも解釈可能です。孔子の「学びて時に之を習う、亦説《よろこ》ばしからずや」の注釈のところで、伊藤仁斎はこう言っています。「一度学んだことをときどき復習すると、知識がひろがり、道理がはっきりし、まるでぐっすり眠って不意に目覚め、ちんばが突然立ち上がったかのように、爽快でたまらなくなる。」(『論語古義』)

じぶんが心からそうわかるまでには、ある一定の期間が必要です。そのためには、14歳という年齢くらいまでは準備期間として必要でしょう。ひとはあるところまでは、待たなければならない。しかしあるとき、さっと気づけるのが、出会いです。その気づきは、いきなり出て来るものではありません。みつけたぞ、わかったよ、ということは、こんど初めてわかったということであり、じぶんにとって切実な驚きを感じるときですが、それは、初めて出会って驚いたということだけではありません。

もう知っていたはずのことなのに、今度初めてわかった、ということがけっこうあって驚いてしまいます。発見とは、初めてのことだけでなく、既知のことについて、いまはそう言えるということが多い。齢を重ねて見えて来る意外性こそが発見なのだと気づくことが、あなたの人生を一新させる発見になります。

ものを書くひとでも、つづきをすぐ書きつづけられるわけではないようです。トーマス・マンは午前9時から3時間、外部からも家族からも、妨げをいっさい遮断して書斎で書こうとする「魔の時間」を維持したそうですが、1行も書けない日がけっこうあったそうです。ガバがあれば、いまやっている種目の練習に、前以上に力を入れても以前ほどつらくはなくなり、こだわっていたいやなことが、うそのように別のものに感じられるようになります。それがじぶんのやりたい仕事だと、元気が出て来ます。

ためいきが出るほど解放されると、心が体の外へ浮かれてしまい、わたしの心がわたしの身体を忘れて、どこかへ行ってしまいます。美しい絵画やきれいな湖面を見つめるとき、すべてを忘れて、そこに吸い込まれそうになるのに似ています。魂が私のからだから抜け出てしまう。おそらく美しさに心が呻《うめ》くのでしょう。

前からそれとなく考えてはいたが、まだよくはわからないままということはいろいろあります。諦めて他のことをすることがあり、行き止まりになってへこたれることもあります。そういうとき、偶然のように、ある日あるとき、そうか、そうなのか！と突然わかることがあります。そのとき、じぶんはすっかり納得して、しあわせになれます。それだけでなく、それまで考えたこともないことにいきなり出くわして、面食らってしまうこともあります。そういうとき、そうか、そうなのか、といきなり腑に落ちる瞬間があるのです。その一瞬が、なんでもないごくふつうの瞬間ということもありますが、それが後のちまで、忘れることのできない、ものすごい瞬間です。それらすべてが、ここでいうガバです。

クリスマス・プレゼントに『子どものための世界史』をもらった7歳の少年は、トロイアは実在する都だと信じて、行動を起こしました。1829年のことでした。シュリーマンは、その後ホメロスの詩にうたわれたミケナイやティリンスなどの遺跡も発掘します。かれが昔の城壁を掘り当てたのは1873年でした。そういうことなら、だれにもあったはずだという程度の、ささいなことがきっかけになり、世界史は成り立っているのかもしれません。じぶんが買ってもらった絵本に出て来るギリシャ遺跡には、どこかに本物の遺跡があるはずだと思った少年は、いつかは発掘しようと心に決め、商売に成功したあと、語学を学び、遺跡の発掘をはたしたのです。（『古代への情熱』）

それはほんの一瞬のことでした。ながい、のろい、ふわりとした揺れ方がした瞬間、村の長《おさ》である五兵衛は、沖に異常が起きている！と気づきました。とんでもない、津波の到来です。海が陸からぐんぐん遠のいていく。津波だと気づいたものの、使いの者を村に走らせるのには、もうまにあわないだろう。

村の釣り鐘を鳴らすこともできない。そこでかれは、そばにいた孫に命じて、松明《たいまつ》に火をともし、稲田に火をつけはじめたのです。それを見ていた孫は、おじいさんが気でも狂ったのかと驚いてしまいます。しかし、いちはやく炎を見つけた山寺の小僧は、釣り鐘を鳴らします。そこで何事かと驚いた村人は、急いで集まって来ます。そのとき、薄暗い水平線のはてから、細長い影が、静かに大きな断崖のようにそびえ、鳶《とび》が飛ぶよりもすばやく進むものが見えて来ました。息をのむような情景のなか、村長が下した判断のすばらしさ。それを伝えるハーンのペンの冴え。それが「生き神」の描写です。（『日本の面影』）

ドストエフスキーの『罪と罰』を読むとき、犯人がだれかを読者は知っています。登場人物のその後の動向が気になりながら、物語ははらはらどきどきで進行していきます。だれが犯人かはわかっているし、やがて捕まるだろうともわかっているのに、犯人が自首しようとしないまま物語が進んでいく。みつかりそうでみつからない。自白して逮捕されるのがいったいいつになるのかと読者ははらはらさせられ、読んでいるあいだ、ずっと目が離せない。前にドストエフスキーの映画を観ようとしていたら、ユル・ブリンナーの禿頭がいきなりあらわれ、イメージがちがうので興ざめしてしまいました。書物で読むイメージが強いとき、期待はずれの映像が出てくると、混乱してしまいます。

ヘレン・ケラーは「盲聾唖《もうろうあ》」（見えない、聞こえない、ものが言えない）という大変なハンディを抱えたひとでした。ヘレンはある日、すべてのものには名前がある、とわかったのです。それは彼女の人生を覆すほどの大事件でした。これが水（w-a-t-e-r）よと指で教えられ、これが水なんだ、これが母（m-o-t-h-e-r）ということばだと、ある日、わかったというのです。そうわかると、その日はたてつづけに30いくつもの単語を覚えたそうです。（『ヘレン・ケラー自伝』、メーシイ編『愛とまごころの指――サリバン女史の手紙』）

ヘレンはまるでよろこびに輝く妖精のように、ものからものへと飛びまわり、あらゆるものの名前をたずね……わたしにキスした。わたしはよろこびに心臓が破裂しそうになった

そうわかると、とんでもないことがヘレンに次つぎに起きたのです。ヘレンはその後、ハーヴァードのラドクリフ・カレッジに入学し、ギリシャ語、ラテン語も習得しています。（ヘレンは物覚えがよく、教えられたことをすべて暗記できたため、作文を書くとき、どこまでがじぶんのアイディアなのかがわからなくなったようで、剽窃《ひょうせつ》じゃないかと騒がれたことがあるそうです。）飛行機など使えない不便な時代に、かのじょは世界各地をまわって講演をしています。日本には3度も来て講演しています。

ガルシア＝マルケスの『百年の孤独』は、筋そのものより、話の進み具合がおもしろい本です。読んでみると、ほんとうにすごい。南米人の奔放さというのが白蟻や紙魚《しみ》にまでおよぶとみればいいのか、家屋敷が音をたてて食い破られ崩壊していく、というような表現があちこちに出て来ます。

そんななかで、家を建て、修理し、ひとと出会い、たたかいが次つぎに起こります。『百年の孤独』は、かれによれば、いつか祖母の話してくれた語り口を思い出しながら書こうとすると、一気に書けたのだそうです。ともかくこの本は、へえ〜と言いたくなるような、荒唐無稽な話が次つぎに出て来ます。かれは、は

じめて〈氷〉というものを見て、それをさわったとき、

　氷はとてもあつく、ダイヤモンドのように貴重に思えた

と書いています。この不思議な本のおもしろいところはいろいろあります。ぜひ手にとって読んで欲しいのですが、読んでいるうちに、あっけにとられます。とてつもない、ほら話のオンパレードです。まったく同じ名前を子ども17人につけたとか、ブエンディア一族の歴史を、まるでうそのような、ほんとうのような、ありえないかたちで民話風に書いているといえばいいのでしょうか。痛快というか、へんてこというか、ひとを小馬鹿にしたような筆力は、これがラテンアメリカの作家なのかと唸らされます。

たとえば雨が4年11カ月降りつづいたとか、みつけた金貨が7214枚あった、おまるが74個残っていたなど、桁外れのことを書いています。それらをいちいち問いただすのはやぼというものでしょう。

ともかく読み通すだけでも、相当の想像力と神経と忍耐が必要ですが、不思議な感動がつきまとって来るのは、さすがです。それがほんとうのことだったのかどうかを問うのではなく、ほんとうのことのように驚いたことがある、そういう体験をした、と言いたいとき、そういう話が起きた、ということでいいのです。ただし、政治暴動の話になると、歴史資料をていねいに渉猟しており、これは問わず語りに見えて来る、つらくきびしい拘束力のあった背景を示唆しているのでしょう。

サン＝テグジュペリの『人間の土地』には、大量の水など見たことのない砂漠の民が、目のまえでほとばしり落ちる水を見て、動こうとしなかった話があります。さあ、向こうへいきましょう、とガイドが言って

も、彼らは動かない。さあ行きましょう、と言ったところ、もっと居させてください、という。いつまで居ても同じでしょう、行きましょうと言うと、待って下さい、という。

待つって、何をです？　おしまいが見たいから……。いまそこに迸《ほとばし》り出て来る水は、いのちそのものでした。一秒間に流れ出る水の量は、多くの隊商を蘇生させるに充分な水です。渇きに血迷って、狂おしく、蜃気楼と塩の湖に飛び込んでいった隊商たちを、神はいまここにすがたをあらわしておられる。ならば、この滝の終わりを見届けたい。もう少し、ここにいたい、ということばは、沙漠に住んでいて、水がどれだけ貴重かを知る者にしか吐けないことばです。

ガバはそのとき個人が内密に体験するひめごとです。そのとき一挙にすべてがわかるわけではありません。そのとき、ちいさく狭く、ヒントだけがわかるのですが、それが全身的実存的なものとして、それ以降のわたしを支配するようになるだけに、その一瞬受ける衝撃は大きいのです。そうわかるには、下準備らしいものがあったのかもしれませんが、そこまで考えていなかっただけに、そうか、そうだったのかと納得させられてしまう。ガバが衝撃的に起きるとき、その衝撃はめまいと戸惑いしかありません。

わたしたちの人生では、予想外の局面がいろいろあらわれます。ガバはそのひとにとっては忘れることのできない怖さでもあるのです。それはいま考えても、謎の多いまま、無我夢中で事態が進行していったのであり、不意の出来事がすべてを決めてしまったのです。しかし、そこから新しい事態がはじまり、その後のじぶんがいまここにいるのです。あのときどういう力がどう働いたのかは依然としてわからないままです。

3　別世界

心に感じたささやきは、そのひとの叫びとして、深く染みこんでいく力があります。また忘れられない貴重な記憶として蓄えられていきます。美しい風景に感動して、麓から見あげた丘が青いと言っていたのに、丘の上にたどりつくと緑だったからといって、青いと思ったことは間違いではありません。人びとは長いあいだ、じぶんたちの住む地面に対して、大空には蓋《ふた》がしてあると考え、天空をお椀のようなかたちに思い描いていました。16世紀のルターの宗教改革のころは、まだ天動説が主流であった時代です。コペルニクスが地動説を唱えた主著『天球の回転について』の刊行は1543年でした。しかしカトリック教会の圧力で、ガリレオ・ガリレイが地動説を撤回させられたのが、1633年だったことは記憶しておくべきでしょう。科学者が真理だといっていることも、いつまでつづく学説か、詳細は今後いつ修正されるかわかりません。

ファンタジーには、ただの興奮とは異なる、しずかで深いよろこびがあらわれます。ざわめきも空さわぎもなく、不気味でも不安でもなく、すうっと別次元に入り込むとき、そこに別世界があるのです。そういう心の世界に入れることは、わたしにはよろこびであり、ふだんなら想像できない世界があらわれます。そう感じる心は年齢とは関係がありません。いくつになっても読む価値のある本は読みたい。読んでみようという気になります。そこにあるものをそのままおだやかに感動できることは、何気ないことであっても忘れられない体験になります。それは何度思い出しても感動できるのです。一度思い出せばそれで終わりということはありません。

わたしがひごろ散歩コースにしているのは、近くにある東工大すずかけ台キャンパスへの往復の小径です。ひそかに「哲学の小径」と呼んでいます。その往復の4000歩が、わたしにはパワーとやすらぎの源泉になっています。田園都市線のS駅を横目に跨線橋を越えて国道246をくぐり、斜面を降りていく東工大の構内。院生と研究者の一群がまとまって駅から降りて移動するとき、耳に入るのが異文化のことばとわかると、わたしはICUやイエール時代にタイムスリップします。わたしは青学の名誉教授として、図書館の利用証で新着書を確認したり、書庫のなかでパソコンをひろげたりしています。大半が理系の本なのでまったく知らない世界に迷い込んだ感じです。文系の哲学書は両手をひろげる範囲くらいに東西のものがコンパクトに選択されている簡潔ぶりが高校の図書館のようでもあり、その選択には驚かされます。冷暖房の効いた空間の、船艙を思わせる丸窓から見える池からは、水草や落ち葉の隙間から蛙の合唱も聞こえて来ます。学食や生協から研究棟へ移動する院生は、研究内容が脳裏を去来しているのでしょう。学食のメニューにはハラール系もあり、選択肢の多かったハーヴァード大学の教職員食堂のメニューを思い出します。

行きは緩やかな下り坂で、帰りは穏やかな登りなので、角度を変えて周囲を見まわすと、薄もやに霞んだ丹沢山系の山並みが、いつもいつもと少し違って見えるのがうれしいのです。大山や富士山のシルエットがそこにあり、日によって淡いグレーであったり、きらめく青空の延長だったりするグラデーションの多彩さが、その日の桃源郷の観察になります。足元は敷石なので、つまずいて転ぶ心配はありません。早足の院生にはいつも追い抜かれるので、若いひととの体力との差を感じながら、週1のテニスに備えて足腰を鍛えるため、ときにはペースをはやめてみたりします。散歩コースとはいうものの、速歩の実践コースでもあるこの小径は、この何年かは本書を構想し推敲するためのパワースポットでもありました。

桜の花のほころびはじめたころ、アメリカから船でたどり着いたラフカディオ・ハーンは、通訳を連れて、横浜から岡山までは船で、その先は人力車で中国山脈を越え、さらにそのさきは蒸気船で松江に着くという、数日を要するながい旅をしています。やがてかれは、片言の日本語で細心の注意力と想像力を駆使しながら、出雲地方に伝わる民話や怪談を次つぎに吸収していきます。すっかり松江に魅せられたハーンは、松江で決定的なガバを経験したのです。澄み切った青空、濃紺の暖簾《のれん》、そこに書かれた漢字や仮名、目にするものすべてを妖精とみなして、お伽の国の桃源郷のように受けとったのです。おそらく漢字までは読めなかったのでしょうが、もとの話を繰り返し聴きながら、次つぎに作品にしていきました。カタカナの音で、

コト　シロ　ヌシ　ノ　カミ
オオ　クニ　ヌシ　ノ　カミ

という独特のリズムを聴き取ったかれは、わずか1年数カ月の松江滞在のあいだに、『日本の面影』を書き上げます。かれは秘書であり翻訳者である節子夫人と出会い、帰化して小泉八雲となります。

まだ文字化されていない地方説話を描写する困難な作業を、妻の助けによって繰り返し聞き直し、それらを形容語句の多い、枕詞のような表現を用いながら、土地につたわる怪談を書きとめたのです。

日本にはえたいの知れない幽霊がいくつもいて、それはえも言えないもの、神々しく、輝かしいものだ、とかれは、大仰な言い方をしながら、かれはかれのガバをことばにしていきました。あるとき、そうかと唸

間のなかで、ふと異次元の何かを感じ取る瞬間、わたしは意外なところへさっと移動しているのです。

砂利道を歩いていて、いよいよ本殿に近づくというときの予感というものでもありません。ごくふつうの時どのものではないし、お化け屋敷のように、構えていて怖くなるようなものでもありません。杉林のなかのわたしをいつもと違う世界へいざなってくれる時間空間があらわれます。それは何かが襲って来たというほらせ、呻かせ、たじろがせるような時の裂け目があります。ごくあたりまえの瞬間に、へえそうなの?と、

いつかの夕食のあとのことです。いま日本にいるデンマーク人の留学生です、という電話の主は、早大で冶金の研究をしています、という。かれは、日本に行けばかならず会って来てよ、とフィアンセからいわれているので、電話しましたというのです。その瞬間わたしは、コペンハーゲン大学に滞在していたとき、キルケゴール家のふるさと、ユトランド（ユラン）半島へ行ったときのことを思い出しました。

潮風が頬につよくあたる日でした。ここが駅だというただの地面に降りたったものの、目印など何もありません。近くのカフェテリアにいた、髭の男性をみつけて、キルケゴール家の記念碑を探している、というと、親切にも近くの博物館へ連れていってくれました。受付嬢は、わかりません、といって、長身の館長を呼んで来てくれました。地理学者らしい館長は地図を調べて下さり、お探しのセディングは、スキャルンのセディングです、もうすぐ、汽車が来ます、急ぎましょう、と手際よく車で送ってくださる。そこから北上してスキャルンに着いたわたしは、ここでもまた、駅というだけで、何の目印もない地面に降ろされたまま、またしばらく呆然としていました。

途方に暮れていると、ステーションワゴンに子どもを乗せている女性をみつけたので、この近くにあるキ

ルケゴールの記念碑を探しています、というと、主人《うちのひと》に聞いてみましょう、と自宅まで連れて行ってくれました。ご主人のエリック・ルンド氏はセディングの出身だという。これからその墓《キルケゴール》地へ行ってみましょう、と出発。あたりは1キロおきくらいに地名標識があるだけのさびしいヒースの野っ原。

ここもまた目印らしいものなど何もない、ヒースの牧草地が延々とつづくだけ。人影などありません。これが冬なら、どれだけさみしいところになることやら。ようやく小さな教会に辿り着くと、そこがおめあてのセディング教会でした。肝心の石碑はどこかと目を動かしてみますが、何もみつからない。そりゃそうだろうと思いながら、垣根越しに背伸びをしてみると、石碑らしいものがありました。うす茶色の自然石に、

ここがセーレン・キルケゴール家のふるさと

という石碑があったのです。エリック氏は少年時代をこの界隈で過ごしたそうですが、記念碑のことはまったく知らなかったそうです。よかったですね、とにこにこ顔で帰ると、お昼が用意できました、どうぞ、と勧められるまま、いただいてしまいました。湯気のたつほど、ふかしたての大きなじゃがいも。それに大きな切り身のハム、それにアイスクリームの大盛り。するとそのあと、7、8歳くらいの女の子が、ちっちゃい女の子とあらわれて、ちょこんとお辞儀をしてから、リコーダーをふいてくれたのです。(その子が早大生のフィアンセ。) あっというまの出来事がつづいて終わった一日でした。フェリーにも乗り換え、もうこれでだいじょうぶだとうとうとしていたら、汽車はコペンハーゲン市内に到着していました。

セディングはキルケゴールの父親のふるさとであり、砂地にヒースの生い茂る不毛の荒地でした。貧し

かったかれの父は、寒さと飢えでかつてじぶんを呪ったことがあるといういわく因縁のあったところです。キルケゴールは、父親の死後、郷愁の思いをもって、この地を訪ねています。かれが20代のときでした。

かれは、馬車と船を乗り継いで、3週間かけて旅をしています。何気ない日常のふとしたひとこまのつづきだったのが、あれよあれよというまに、次々に展開していって、見えない不思議な力が働いてくれたかのように、予想外のドラマが展開することがあり、わたしはこれもまたファンタジーだろうとみています。

これは遠い日の、もう忘れかけていたある日の出来事ですが、見えないところで、夢はつづいていて、異国のわたしのところまで、連絡があったのです。彼女のフィアンセを、いつもの「パタータ」へ連れて行き、いろいろおしゃべりをすることができました。（パタータはわたしが懇意にしていた渋谷のスナック。ママはICU関連のひとで大宅映子の親友。ハーヴァードから来られたヒベット教授も若きグレン・フクシマともそこで夕べの語らいをしたところです。聖心女子大出身の松本伊代の母親が、そこで働いていて、CDの第一号をもらったりしたわたしのひみつの基地でした。）

これはまた別のときの話。コペンハーゲンから北上して、スウェーデンを通り過ぎ、ノルウェーの樹海のなかにある、山小屋へ出かけたときのお話です。コペンハーゲンから、スウェーデンを経て白夜のノルウェーの山小屋で過ごしたときのこと。車のなかは座席の下や上の隙間など、食糧の缶詰や飲み物を詰め込んでから出発。アスカ・ネアゴーと息子のテーヤには土地勘があるので安心でしたが、ノルウェーの狭い一本道で、いきなり右折してあらわれたベンツにぶつかるというハプニングがあったりしました。

アスカはドライブの途中で教会をみつけると、かならず車をとめて、オルガンを探していました。木造の古びた教会は鍵などはかかっておらず、だれでも入れるのです。オルガンに近づいて鍵盤にふれるのがかれの愉しみでした。アスカは、30何年か教会のオルガニストを務めたそうで、結婚式などで何回弾いたかわからない、とつぶやいていました。

ようやく辿り着いた山小屋は、電気はもちろん、水道もトイレもないところ。白夜のままのあかるい夜を眠るには、カーテンがいることがよくわかるほどのあかるさが夜中もつづきます。そのあかるさは外の椅子に座って本が読めるほどであり、さえずりをやめない鳥たちはいったいいつ休むのか、シフトは決まっているのかと思うほど、ずうっと鳥の囀《さえず》りはつづきます。山小屋の傍のせせらぎは、かすかな音をたてて流れています。すくってみると、そのまま飲めるおいしい水です。飯盒炊爨《はんごうすいさん》で炊いたごはんを食べるのはひさしぶりのことでした。たしか小5のとき、クラスの数人と六甲山に登った帰りに、担任の岩城先生らと、神戸電鉄の鈴蘭台駅をおりて川縁で飯盒炊爨をしたときのことを思い出しました。有馬温泉では炭酸ソーダがサイダーのようだといってごくごくのんだものです。そのときの水はきれいな水でしたが、ノルウェーの樹海のなかのせせらぎで炊いたご飯にぼうふらが浮いていたのは意外でした。

樹海の樹木は、せいぜいひとの背丈くらいの低い木ばかりが、どこまでもつづいています。樹海のふもとの草むらには、放牧の羊もいて、夕方になると鈴を鳴らしながら列をつくって麓まで下りていきますから、ヤブ蚊やぶよがいるのは不思議ではなかったのです。虫除けのスプレーをつかうとき、アスカもテーヤも、目をつぶって顔にじかに噴射するのに驚きました。（アテネの床屋では、仕上げの化粧水をいきなり顔にスプレーされたのも驚きでした。）白夜の山小屋にはもちろん電気はいらないあかるさです。

夕食のときローソクを2つ灯して食事を始めるのがアスカの流儀。あさはやく、山まで駈けあがって来る羊たちが、夕方と同じように山小屋のそばを鈴を鳴らしながら駈けのぼって来るとき、いっせいに鳴る鈴の音で、だれが飼主かがわかるのだとか、鈴の音がここちよくあたりにひびいていました。

山小屋の近くは、どこまでが樹海なのか、低い灌木《かんぼく》ばかりがどこまでもつづいていて目印らしいものは何もありません。樹海に入ったまま一度迷うと、もう出て来ることはむずかしいのだそうです。

あちこちに倒れたままの樹は、腐蝕しているものが多く、手にふれるだけで崩れてしまいます。背丈くらいの樹海のなかは、数分も歩くと、戻れるのだろうかと不安になります。あちこちに円盤状の、高さ1メートルくらいで両手をひろげた大きさの蟻塚が点在しています。蟻塚に手をかざしておくと、その冬は風邪をひかないのだとか。帰途、ノルウェーの氷河に立ち寄りましたが、小さな雪片を下に向かって投げ込むと、はるか下の方で反響音がするのに、少し時間がかかる、深い青い氷河のクレバスでした。

夏至祭のよるは、アスカの家で過ごしました。わたしは、コペンハーゲンに近いアスカの自宅のある島へ行き、夏至祭に参加したのです。島のあちこちで、大きく燃え上がる、かがり火が、海辺をあかく染めて海面に映えているのは壮観です。砂浜らしいところがほとんどないらしくて、陸と海の境界があいまいなので、海辺に近づきすぎて足をとられるのは危険だと、繰り返し厳重に注意されました。

わたしは浜辺というと、砂浜のある瀬戸内海の遠浅の海を想像しますが、いきなりすとんと深い夜の海になっているというのは、怖い感じです。近くに行くとあぶないからといわれ、長靴をはいていましたが、海のそばにこわごわ近づいたことを覚えています。

デンマークは樹木が少ないので、1本の木を切るたびに、かならず次の木を植えるそうです。川がないので、ダムはありませんが、水は地下を掘ればいくらでも湧いて来るそうです。暖炉の火を囲んでくみかわす酒は、度数がつよいので喉がやけるような感じ。自家製のハムやソーセージをつまみながら、近隣のひとがひと晩中、おしゃべりしながら笑いあうそうです。

お前んとこのハムは、やはり、うまいね
あの白鳥は、きょうも　あのパン屋で
餌をもらって　海へ帰っていくんだろうね
このあいだは、蝗《いなご》の大群で　大変だったよな
窓の下など、すっかり
死骸だらけに　なっちまったんだから

小さな島にあるアスカの家は、小さな平屋でした。自宅には本をおいているだろうと思っていたのに、書斎にも、本らしい本はなく、読みたい本は、図書館で借りて来る、レコードも借りる、といっていました。アスカの長女はデンマークの首相の秘書をしていたそうですが、信号無視をして突進して来た車にはねられて、亡くなったそうです。母親のグレタは、その話をするとき菓子の缶から子どもの頃のお絵かきを見せてくれました。アスカは彼女の事故以来、オルガンが弾けなくなったそうです。しかし、ノルウェーの山小屋への旅行では、通りがかりの教会に立ち寄って、オルガンの鍵盤にふれないではいられなかったのです。
別のある日、かれはコペンハーゲン市内にある、かれの勤めている施設へ案内してくれました。かれはそ

この責任者でした。どの子もきれいな金髪ばかり。4、5歳から、上はたぶん15、6歳くらいまでの子どもが、たむろしてあそんでいました。積み木とか木製のとんかちで叩くおもちゃなどがいくつかおいてあり、見た目にはかれらが知的に障がいがある子とは思えないので、聞かされて驚きました。そのとき、だれかが、アスカの所へ行って、耳打ちしていました。アスカが笑いながら、通訳してくれたのです。

あの黒い髪　すてき!
さわっていいか　聞いてみて、
さわってみたい!

ノルウェーの山小屋へ同行したテーヤ・ネアゴーは、その後、教員になったそうです。人里離れたところは、できれば避けたいのだけれど、はやくからしばらくグリーンランドという僻地へ赴任しておけば、その後はじぶんの希望する地域へ優先的に行けるので、とりあえずまず僻地を志望したそうです。

アスカはその後、かねてから希望していた通りに、日本へやって来ました。わたしの家が見たいといって、まっさきに、町田市つくし野のわが家へ来てくれました。

わが家のテーブルの椅子に座って、しずかにおしゃべりすることができました。それはおだやかで静かなお茶の時間でした。デンマーク人は「イエス」という意味でうなずくとき、息を吸い込むようにして話すので、一瞬ぜんそくを引き起こしたのかとびっくりするような発音をします。

またしゃっくりがでたのかと思わせるようなそぶりをしていました。ちょうどその秋、お隣りの栗田さん

（園芸に熱心なひと）のご丹精の菊の大鉢がいくつも見事に咲いていたときだったのです。ああ、これが菊なんだ、とかれは、そのうつくしさを、たいへんよろこんでくれました。

子どもたちの世界は、いつも生き生きとして新鮮で美しく、驚きと感激にみちあふれています。残念なことに、わたしたちの多くは大人になるまえに澄み切った洞察力や、美しいもの、畏敬すべきものへの直感力をにぶらせ、あるときはまったくなくしてしまいます。人間を超えた存在を認識し、おそれ、驚嘆する感性をはぐくみ強めていくことのなかに、永続的で意義深い何かがあります。地球の美しさと神秘を感じ取れる人は、科学者であってもなくても、人生に飽きて疲れたり孤独にさいなまれることはありません

（レイチェル・カーソン『センス・オブ・ワンダー』）

ファンタジーはしなやかにみえて、したたかなくせ者です。人生をどぎまぎさせるパロディとユーモア。そうしてひとを、過去のある一点に滝が落ち込むように吸い込んでいく。そういう物語が文学の世界だけにあるのではなく、この人生にもあることをわたしは証言したい。人生には、いつも逃げられるものなら逃げてしまいたい冷酷無比な二者択一が立ちはだかっています。それをクリアしなければ先へは進めない。かといって、逃げてばかりだと、他者と伍して生きていくことはできない。しかし、たまたま隠れんぼうのつもりである日、しのびこんだ「洋服だんす」のむこうには、雪の降る「ナルニアの国」があったのです。

ファンタジーのわかるひとは、だれかにやさしくなれます。ファンタジーの世界はそういう魅惑的な効果

があります。ファンタジーはわたしたちの内的な世界をより豊かにし、心をあたたかくしてくれて、同じ物理的時間をより充実した、より生きがいのある時間に変貌させてくれます。ファンタジーは、わたしたちの生きる世界をそれだけではないと思わせ、二重、三重に多重化された、深く愉しい時間を用意し、生きることを活性化してくれます。そうすることでわたしのいのちの中身《クオリティ》をより濃いものにしてくれます。

あたりまえの日常の暮らしにも、人びとのいのちの痕跡がある。それはまるで奇跡のようなことの連続です。認識するとは、見えない超越をいまここに見つけ出すこと。それは人間を超えた大きなものにつながります。そう気づいて生きていくひとは、しあわせな時間を持てるひとになります。何気ないとき、あることに気づき、それも奇跡だとわかると、現実そのものが奇跡という不思議なものになります。それがたとえ同じ風景や同じ本であっても、くりかえしみつめていけば、前にはみつからなかった新しいものが見えて来て、ある種の感動を体験できます。

予期しない、いつもと違う見方があるとわかったひとは、選択肢がふえるわけで、それしかない、と思い、あせることがなくなります。同じものが違うものに見えて来て、これまでとはちがう対応の仕方が見えて来ます。愛読書ができる、友だちができるのは、そういう状況の変貌の結果です。

そのとき、自然とか世界は、以前よりひろく大きなものになります。同じものでも、そこに違う味わいがあるとわかると、それまで気づかなかった深い意味を見いだせるというよろこびが生まれます。

ふだんならありえないものが見えて来るひとには、しばしの散策も、その日歩いたあとの時間も、新鮮な驚きと感謝に充ちた新しい世界だとみなすことができます。

ファンタジーを読み取れる心というのは、そういうことを可能にするのです。じぶんがいまごくあたりまえのところに居るだけで、充分満足できるようになる。
見上げた空が真っ青であったり、炊きたてのご飯にたまごをのせただけでおいしくてうれしいのです。

もうずっと前に植えていた石楠花《しゃくなげ》が、春になるとまた芽を出して咲くこと
新緑の葉なみにふりそそぐ、朝日のまばゆいまでのきらめき
遊水池でキャッチボールをしている、中学生のざわめきとその反響
子ども公園のいすの前で、いつも自己流の体操をしている老婦人のたたずまい
無人の野菜売り場にきょうも出ている、野菜の品揃えのいろいろな変化
書庫でたまたまみつけた、書き込みのある古い文庫本との再会
玄関に迎えに来てくれる、美雨の甘ったれた鳴き声と媚態

わたしが自分史というものに、どれだけ意外なドラマが潜んでいるのかをわからせてもらえて感謝できるのは、ファンタジーというものの存在に気づけるようになったことも関係しているでしょう。前には気づかなかったものに、こんど初めて気づけば、それは新しい発見であり、うれしい体験です。わたしが気づいたことは、これまでもあったのに、気づかなかったものであり、なかったわけではない。そのことがわからないまま、じぶんの無知だったことがようやくいまわかるのです。その瞬間、新しいじぶんが生まれます。『ナルニア国ものがたり』の『さいごの戦い』に「アスラン」が登場する箇所はこうなっています。

アスランは、頭をあげて、たてがみをゆすりました。たちまちすばらしいごちそうの山が、小人たちの膝《ひざ》もとにあらわれました。パイにタン肉にハト肉、クリーム菓子に氷菓子。どの小人も大きなブドウ酒のさかずきを右手にもっています。けれどもそれは、あまり役に立ちませんでした。小人たちはがつがつと飲み食いしはじめました。食べているものをちゃんと味わっていないことは、見た目にわかりました。小人たちは、うまやで見つけられるようなものを、ただせっせと飲み食いしているのだと思っていました。ひとりは、ほし草を食べようとしているところだといい、もうひとりは、カブラの古くなったのを手にいれたといい、別のひとりは、なまキャベツを見つけたといいました。そして赤々とたたえられたブドウ酒の黄金《こがね》のさかずきをくちびるのところまでもってきては、「うへっ！　ロバの使うかいば桶からよごれた水をくんで飲むのかよ！　こんなめにあうとは、思ってもみなかったぞ！」と、いいました

たとえば「京都」という街は、そのひとの関心のあり方次第でちがう顔を見せてくれます。京都を歴史の街とみるか、古書の街と見るか、食材の街と見るか、大学のある街と見るかで、そのひとの抱く関心がわかります。なつかしい街へ出かけてそこを歩くのは、いまは見えない何かが見えるからです。そのとき、その街は物語としての街に変わります。比叡山や鴨川をただの山とか川とはみなせないわたしは、じぶんがそれと関わりがあったことを思い出すインデックスになっています。思い入れのある聖地となるパワースポットには、別の空気が漂っています。巡礼する土地には、そういう思い入れがある。それはただの土地ではない。そこがそのひとの心の昂揚をうながす場所になっているのです。

生きるとは、時間を持つこと。時間がいのちです。わたしはじぶんのため（for）だけに生きるのでなく、じぶん以外のだれか「のために」（for）も生きています。だれか「とともに」（with）生きるのは、身近かなひとだけに限りません。モモはだれかれとなく、ひとの話を聞いてあげるだけで街のひとびとをしあわせにすることができました。ひとはだれかに何かを報告するために生きているようなところがあります。

じぶんのことばかり話すのではなく、相手の話もていねいに聞く。名前もきちんと聞いて覚えることは大切です。そういうことに気づかないと、ひとの好意や親切が素通りしてしまうのです。ファンタジーや冒険物語は現実の話でなくてもかまわない。それが「幻実」（virtuality）だとはわかっていても愉しくうれしい。わくわくし、うっとりすることで、生きいきしたうれしい感じになる。それが感動の源《みなもと》です。

ネット世代の者にとって、じぶんの体験したライブやコンサートが、じぶんのオリジナルになります。そういうひとに対して、軽々しく「それは幻実だろう」といっていられないほど、幻実的なものが充実しています。幻実はにせものであり、一回的なアウラなどないという発想もありますが、いまは、幻実を含めてじぶんの感動できるものが、新手のアウラになっています。たとえばみごとな落ち葉の堆積の画像を見て、そこに転げまわりたいと思うのも、幻実のもつ現実性（actuality）の魅力です。たとえそれが現実であっても魅力のないものに、アウラはありません。幻実であっても魅力的なものはアウラになるのです。（ベンヤミンが『複製技術時代の芸術』で展開するアウラ論は再考が必要かもしれません。）

情報化社会における発想は、横の水平面のつながりだけを気にしがちです。縦の垂直のつながりというのは、はやりのファッションにこだわるひとにはありません。したがって、世代を超えて考えようとする視点は少なく、同じ世代の者に限定して競争意識をあおりたてるのがマスメディアです。しかし、生きるとは、違う世代の人間とも共生することです。核家族化がすすんだ結果、同じ家屋に祖父母といっしょに住んだ記憶がないせいか、祖父母の名前や年齢を知らない子が多いのです。友人のバレー・コーチによると、スポーツ系の合宿でも、同学年の者同士の相部屋になりたがるとか。子どもが親のこと、祖父母の世代のことを考えなくなり、大人も子どもの心を理解しようとする精神が乏しくなっています。

C・S・ルイスは、子どもに人気のある『ナルニア国ものがたり』を書いたひとですが、それを子どものためだけでなく、大人にも読んでもらうつもりで書いたと言っています。かれは、そのひとの生涯において、特別の意味を持つ意味で聖い場所、聖い書物、聖い日々があるというのは、とてもいいことであり、注意を喚起し、記憶を掻き立てる場所やものがなければ、すべては神聖で、神に充ちみちている、という思いも、ただの感傷にすぎないものになってしまう、と言っています。(『神と人間との対話』)

ここは芭蕉が『おくのほそ道』で訪ねた所だ、弘法大師が休まれた所だとか、だれそれが来られた名所旧跡は各地にいろいろあります。そこにあるものを見ていて、見えないものが見えるのは、愉しいことです。それこそがファンタジーのわかる心です。そこにあるものが、ごくふつうのものでも、関わりが増すことで、すごいことが隠されているのだとわかるのは感動です。いつもの現実のなかに、ファンタジーを見つけることができるのは愉しい人生になります。同じもの、同じことであっても、それだけのことだとみるのは軽率すぎるのです。なじみのもの、すでに知っているものにも、知らないものがある、それはむしろ不気味なもの(unheimlich)だとフロイトはいっています。見えなくても、そこには隠された、苦労や思い入れがあります。そういう意味あいがわかると、それは新しい別の貴重なものに変身するのです。

もしかしたら人生そのものがすべてファンタジーかもしれません。じぶんがどうしていまこうしているのか。これからどうなっていくのか。なぜこうなったのかなど。理由は後からはつくでしょうが、よくはわからないまま、そうなっていくことが多いのです。それはそれでおもしろいし、飽きないし、先が見通せない分、気を抜けない。そこにあるものが何かわからない。そこにすばらしいものがあっても、それがわからないと、ただのものにしか見えません。それまで見ていなかったものをそこにみつけるというのは、同じ世界が新しく生まれ変わることです。そのつもりで見ていくと、見えなかったものが、いろいろ見えて来ます。

その見えはじめの一瞬が、見えないものを見ることのよろこびです。目は見えるが、耳の聴こえないひとがいます。どちらも大丈夫だというのはありがたいことで、決してあたりまえではありません。

異文化理解とは、じぶんにとってなじみのある文化と違いのある生き方を認めてその多様性を受け入れることです。倉本聰の『北の国から』が繰り広げる世界は、水道も電気もテレビも電話もない世界ですから、スマホ世代の者には我慢できない奇異な異文化に見えるでしょう。しかし、わたしが上京して大学生になる（1955年）ころの日本社会は、まだだいたいそういう時代でした。留学から帰ったあとも、おしゃれな洋品店の前にバキューム・カーの太いホースが見えていて、昼間くみ取り作業をしている姿は1970年代でも見かけた風景です。しばらく前のあたりまえが、ネット世代には奇異な異文化に見えます。

スマホ世代には我慢できない異文化が、東京オリンピックのころ（1964）の後も、多くの日本人の日常性でした。じぶんの生き方はこうだ、これがいいからこれにならえ、というのが西欧諸国が後発の国々に押しつけて来たやり方です。多くの土着の文化がそうやって滅ぼされました。

静かで見えないからそのままになりがちですが、繰り返しこころに刻んでいく思いというのがあります。すばらしいひとに出会った後の印象は、しずかに沈潜されていく思いがあります。雑念は心のなかにたまるばかりで、いたずらに過ぎ去っていくだけ。これだというものをカメラで撮ればいいものではありません。

コペンハーゲン大学に居たとき、キルケゴール研究のマランチュク教授（ウクライナ出身）との面談を写真にしませんでした。しずかな語りあいを優先しました。ロンドンのホスピスの情景も写真にしていません。コネティカット州の、子どもたちのホスピスでは、恒例のお祭りの前日、講堂の片隅でポール・ニューマンが『トルコマーチ』の編曲を弾いていました。それくらいは、じぶんのことばでじぶんの思いを言い表わしたいと思いつつも、なかなかそれをことばにできないものです。子ども向きに書いているようで、子ども用とはかぎらない本を書くひともいます。そういうことかと、わからせてもらえる本に出会うとうれしくなります。話の筋なら知っているのに、またその話を聞いてみたい、そういう本っていいものです。

わたしたちの原始的な感性は、心のなかに見えないファンタジーを抱えつつ生きているのかもしれません。心に感じることはいろいろあって、それは無限ともいえるのでしょうが、それをことばにできないまま、そのうちのどれかだけを感じるままに生きているのです。仕事をするとか勉強をするとか家事をするとかのふだんの生活は、そのとき感じたことをいちいちだれかに話すことはありませんが、だからといって何も考えていないわけではありません。それが何かはうまく言えなくても、わたしのなかに見えない内側の世界があり、それがさまざまな角度からちがう様相を見せてくれるのです。ファンタジーを心に描くことを、子どものときだけの、子ども専用のことだとみなすのはまちがいです。子どものときほど素朴で単純ではなくても、おとなとして複雑で非情でも、もうロマンチックなどではないというわけではないのです。

旅の経験はそのときの時間をじっさいよりながくする効果があります。習慣化しない、異質な時間と場所を目撃することで、新たに目覚める気づきがあって、それが埋没していた精神を覚醒させてくれます。家族で過ごした何日かの旅行は、鮮明でくっきりとした明るい島のように、幾度となく甦って来ます。

家内が「赤毛のアン」のファンだったので、ぜひ行こうと、アンゆかりのプリンス・エドワード島へは、ボストンからわたしの車（GranTorino）で出かけました。島のあちこちに生えていた紫色のルピナスのこと、道路沿いの店でたべたごくふつうの店の定食に、ロブスターが2匹も出たのには驚きました。

それにしても、『赤毛のアン』では、アンが手違いで引き取られた子だというので、マリラが「あの子が、何の役にたつのよ」というのに対して、マシューがさりげなく、「わしらの方で、役に立つかもしれんて」というのは、なんてすばらしいことばでしょう。「わたしたちにとって」(to us）から「あの子にとって」（to her）という視点の移行があることを見逃さないでください。映画にはこのせりふが出て来ません。

What good would she be to us?
We might be some good to her.

サバティカルでハーヴァード大学にいたとき、ライシャワー教授宅のお招きを受けたのは、たまたま息子の誕生日でした。夫人手作りのケーキを頂くとき、ぼくはきのう4歳だったが、きょうは5歳。あしたは6歳になるんだといったので、教授ご夫妻に喜んでいただきました。八幡平で釣りをやったときは釣れすぎてこまるほど鱒が釣れました。大震災の前に訪ねた東北のたたずまいはなつかしく、その光景が哀しく二重写しになって見えています。京都はおとうとたちの大学もあったし、おりにふれて出かけた回数が多いのです。8月の京都では、大文字焼きの火を堪能しました。あのあたりのことは、いまもあかるく輝いています。

いくら忙しくても、充実した時間ははやく過ぎ去りみじかく感じてしまいますが、あとで思い出すと長く感じます。退屈で空虚な時間はゆっくり過ぎて長いように感じたはずですが、あとで思い出すと、なにも残らない、みじかい時間のように感じます。人間の感じる時間の長さは、そのひとの年齢分の1であるといった「ピエール・ジャネの法則」を思い出します。同じ1時間でも大学生の時間を20分の1だとしたら、幼稚園児の時間は5分の1であり、同じ1時間が大学生には幼稚園児の4分の1になります。

そういえば、トーマス・マンの『魔の山』は、数年の出来事を書いた大作ですが、到着した最初の一日のことだけに、何十ページも費やして書いています。それでいておかしいと感じさせないのは、最初の印象がいかに強烈で、非日常的な印象に充ちたことがあったかを証明しているのでしょう。

ホテルの部屋というのはどんなに豪華で眺めがよくても、しばらくのあいだはいいなと思っても、やがていつもの部屋の方がいいと思ってしまう。リオデジャネイロの海の見えるスイートルームとか、ヨハネスブルクの5つ星ホテルにも泊まりましたが、よる帰って翌朝すぐ出かけるなら、ビジネスホテルでいい。ふかふかしすぎて座り心地のよくない椅子とか、きらきらしたテーブルの感触とか、使い勝手に不具合のある部屋なら、とくにありがたいとは思わない。いつものなじみの感覚というのは、そのよさをうまく言えなくても、それがじぶんにしっくりしていればそれでいい。空間がひろすぎたり明るすぎても、じぶんがそこで仕事をするには適不適があります。じぶんがいいと思わなければ、おちつかないのです。

じぶんに落ち着きを与えてくれる空間となると、借り物の部屋とか臨時の待機部屋などではない、なじみの空間でないと、落ち着いてものを考えることができなくて、かえって疲弊感が溜まります。なじみの空間だとくつろげて疲れない。これは話していて疲れないひとと同じで、履いていて疲れない靴も気を遣わなくてすむところがいいのでしょう。それでいて、いまじぶんのいるところから抜け出して、どこか違うところへ行きたいと思う心もあって、そういうわたしは、ふだんとはちがう非日常性の世界へ没入したいという願望を持っているのです。それはおだやかな現実を生きていても、ふと心をよぎる矛盾した思いということになるのでしょうが、そういう思いがあるのはほんとうです。そういうとき、暗くてわびしい旅の情景を描いた、ひなびた鉱泉のかもし出す魔力といえば、つげ義春の絵が独壇場ではないでしょうか。(『苦節十年記』)つげが好んで描く、どこかの懸崖《けんがい》のボロ家のような佇《たたず》まいは、なじみがあるわけではないし、しっくりするものでもないのに、それを見ているだけで、なつかしい忘れ物に再会したような感じになります。

幾何学的に均質に設計された住宅環境では、電気が来ないだけで、トイレもエレベータも停止します。老人ホームでは、テレビが見られず、ナースコールもできない。そういう空間に居て充実した生活を過ごせるのは、家庭か職場です。ほかに第三の空間として、ふだんの通勤電車とその周辺、それに多少あやしげな路地や居酒屋など、たまり場的な存在のある暮らしがあれば、ふだんのストレスが解消されます。

そのためには、かたちだけのインフラ整備で、ひろさのある広場や公園ができても、親近感が湧かないのです。それより、気安く立ち寄れるコンビニやショッピングセンターの方が、気安く寄り道をする拠点になります。職場と自宅という二つの空間を往復するだけでなく、それ以外にどこかちょっと寄り道できる場所がないと、予定中心の時計的時間の支配する生活だと、潤いがなくなり精神が枯渇しかねません。そのためには人間的なコミュニティ形成の場所として、居酒屋、カフェ、書店など、情報交換、意見交換、地域活動の拠点としての機能をもつ場所を、ふだんの単調な日常を乗り超えるのに役立つ場所として新しく見直すひとがふえて来ました。

レイ・オルデンバーグは、コミュニティの核になる、居心地のいい場所として、第三の空間の必要性に着目しています。（『サードプレイス』）かれのいう第三の場所とは、経済的、政治的、法的に中立性と平等性が保証されていて、会話が存在する、利便性があり、常連が存在するところです。目立たなくてもあそび心があり、感情が共有できるところです。そういう場所は、建物や空間などのインフラが整備されるだけではものたりないのであり、被災者が元の場所に戻らないのはそういう魅力がないからでしょう。等身大の視点で人間的な活動の場としてデザインされる必要があるのです。スマホさえあれば、いつでもどこへでも連絡できるという意味で、いまはスマホが第三の要素を果たしているのかもしれません。

空間と場所は同じではありません。空間は、郷土とか空港など、開放的でひろがりはあるが、抽象的で均質な外的性格を帯びており、あこがれはしても、隔たり感があり、脅威となることがあります。空港はすごいとかきれいだという驚きはありますが、心にのこる落ち着いた場所にはならないのです。

これに対して「場所」というのは、家とか部屋というふうに、ある程度仕切りがあって閉ざされている、いつもの食卓や椅子などをさします。じぶんの居場所として落ち着けるのは、特別のひろさはなくても、じぶん専用の場所であればいい。（コロナで自宅での仕事が増えたひとで、自宅に居場所のないひとには、腰痛が増えているとか。）いつもの慣れた机や椅子があるのとないのでは仕事をするさいの態勢が違ってくるのです。なじみのある場所がないと、コロナ禍での勤務に必要な知的空間がなくなるのはつらいこと。なじみのない場所は、仕事をするのに適切でないかぎり、おちついて仕事はできない、まったく別の異質の世界のままです。（トゥアン『空間の経験』）

わが家とは親密な場所。わたしたちはその建物をじぶんの家、じぶんの場所だと考えるが、過去に魅せられたイメージは、視覚により建物全体から喚起されるというより、屋根裏部屋や地下室、暖炉や出窓、人目につかない部屋の隅、腰掛、華美な鏡、割れた卵の殻など、手に触れることができ、匂いも嗅ぐことのできる建物の構成要素や家具調度品によって喚起されるものである

いつもの椅子や鏡がじぶんにあることは重要です。スマホ万能の時代は、画像やビデオも、繰り返し用いる、新しい日常的な場所になるのでしょう。ただそれにのめりこみすぎて、じぶんがじぶんでなくなる怖さは注意が必要です。いま高速で移動する均質な空間として、空港や高速道路、ショッピングセンターなどがありますが、なじみや愛着が乏しいため、いくらひろくて快適な場所でも、いつもの場所の方が狭くても親しみのあるくつろげる場所になります。そうなると、場所とは言いつつ、もはや場所でない没場所的なものが、新たな場所としてわたしたちの心にインプットされる時代になるという指摘もあります。

しかし、外見ばかりか雰囲気までも同じものがふえてくると、具体的な場所の独自性や個別性が乏しくなり、どこにでもあるコンビニやスーパー、マクドナルドなどと同じように、あたりさわりのない経験しかえられない場所として、没個性的で非場所的な場所がふえて、場所の場所性が弱まっていく。この傾向を「没場所性」だと説明するひとがいます。（レルフ『場所の現象学』）そういう非場所的な場所が都市《まち》にふえることで、じぶんが愛着を感じる場所が乏しくなり、じぶんがどこにいるのかがわからなくなり、じぶんの居場所があいまいになります。場所のアイデンティティが弱体化して、ひとはいま具体的な関わりとかなじみのある歴史とは無縁のものが幅をきかせるところに住むようになりつつあります。

いつどこにでも侵入してくるスマホのせいで、「いまここ」という一瞬はなくなり、「いつでもどこでも」、「どこのだれでもいいどこかのだれか」とサッカーやラグビーを観戦するとしても、親しく同じ場所でそう感じられる相手は少ない。スマホで、観戦するときはそうでしょう。ニュースで情報は瞬時に拡散しますが、対人関係は弱まり、個人が孤立していくようになります。

家庭と職場の二つの領域を超えた、第3の領域として公私を兼ねた愉しい場を提供するものが、いまではスマホの世界です。私的メールと公的メールを混同させたひとは、公人と私人を同時に生きていたのです。公私はもう合体済みという大統領もいました。場所も時間も複合化する時代は、伝統的な時空では済まない世界を共存させつつ、私的で公的、公的で私的な生き方を生きているのです。インフォーマルだがパブリックという生き方をCEOやVIPはしているのです。公的空間に私的な情報が、私的な空間に公的な情報が侵犯しあうとき、ただの私的空間はもうみつけにくい状況になりつつあります。

見えないものは、見えないから、ない、とは言えません。見えなくても、あるものはあります。見えるからあるのでは、ありません。あるからあるのではなく、感じるから、ある、のです。たとえ向こうに本物がなくても、そこに見えるものがあると思うものが、そこにあるかぎり、それはむこうに実在しなくても、わたしには、あるものとして、あるのです。アリスの兎穴もナルニアの洋服だんすも、その向こうには何もないかもしれないが、わたしたちの心には、アリスの世界として、ナルニアの世界として、新しく拡張された幻実が心のなかにあります。すごい、きれいだ、と思うものは、じっさいにそれがどうかとは関係なく、わたしがそう思えば、それでいいのです。

わたしがそれを現実とみなすとき、わたしはその世界に生きているのです。わたしにはそういう世界がいまここにあるのです。現実はたえず変貌します。わたしがいま住む世界は、外界に依存しながらも、同時にじぶんの判断でそれがいいとかおもしろいと思うかぎり、それが現実かどうかにかかわらず、それを頼りにして生きていけばいい。向こうに見える山の色が赤でも紫でも、山のなかに入ってしまえば、じぶんの生きている世界が、じぶんにとっての現実です。たとえそれが幻実でも、じぶんがその希望に支えられているかぎり、問いただす必要はありません。じぶんの肯定できる現実であるかぎり、それがわたしの現実になるのです。それが幻実か現実かの境界があいまいだというのは、ひとから見たときの話です。わたしがそれに夢を寄せて生きており、わたしに意味をもつかぎり、問題はありません。

単純過去は遠くにあって孤立した事件を客観的に語るだけですが、複合過去は、現在とつながる出来事を主観的に語ることで、フィクションとして完結した物語であっても、読者を私的体験のなかに引きずり込む傾向があるため、読者に想像以上の衝撃を与えます。

たったひとこと、ことばを交わしただけで、そのひとに親しみを感じられるように、ちょっとしたものひとつで、まわりの世界がまったく違う世界になります。それがすてきなひととの出会いです。そのひとと話していると、それまで思いつくことなどなかった、意外なことばやアイディアが出て来て驚くことがあります。たぶん相手も、わたしと話しているうちに、意外なことばを吐いてしまったと思っているかもしれません。

『ナルニア国ものがたり』は洋服だんすが入口で、よしもとばななの『キッチン』は台所が別世界への入口です。その音楽を聴き、その絵をみる瞬間、別世界へ移行しています。それゆえ退屈などしません。

わたしが好んで読む物語は、いつかわたしもそう考えたことがあるかもしれないが、そうはしなかったという、ゆめのようなたわいもないあれこれの夢想を、わたしに代わって代弁してくれる物語です。そういうとき、わたしは、幼年に戻っています。

いい本とは多くの世代にわたり、多くのひとびとの心を揺さぶって来た本です。出たばかりの本は、泡のように消えゆくものが多く、あわてて読むことはありません。古典と呼ばれる本は、多くの読者がくりかえし読んだあとに何かを感じるところがあった本ですから、時代、国籍、話題性などを超えて安定した支持層を持っています。そんな本を少し囓《かじ》ったからといって、もう読んだとか、もうわかったといって、簡単に卒業することはできません。そういう本はあらゆる年齢のひとが読むのに耐えられる本です。子どものときも、大人になってからも興味のもてる本、50歳になっても、子どものころと同じように読む価値のあるものでなければ、10歳のときにだって読む価値はない、とC・S・ルイスは言っています。(『別世界にて』)

子ども向けに書きましたと、これみよがしに見える本をわたしは好みません。子ども向けに書いたという姿勢が見え見えの本より、読んでいて愉しくなる本、興味の湧く物語、お話そのものが面白いのがいい。じぶんが好きになった本は、だれかに褒《ほ》められなくても、じぶんは好きだ、というのでいい。気づいてみると、いつのまにか別の世界に入り込んでいた、というのがいいのです。

宮沢賢治は『注文の多い料理店』の序文にこう書いています。

わたしたちは、氷砂糖をほしいくらゐもたないでも、きれいにすきとほつた風をたべ、桃いろのうつくしい朝の日光をのむことができます。またわたくしは、はたけや森の中で、ひどいぼろぼろのきものが、いちばんすばらしいびろうどや羅紗《らしゃ》や、宝石いりのきものに、かはつてゐるのをたびたび見ました。

……これらのわたくしのおはなしは、みんな林や野はらや鉄道線路やらで、虹や月あかりからもらつてきたのです。……ほんたうにもう、どうしてもこんなことがあるやうでしかたないといふことを、わたくしはそのとほり書いたまでです

「億万の蛍烏賊《ほたるいか》の光をいっぺんに化石にして空に沈める」という銀河鉄道の列車は、夜の軽便鉄道そっくりで、線路のへりには「芝草のなかに月長石ででも刻まれたような紫の竜胆《りんどう》」が咲いています。銀河鉄道は死者の列車であり、水死したカムパネルラは、死者です。銀河鉄道に乗りあわせた客はだれもが死者です。この鉄道は死後の銀河をめぐるお話です。現実の世界がいかに多重性をおびた複雑なものか、現実はいかに多くの現実を重ね着をしているかが、ファンタジーに出会うとわかります。

ルイス・キャロルの『不思議の国のアリス』では、あそびに飽きたアリスが、ふと目の前を通りかかった白うさぎを追いかけて巣穴に飛びこんだのが、底なしのたて穴でした。アリスは下へ落ちて、さいごに辿りついたのが、不思議な別世界でした。そこには、チェシャネコ、ウカレウサギ、ネムリネズミやウミガメモドキなどが顔を出します。アリスが注意していると、じぶんの体長が、大きくなったり小さくなったり、めまぐるしく変化していきます。「ワタシヲオノミ」と書かれたびんの中身を飲みほしますと、身長が25センチ縮まり、「ワタシヲオタベ」と書いてあるケーキを食べると2メートル70センチも伸びるのです。

数学者だったキャロルは、論理的に考えていたようですが、かれは空間的なスケールだけでなく、時間的な規範も無視して話をすすめています。ルイスは頻繁に単語を入れ替えてあそんでいます。単語を入れ替えることで、事態が変わってくることを考えさせようとしています。アリスの翻訳をするひとは、日本語と英語の違いのなか、時間をかけてこのトリックをわからせようと苦労されたことでしょう。「ネコってコウモリを食べますか」といったあと「コウモリってネコを食べますか」と逆をつぶやいたりします。「眠りながら、息をしている」というのを「息をしながら、眠っている」と取り替えるとか、「じぶんの手に入るものが、好き」と「じぶんの好きなものを、手にいれる」が同じかどうかは、話題のための工夫でしょう。主語と目的語が入れ替わると意味が変わるはずなのに、アリスはどちらでもいい、と見ています。

ワイルダーの『大草原の小さな家』は、アメリカ西部の開拓地が舞台です。ローラたちのおもちゃは、豚の膀胱《ぼうこう》でつくった風船や木の切り株ぐらいでした。しかし、その生活はうらやましいほど豊かで幸せなものでした。バターも洋服も作ってくれる、すてきなお母さんと、バイオリンが上手で陽気なお父さんがいて、家族の心はつよく結びついていて、「大草原の小さな家」は、心やすらぐ家でした。そこにあるのは、西部劇の時代を思わせる、開拓魂のある、何でもできる父親が大奮闘する家族と子どもたちのお話です。ミシガン湖の西にあるウィスコンシン州の大きな森から、大草原の小さな家までは、直線距離で900キロといいますから、東京から佐賀くらいまで。家財道具一式を積んだ馬車が一日に進めるのは2、30キロ。ようやく辿り着いた土地で「父さん」が自由に耕せる場所といえば、インディアン居住地のなかだけ。そこならまじめに働けば、5年後にはその人のものになるというのです。おもちゃなど何もないところで、たのしいあそびをみつけて、時間を忘れてあそぶ子どもというのは、いつごろまで居たのでしょう。

ジュール・ヴェルヌの『十五少年漂流記』は、6週間の船旅をしようと、ニュージーランド沿岸一周を計画していた15人の少年が、知らぬまに岸を離れ、太平洋の真ん中まで流され、あらしに見舞われて無人島に押し上げられ、2年間を生き抜いていく冒険物語です。10代はじめの少年ばかりが10数人。ゴードンやブリアンがリーダーになり、だれもがくじけずに、自然と格闘し、じぶんたちの社会を建設していく話です。なかには黒人もいて、まるで国連の代表のような多彩な顔ぶれです。少年たちは手始めに島の見取り図をつくり、新しい土地には名前をつけながら、じぶんたちの住まいをつくっていきます。2代目リーダーのブリアンは宮本武蔵とともに、わたしにとってはあこがれのヒーローでした。かれがCEO的存在として、くりひろげるグループ統率の活躍ぶりは、目をみはるものがあります。この話はただの少年物語ではなく、自然とのたたかいから始まり、島にひとつの社会をつくり、その過程で子どもたちが人間として成長していく物語。漂流から脱出までの2年間に、どれだけ成長していくかを描いた物語です。

ロビンソン・クルーソーはたいへん器用な人だったようです。困ったとか、つらかったとは言わず、たいていなんでも作ってしまうDIYの人なのに感心します。かれは土鍋もつくっています。船から持ってきた種がこぼれて発芽すると、植物の栽培を思い立ち、収穫した小麦を石臼でひいてパンも焼いています。山羊を生け捕りにして山羊の牧場をつくり、その乳でバターやチーズを、その脂からローソクを、その皮から服や帽子をと次つぎにつくっていくのです。ロビンソンは何でも器用につくっています。つくるのに苦労したのは、字を書くインクでした。インクは、煤《すす》に葡萄酒をまぜてつくったようです。

ネロとパトラッシュは、この世にとりのこされた、寄る辺のない身の上で、ふたりはきょうだいよりもこまやかな友情にむすばれていました。ネロはアルデンヌ生まれの子どもであり、パトラッシュはフランダース生まれの大きな犬です。かれらは生涯をともに暮らし、どちらも孤児で、同じく貧しいひとに養われました。ふたりは村の教会の鐘の聞こえるみすぼらしい小屋で、ずっといっしょに暮らしていました。ふたりの前には広い青野がひろがり、その向こうにはアントワープの大伽藍の尖塔がそびえていました。

ネロは絵の才能があり、思い立ってアントワープの絵画コンクールに応募します。その発表があるのはクリスマスの前日。結果は落選でした。失意のネロは大雪のなか大伽藍に向かい、そこにかかっているルーベンスの絵の前で、ふたりは寒さのなか凍死してしまいます。コンクールの審査員が、ネロの絵に心を動かされ、養育しようとやって来たのですが、もう手遅れでした。ウィーダの『フランダースの犬』はそういうお話です。

H・G・ウェルズの『タイム・マシン』（1895）の主人公は、それにまたがると物質の隙間を気体のように通り抜けて、はるかな未来へ行けるキカイを発明して爆発的人気者になります。彼は802,701年という時代に停止し、「エロイ」たちに出会います。エロイたちは果物を主食とする美しいひとたちで、一日中遊んでおり、見たところ何の憂いもないように見えますが、エロイらは闇とモーロックを恐れています。モーロックとは地中に住み、月夜に襲来してエロイを食料としてさらう生物です。

資本家と労働者の対立が、エロイとモーロックの対立という人種的分化を引きおこします。どちらも肉体的には異種に進化し、生活空間を異にし、違う性格を持ち、生きるために互いに依存しつつ、相手を恐れて暮らしているのだと「時の旅行者」は考えます。モーロックの攻撃をあやうく逃れることができた旅行者は、未来に飛び、海岸に到着します。波はなく、潮の動きも止まり、地球は自転をやめています。赤くふくれた太陽が水平線の上にへばりつくのは、地球が太陽に近づいたからでしょう。植物といえば陽のあたらないところに育つ、苔に似た毒々しい色のものばかり。動物は海藻をこびりつかせた巨大な蟹だけ。その蟹が攻撃して来たので、旅行者は最後に3000万年の航行に逃げこみます。

ようやく辿り着いたのは、水星か火星でしょうが、よる日食があって彼は脅えてしまいます。そのざわめき以外は、荒涼とした沈黙があるだけ。日食が完成すると、寒さと漆黒がまして来て、好奇心も萎え、ようやくかれはじぶんの時代に戻ります。ウェルズの描く時の旅行者は、科学技術の助けによって期待していた未来社会に飛び込んでみたが、そこにあったのは沈滞と退歩の世界だったのです。

はるか西欧のイタリアのローマまで、あこがれを抱いて天正遣欧少年使節が長崎を出たのは天正10（1582）年でした。帰国は8年後の1590年。13、4歳の少年4人は、8年8カ月後には20歳を過ぎていました。アジアの涯《はて》からヨーロッパまでの長い船旅で西欧文明の現実を目撃したかれらには、見聞きするものすべてが驚嘆であり、同時に幻滅でもありました。4人のうち千々石《ちぢわ》ミゲルは、世界各地で性奴隷となっている日本女性の悲惨さを目撃して義憤して、1601年に棄教しています。日本と交易していたポルトガル商人たちは、人身売買という略奪ビジネスとも関わっていたのです。秀吉はこれを見抜いて「バテレン追放令」を出し、鎖国策をすすめたのです。

Ⅱ　みつける

4　無知

知りたいことはスマホで調べればだいたいわかる、それで充分だ、と思っているひとには、知らないことなどありません。その程度のことで満足できるひとは、それでけっこうしあわせです。そこより少し先を望むなら、多少は苦労し努力する覚悟が必要です。またじぶんはけっこう物知りだと自負するひとは、もうそれでいいと思っています。注意したいのは、じぶんではけっこうもの知りだと思っていても、じぶんの知りたいこと、関心のあることだけを知っていて、それ以外はいつもすべて排除し見ていない、ということです。

じぶんに関心のあることだけがわかればそれでいい、と思うのがネット時代の傾向ですが、そういうひとは、じぶんの役に立ちそうなものだけを採用し、あとはきれいさっぱり排除するため、けっこう視野が狭くなり、全体を俯瞰するようなものの見方はできていないのです。

いまじぶんがしあわせで、いまが愉しければ、何も問題ない。その方が効率もよく精神衛生上もいいとなると、反省するひとは少なくなります。そういうひとは、何でも上から目線でものを見ますから、隙をみせればいつやりこめられるかわからないので、うかつに口出しができません。手馴れたことについてはいつもの勘が働きますから、これは、こうなっている、それでいい、という自信があれば、反省などしません。

その馴れや勘が、相手を陥しいれ、傷つけることに気づかない。新しい局面に対して、いつものやり方でしか対応できない。相手をこうだろうと決めつけ、それについて誠実に検討することがない。そのとき、相手を攻撃する姿勢が濃厚になります。塾で一番になりたい、オリンピックで金メダルをとりたいというひとは、相手を蹴落としてでもチャンスが欲しい。じぶんが大学に受かったとき、大会で優勝したとき、そばに僅差で破れたひとがいたことを思う心はなかった、という反省は必要です。

無知は重症です。じぶんでは知っているつもりであり、けっこう物知りでも、型通りの知識だけで知っているると思うひとには偏りがあります。いま知るほどのことは、だれにも開示された情報であり、必要なこと、知る必要のあることであるとは限らない。じぶんが知っていると思っているかぎり、改めて知ろうとはしませんから、簡単に入手できる情報だけでやっていこうというのは、いささか安直にすぎます。

わかるとは、わかることとわからないことがあると知って、知らない世界について目をつぶらないでいることです。じぶんの見聞きしたことはたかが知れており、わからないものはそのままです。たいていのことはただの傍観者として、そばで見ているだけで、じぶんから踏み出して何かをしようとしないかぎり、やってもらうことばかりに馴れてしまい、じぶんからは何もしないままです。

スマホは答えをすぐに出してくれるので、結論にいたる過程については想像しません。したがっていつも狭い世界の分散知だけがわかっているだけで、がらくたにひとしい断片的情報では全体を俯瞰するまなざしなどありえないのです。自然とか現実を前にしたとき、わからないというのが、ひととして感じる素直な反応です。うまくいったのはラッキーだとしても、ほんとうは、相手がじぶんより有能だったかもしれないし、向学心のある者だったかもしれないのです。

病気で挫折したとか家庭の事情で挑戦を諦めたのかもしれないと考えて、相手に対して傲慢にならない謙虚さは必要です。ネット社会の医師や教師は、患者や生徒を見ないで画面やデータを見てしまう傾向があります。いたみがあると訴えても、レントゲンやCTではだいじょうぶだという医師は、顔をみないで画面を見ています。偏差値にこだわる教師は、生徒の適性を見ないで偏差値を気にしているのです。

ソーントン・ワイルダーの『わが町』（*Our Town*）は、アメリカのある田舎町に住むひとたちの何気ない日常を描いた戯曲です。町の新聞は週に2回しか出ない小さな町です。もうすでに死者になっているエミリーが、一日だけ希望する日に戻れるというので、12歳の誕生日にもどるというドラマ。そこにあらわれたのは、何も知らず何も気づかないまま過ごしている少女時代のエミリーの日常です。

あんなふうに時が過ぎていくのに
あたしたち、気がつかなかったのね

パパもママも、あの若さにあの美しさ。あのころのじぶんの、ごくあたりまえの風景をながめて、こう慨嘆しています。エミリーは恋をし結婚したあと、お産が原因で亡くなります。元気で生きていたときに気づかなかったことを、死後になってわかったのです。

舞台の上の、わが町を眺めながら、背後にある、永遠の時のながれに気づかされる仕掛けです。「かみによりていつくしめる……」が背景にながれる讃美歌です。

わかったと思うとき、うれしいとき、もうそれだけで舞い上がってしまう。それはそれでうれしいし、しあわせです。そういうことがあると、その日は何とか凌《しの》いでいけるし、「あしたはあしたがある」とスカーレット・オハラのように考えることもできます。しかし、そういうことの繰り返しが、わたしたちの日常性だという反省は必要です。たったひとこと、ちょっとした顔見せだけでいい。そのひとが顔を見せてくれるだけで、元気になれるひとがいる。そういう、一工夫で元気にさせ、もとの軌道に乗せていくことができます。何も気づかないじぶんがどれだけ無礼で無慈悲だったかに気づくとき、わたしは変わることができます。そういうことがわからないまま生きるひとは、分別のある大人ではありません。

あのときじぶんは何もわかっていなかった。そう思うのは、わかったと思ったときのじぶんと矛盾するようですが、矛盾ではありません。ふだんはいいかげんにものを見、ひとを見ているのです。それでいてじぶんのことはわかってもらえない、気にかけてもらえないと、ふてくされたりしているのです。

わたしにわかるのは、じぶんに関わる分野だけであり、それ以外のことはわからない。わからなかったことがわかるのは、前とは違う側面が見えたということで、それは退歩ではありません。だからといって、じぶんがまったく誤解していた、すべてまちがいだったと全否定する必要はありません。わたしはそれを理解したいと思って読むときと、批判しようとして読むときがあり、褒めるつもりかけなすつもりかで、見えて来るところが違って来ます。

無知は怖れを取り除きます。知らないから怖くない。怖くないから何でもできる。それが無知の怖さです。思いあがり、鈍感、傲慢、非情、その他の悪徳が生じるのは無知のせいです。本人が気づかないかぎり、何も感じないままです。あとはいくら生きたとしても、残された時間を衰退させるだけ。努力も勝利も、遠い未来をめざすすてきなドラマの展開など期待できません。それなら、どうすれば目覚めが起きるのか。これは育児にも教育にも、おけいこにも訓練にもあてはまる、古くからある難問です。

たとえ無駄だとわかっていても、いろいろ相手に気づかせられるよう働きかけるのが教育であり、研鑽を重ねた末の自己確立です。何かが一挙にすべてわかる、という安易な妄想に固執してはなりません。ある程度は期待をもって、引き続き、なだめたりおだてたりして、努力と工夫を重ねていくのが、地道な訓練の仕方であり、それをうまくこなせるひとは僥倖《ぎょうこう》に恵まれたコーチなのです。そうするのが日々の精進であり、たとえプロでも、知らない、できないことがいろいろあると知って、何とかやっているのです。

ほんとうの秀才は、じぶんよりできる奴がいることを知って日々精進するひとです。わかっているというのは、無知ゆえの安請け合いに過ぎません。そういうひとはクリアすべきレベルが高くないだけで、不安があるのに平然としていて何の不安も抱かない。それが無知の怖さです。

高等数学のことはいくらていねいに説明してもらっても素人にはわからないものです。囲碁の有段者が解説してくれてもわからないことがあるのは素人としては当然です。ただそのとき、そう認めることが無知への開き直りになるということで、じぶんの無知に傲慢になるひとがいます。どうせわたしなんぞにはわかりませんよ、と居丈高になるひとがいます。キルケゴールは、じぶんの無知（絶望）に気づきながら、そこに踏みとどまる「無知への居直り」を「罪」だと糾弾しています。（『死に至る病』）

動乱があり、混乱があっても、渦中にいるひとには、そのことがじぶんたちにどう関連しているかなど、たとえわかったところで、いまさらどうすることもできません。これだけ混沌とした状況であっても、とりたてて何も感じないまま、テレビやスマホの前で平然としている、というのは怖いことです。これは悪意のない罪なのか、居直りの罪なのか、考え始めるとむずかしくなります。スマホの時代には、「徳のあるひとのやさしさ」とは別の、「不徳なひとのさわやかな居直り」とでもいう状態が氾濫する、いやな時代の到来を覚悟する必要があるでしょう。無知なひとは気づかないから、心がいたまないまま平然としているのです。当人のおおらかで楽観的な生き方が新しいニヒリズムに陥っていく傾向はもう坂道を下りはじめています。お互いにじぶんの至らなさ、弱さなどを謙虚に反省しあうことがないかぎり、このままではだれもが非情さをたたえたまま、いともあっさりした対人関係しか築き上げられない、冷たい人間集団になってしまう怖れがあります。それはもう始まっている、といっておかなければならないほど現実味をおびているのです。

「無知の知」とはもともとソクラテスに由来する用語です。じぶんが知らないことを知っているという意味では、じぶんが知っていると思っていたときより、いいことになるわけで、そのことを説明するのに、ソクラテスはじぶんはいやなことを思い出させる、虻《あぶ》の役割をはたすのだといっています。最近は言い方を変えて「不知の自覚」という哲学者がいます。不知は価値あることを知らないこと、無知は知らないのに知っていると思っていることだというのですが、こういう区別に、わたしは関心がありません。

じぶんは知らないから知らないと思っているという、じぶんの無知を知ることが知になることだと理解し、それですませているひとは多いでしょう。最近は、それを知っている、わかっている、という物知りが増えて来たせいか、たいていのことに既視感を抱いてしまい、もはやたいていのことには驚かない物知りが増えています。ネットで調べますからその知識量ははんぱな量ではありません。そのうえさらに次の情報を求めようとして、スマホやパソコンに向かっていますから、たいていのことは何でもわかりますよ、と自信たっぷりのひとが増えています。

「無知の知」どころか「無知の恥」が加速的に増えています。しかしここで、少し違う角度から考えてみましょう。そこに何かがある。じぶんではそう思っているが、よくは見えない。なにかあると感じてはいるが、それが何だかわからない。見えにくく、説明しにくいものがあるのに、うまく把握できないはがゆさ。うまく言えないもどかしさ。しかし、だからといって、こうだろうと言われても、同意する気にならないとき、適切なことばで言い返せないのは悔しい。いくらじぶんが無知に見え無能であっても、無知でも無能でもないのに、じぶんからうまく発信できないかぎり、相手にこちらの思惑や能力は伝わらないまま、たぶんこうだろうと見くびられっぱなしになります。じぶんがうまくことばをあやつれない、ことばを発する力がない、ということは、内的世界のことをうまく言葉やしぐさにできないということですが、これはとくに高齢者、障がいのあるひとがふだん感じる不甲斐なさにも通じることでしょう。

老いがすすみ、相手のいうことは受信できていても、タイミングよくじぶんの意思を発信できないことがふえてくると、必要なコミュニケーションがとれないことにはがゆい思いをしているのです。必要なことをタイミングよく発信できない者は、無能あつかいにされて相手にしてもらえないのです。じぶんが有頂天になっているとき、相手の苦しみなど想像できません。じぶんの好きなことなら、いろいろ想像できるひとも、ことばの不自由なひと、動作の鈍いひとは、面倒だからと、じぶんの視野からはじき出すため、相手を慮《おもんぱか》る、やさしさの心が欠けたまま、そこまで踏み込んで想像することがない。そのため、相手に対する無知や無関心さから、非情な対応が生じるのです。

カフカの『変身』のグレゴールは、ある朝、目覚めたら毒虫に変身していたというのですが、家族にじぶんの意思を伝えたいのに、ことばが出せないため、かれのしぐさを家族は理解できないのです。何か言っているらしいが、それが何かわからないというのは、介護の世界にはよくある話でしょう。言いたいことがあるのに、ことばが発信できないひとがいると、こちらは知ることができないから察するほかない。じぶんは忙しいから、何を言いたいのかわからないからと、もっと注意し介護する必要のある生徒、老人、障がい者を、そのまま放置し見殺し状態にしてしまうのも無知から来るのです。（拙著『孤独と連帯』第二章）相手への無理解ゆえに無神経で横暴なあつかいが氾濫する育児や介護になるなら、暴走する親や介護者がふえて、高齢化した日本社会はぎすぎすしたさみしいものになっていくでしょう。

大衆とか市民というとき、かれらの知性をあまり信用しないニュアンスで使うことがありますが、大衆は何も知らないのでも何も考えていないのでもありません。むずかしいこと、面倒なことを考えたくないのであり、多数という枠のなかに安住するご都合主義者で、いつどう豹変するかわからないから、安心して信用できないのですが、けっこう物知りであり、肝心のところでは抜け目のない狡猾な常識人だということは注意する必要があります。（オルテガ『大衆の反逆』）

ただそのさい、大衆も、その多くはじぶんたちの思いをうまくことばにできないので、いつかどこかでおかしくなると、何をしでかすかわからないので、暴動も起こし暴徒にもなるだろうということです。じぶんではうまく言えない心のなかの微妙な思いを、だれかがアニメやお笑いや落語や歌謡曲で代弁してくれるなら、そうだ、そうだ、と共感していられる。またそう共感できるものが安全弁として必要です。お笑いタレントはある意味では、国民的な精神安定剤としての機能を果たしているのです。

ベストセラーになる読みものは、庶民の時代的な心情をどこかで代弁してくれています。

メールもツイートもしない、電話もかけないというのでは、よほどのことがないかぎり、じぶんのいまの心境をだれかに通じさせることはむずかしいのです。じぶんより呑気な者がいる、ああいうひとがいる、ということで気が休まる効果はあるのです。大衆は何もしないでいると、無能なだけの、名もない虫けら同然の存在とみなされてしまいますが、低俗番組で笑っているあいだは、暴動を起こしにくいという効果があるようです。

だれにも知られないひとは、何も知られないまま、知らないままの無名のひととして死んでいきます。一度落ちこぼれてしまうと、仲間からも、企業からも、見棄てられて、そんなひと、知らない、ということになってしまいます。会社以外に、同窓だとか趣味があうということで、どこかで何かつながる絆があれば、また違う選択肢が生まれて、つきあいの輪がもう少しひろがるのでしょうが。

いなかにいれば、有象無象のまなざしの対象として、うざったいひとがいろいろまわりに居るのですが、都会に居るかぎり、地縁血縁から自由になって、だれにも知られない、煩わされない自由はありますが、そのぶん、だれにも知られない無名のひとになることは覚悟しなければなりません。

どこにも働いていないひとは、どこにも居ないのと同じ扱いを受けます。都会では、いやなまなざしから自由になれるといってよろこんでいたのに、だれにも知られないまま、どこにも居ないひとということになって、老いとともに無惨なほど、無名の存在として、かき消されていくひとになってしまうのです。

何も考えていないひとなど、いません。引退したからといって、何も考えていないわけではありません。相手をよく知らないから、無視しているだけのことが、じつはどれだけ相手に対して非礼なことをすることになっているのかなど、ふだんは気づかないのです。これも現代の無知のひとつというべきでしょう。

いつのことだったか、よる眠ろうとして、じぶんが死んだら何もかもなくなる、と初めて気がついたとき大変驚いて、しばらく眠れませんでした。じぶんを支えてくれるひとが傍にいても、じぶんがいなくなったら、すべてはなくなる……。そんなことをふだんは気にしないまま、平気で生きているのです。じぶんにはそうなるときがいつか来る。しかし、そういうじぶんを支え俯瞰してくれるまなざしがある……。しかし、よくわからないまま、恐怖を感じ、固まってしまい、眠れませんでした。そう、気がついて怖かった。

さみしいというより、恐怖に近い感じでした。気づかないかぎり、ふだんは平然としてほかのことをしていますが、考えはじめると、怖いこと、わからないことって、いろいろあるのです。

無知とはものを知らないだけでなく、近くにいる「ひと」のことも知らないまま無恥になることです。無恥も無知のなかに組み入れておくべきでしょう。目のまえにあらわれる画像《アイコン》には目を向けるが、それらはいつでもいくらでも取り替えのきくキャラクターですから、歴史にも物語にも関心を持たないまま、キャラクターに目をさしむけるだけです。気づくまではわからない。わからないかぎり、わからないということがわからないままです。

本にしても、何かを少しはしっかり読み込まないと、わかることもわからないままになります。無知ゆえの平安です。愚鈍ゆえの安泰です。それを放置するのは稚戯にひとしいというべきでしょう。そんなの平気ですよ、というひとは、危険地帯にいながら、その危機に気づかない愚者というべきです。知らなければそれだけのんきにしていられますが、迫り来る危機に気づかないのは、子どもの対応です。

たとえそれが杞憂に終わっても、必要な配慮はしなくてはなりません。必要な準備や危機回避のための工作は、おとなとして、親として、欠かせない最低限の作業になります。いま日本という国は、危険なこと、大切なことに気づかないまま、知らないことをいいことにして、さまざまな危険を回避できたという幸運のうえにあぐらをかいているだけです。戦後の75年はそういう姿勢が守られて来た僥倖の上に成り立っています。東北の震災もコロナという厄災も、そういう姿勢への貴重な警告として、無視できないサインとみるべきでしょう。無知でいることに安住して無責任でいるのは人間としての背徳的な生き方です。


いろいろ知るようになると、知ることに伴なう責任が生じて来ます。知るとは、何らかの関わりを持つことであり、情報を手にするだけでは済まないことが出て来ます。医師や教師は、ひとには漏らさないまま、その重荷の一部を背負って生きています。子どもは大人の抱える重荷を知らないから、気楽にしていられるのです。そのひとのひみつを知ることは、そのひみつを漏らさないだけでなく、その秘密を抱え込みながら生きるという二重の重荷を負うことになります。どこかで吐き出したくなる重荷を抱えて生きるのが、人間として生きていく上での重荷です。

わたしたちはもうすでに、いろいろ聞かされ、見せられて必要な情報はもう充分もらっています。ほんとうに知らされていないから、知らない、まだだれも気づいていないから、わからなかったというようなことは、よほど専門分野でないかぎり、未知のまま放置されている分野はなくなっているといっていい。資料が手元にないから、アクセスできないからという言い訳ができるひとなどありえない世界になっているのです。

それでも知らない。気づかない。そのため、無知のまま無恥な生き方をつづけている。

何も知らないかぎり、気にしない。そのため、ときには残酷なことも平気でしてしまう。しかし、当人にはそんなつもりは毛頭ない。気づかないだけに、意外なほど傲慢になり僭越な態度をとっても平気でいられるのです。じぶんは何もわかっていなかった、とわかるまで、わかっていないのです。

そうわかるまでは時間がかかります。素直にそう言えるひとは教養があり、時間を重ねることで、生きることが深まっているひとでしょう。わからないことなど何もないというひとは、社長であれ部長であれ、じぶんの無知を暴露しているのです。じぶんはもはやただの傍観者ではない。それがじぶんたちの共通の問題だとわかれば、じぶんだけが無関係だなどといっていられなくなります。

太平洋戦争のさい、フィリピンで米軍の捕虜となり、辛うじて生き残ることができて、生還した大岡昇平は、多くの戦友が亡くなったのに、おめおめと生き残って帰還したじぶんを後ろめたく感じたようで、戦後その体験を書くときも、「この身で経験したからといって、わたしがすべてを知っているとは限らない」といって、じぶんの経験ははたして書くに値するのかときびしく問い続けました。かれはじぶんが書くことで、ささやかでも死んだ戦友の霊を慰めたいと願いつづけたのです。せめて戦友への鎮魂の書にするべく、調査と聞き書きをつづけてできたのが『俘虜記』、『野火』、『レイテ戦記』などの作品です。大岡の属していた戦闘部隊で最後まで生き残った兵士は、二人。かれはその一人でした。『野火』の原型は魯迅の『狂人日記』であり、輜重兵《しちょう》から食糧の補給がなく、餓死寸前の譫妄《せんもう》状態のなか、戦友が雑嚢から「黒い煎餅のようなもの」を取り出したものを口に入れたとき「干《かわ》いたボール紙の味」と感じたのはその後「人肉」だと認識します。大岡は、パプアニューギニアに居たとき、現地のひとと交流をはかり、そういう関係を戦後もつづけることができた、水木しげるの『総員玉砕せよ！』に見られるような生き方はできないひとでした。大岡はじぶんが体験したことはこうだったと書きながら、じぶんがなぜ生き残ったのか、じぶんの生かされる理由を知らないと言いつつ、語るすべもないまま亡くなった多くの戦友のことを思えば、かれらの代わりに書くことに意味がある、と考えたのです。それは小説家としてのじぶんが見た「大きな夢の集約」だと語っています。かれは過ぎゆくものをただ記録するのではなく、消えかかったものを書き留めることによって、戦跡の消滅を防ごうとしたのです。葬儀は無用と言って亡くなりました。

じぶんを外国人《エトランジェ》とみなしつつ、ながくパリで暮らした森有正は、東大仏文科の助教授という資格を剝奪されてでもパリにとどまろうとしたひとです。『バビロンの流れのほとりにて』から始まる一連のエッセーは、かれの心象風景を描いたもの。学生時代のわたしは愛読しました。（『森有正エッセイ集成』1〜5）フランス語をひとなみ以上に使いこなせて、現地の女性とも結婚しながらも、じぶんの異国人性にこだわり、アウトサイダー意識をなくさなかったじぶんをきびしくみつめつづけた森は、リルケとともに、忘れることのできないユニークな詩人哲学者です。『マルテの手記』を書いたリルケや森有正には、じぶんの抱えている、じぶんのなかの外人性を痛ましいほど感じとる感受性の持主でした。

じぶんはもうながくそこに居るのに、まだまわりとしっくり溶け込めていない。溶け込めそうではあるが、とても充分だとは感じられない違和感がある。それはじぶんが外国人だからなのか、何がじぶんにそう感じさせるのか。わたしはいまも、ここにいるかぎり、ひとりの異邦人である……。それはいくら努力しても、どこか無理がある。じぶんは結局はじぶんでしかない。どこかでじぶんを異文化に接ぎ木したつもりなのに、そうできない要素がいつまでも付きまとっている……。

そういう違和感を感じながら、異国で暮らすじぶんは異邦人《エトランジェ》なのだ。そういうため息の、聞こえて来そうな文章がつづきます。日本にいる日本人だからといって、まわりとじぶんのあいだに、埋めつくせない溝があると気づいて違和感を覚える者がいるのは事実です。しかし個性的に生きようとするとき、ひととのずれは避けられないものであり、それこそがひととしての質的断絶とでもいうべきものでしょう。気づかないひとには、気づかないまま、何も存在しないと見ていい。それは無知とか無関心ではなく、鋭敏に感じとるものであり、感じないひとは感じないままです。親しい友のつもりでも、相手とわたしは別人ですから、じぶんと同じようにあつかうことはできません。それは前から気にしなかったわけではないが、ふつうそこまでは考えないことに気づいて、どこまでもそれを抉《えぐ》り出すタイプのひとはいるのです。

ふだん何気なく見ている画像にも、おもしろいが仕掛けがあります。小津安二郎の映画では、二階建ての家なのに階段を映さない、カラーの時代になると、理由不明の赤いやかんが突然おいてあるなど、かれの作品の不可思議な映像を指摘するひとがいて、映像表現にも「こういう型で映画を撮るぞ」という意気込みを示すひとがいるのはおもしろいことです。小津監督は時代考証などを平気で無視したひとだそうですが、のめりこんでいると、けっこう騙されています。（蓮見重彦『監督小津安二郎』）

いい刺激は、悪しき方向へ誘導する危険も孕んでいます。いいことづくめの史料を探そうとするひとは、いつも凪《な》いだ海にいたいというだけのひとで、それでは現実の海を体験したことにはなりません。じぶんがそれにのめり込んでいるとき、のめり込みのはげしさ（intensity）のせいで、わかったと思い、納得してしまうことがあります。確信に他からの保証はいらないわけで、わかったというだけで安心しきってしまうところに問題があります。冷静になってみると、じぶんがそのことについては何もわかっていなかったのにわかったと思い込んでいたことがわかります。そのとき、じぶんのはやとちりを愚かだといって、じぶんをあまり責めすぎてはいけません。そうかとわかり、納得し、うれしかったなら、それでもいいのです。

そのとき、じぶんがどう納得し心酔したかによって感動の評価は変わって来ます。ひととして生きるには、どこかで決断の避けられないときがあります。しかし慎重になりすぎたり、疑心暗鬼になり怯《おび》えてしまっては前へ進めません。必要な決断とは選ぶこと、そのためにそれ以外を捨てることです。それが一度限りの人生における、決断の不可避性です。そのとき客観的な正しさとか真理性の保証を待っていては、何も実行に移せません。これだ、と思ったら、すかさずそれに飛びつくこと。それでいいのです。

そのとき、じぶんの判断に自信が持てなくても、思い切って決断していくほかありません。それを無知とか無教養だと言わなくていいのです。じぶんがそうだと決断したことには、自信も持てるし、共感することができます。

わからないままだと共感することも同情することもできません。シンパシー sympathy に対してエンパシー empathy ということばは、共感できない相手の頭のなか、胸の内を想像する能力です。じぶんがよくはわかっていないため、不本意な分断の起きるのを避けるための、観察や忍耐などは、教育だけでなく、介護の世界にも欠かせない作業です。そう意識し努力していくことで、相手に対する無知の状態から解放されます。たとえささやかでも、じぶんにできること、分担できることを意識するなら、所与の役割に甘んじつつ、じぶんを目覚めた人生の主体とみなしていくことができるのです。それこそがめざすべき自己実現です。

わかるとかわからないというのは、後から付加した理屈もあって、そのときわかったと思ったのが事実だとしても、そのとき必要なことがすべてわかったのではなく、ほんの一部だけがわかったのでしょうが、そのときは、それでうれしかったし、元気が出たのなら、それでよかったのです。なにかが少しわかると、あ、そうか、とすぐ思ってしまう。わかるというのは、その程度のことであり、あいまいな部分知ですから、啓示のようにひらめいたのなら、そう思っていいのです。

チャンスを摑み、その状況に飛び込むというのは、そういう無謀さが伴なうのは避けられないでしょう。そのさい、わかったと思うのは、わたしの情熱であり、そうわかっただけで、じぶんは興奮し、しあわせになってしまうのは、はやとちりでしょうが、そういうこともあっていいのです。

後になれば俯瞰的に見ることも、総合的に判断することもできます。しかし、そのときそんな全体像など、わかるはずがない。わかりようがない。だから、これだと思ったら、無謀でもやってみる。それが一回的な人生の愉しみ方です。あのころだって何も判っていなかった。ただみんなの言っていることを、そのまま繰り返していただけということもあります。じぶんだけ、判らないと言うことは言いにくいものです。

哲学者というのは、いくつになっても、子どもっぽい質問をやめない大人のことだというひともいます。(バーリン『自由論』)それ以上の説明を必要としないことまで、いちいちこまかく証明しようとするのは、ことばのあそびになりかねません。明晰判明に捉えられるなら、疑いようのない真理がある、とデカルトは言いますが、そういうものばかりがあるわけではありません。(『方法序説』)

本人がそう思っても、相手からみれば、なぜそう言えるのかは自明の真理ではないというひとがいることは予測できます。哲学は数学とはちがい、だれから見てもこれが正しいといえるものはないので、当然そこに果てしない論争が生じます。G・E・ムーアは、善とは直観で知るべきものであり、説明することはできないと言い張りました。かれはそのことをいうためだけに哲学をやったようなひとでした。

あらすじがわかっているから、もう面白くない、という本は、ねたばれくらいで価値が下がる本です。『ナルニア国ものがたり』も『星の王子さま』も、『赤毛のアン』も、好きで読んでいるひとは、ねたばれなど気にしないで何度でも読みます。わかっていて、いよいよ来たぞと、そこでまた感動する。それでいい。

感動するひとは、同じ本の同じ話に何度でも感動できるひとです。感動はその中身（quality of life）におもしろさがあります。ねたばれという程度のレベルとは質が違うので、お話はいつもの話であって、いっこうにかまわない。江戸川乱歩やシャーロック・ホームズには、トリックの面白さはあっても、中身による感動では、古典的普遍性があるとは言えないでしょう。あらすじがわかっているし、その話が出てくるとわかっていて、また感動できる本があります。そういう本はどこか異次元に関係しています。そういう本がいい本です。うれしさやおもしろさが、繰り返し生まれて来ますから、ねたばれでけっこう。それでいて新しい物語として、わたしが驚き、その凄さに驚嘆できるのがすごい本です。

富士登山のとき、山頂の宿で雑魚寝したあさ、もうすぐご来光が見えますよ、といわれて、緊張して待っているまさにそのとき、しずしずとしかし堂々とあらわれたご来光にご対面できました。それが、いま見える、とわかっていて、その同じものが毎回ひとびとに新しくひとを感動させることのできるものがあるのです。

いまのわたしは、丹沢の稜線の夕陽を眺めることでいつも癒されています。これまでの経験をすべて凝縮したものがいま落日として落ちていく。深紅の巨大な夕陽をそう感じられる。そういうものが、きょうも身近かにあって、それを確かめつつ生きていられるって、すごいことではありませんか。

終わった歴史をみつめる視線だけでは、何も始まりません。かといって、むかしの姿に戻ることはもちろんできません。われわれの先輩たちが何をどう考え、どのように生きたのか。そこにどういう問題があったかなど、その実態を知ることで刺激を受けるのです。そこに「書かれていること」を通して、そこに「書かれていないこと」まで想像するのが、読み方のうまいやり方です。じぶんの日常にあるあたりまえを「ことば」で表わすとは、じぶんの私想をことばに翻訳することです。それは画家が現実の風景を絵筆により別の情景に写し変えるのに似ています。時には意識して押さえながら書かれたものが、力のある文字の集積として古典になっていくのです。

ジャン・ジャック・ルソーは、「むすんでひらいて」を作曲したひとですが、かれはその『告白』のなかで、楽園とは、じぶんが失なった楽園であり、楽園は失なわれることによって、回想のなかで永遠の楽園になる、と言っています。また、かれは『孤独な散歩者の夢想』のなかで

わたしは地上では七十年を過ごしたが、生きたのは七年にすぎない

と言っています。かれは生後すぐ母親をなくし、10歳のとき父も出奔、孤児同然で徒弟に出されますが、17歳のとき、ヴァラン夫人にめぐりあいます。じぶんの幸福な7年間は、ヴァラン夫人との日々だったといっています。平均寿命が何歳だとしても、だれもがそのあいだしっかり生きられたわけではありません。ニー

チェも塚本虎二も、晩年の10年はほとんど何もできないまま亡くなりました。

ウイーン少年合唱団の子どもたちは10歳で入団、寮生活は4年間といわれています。声変わりがあるのでながく歌えるわけではありません。意外に早く死んでしまったと思うひとがいます。マーティン・ルーサー・キングは39歳、ジョン・レノンは40歳。滝廉太郎の23歳の死も、啄木の26歳も若すぎます。死病と怖れられていた結核では多くのひとが亡くなりました。栄華を極めたといっても豊臣秀吉は62歳、徳川家康は74歳、織田信長は48歳までの人生でした。(家康の将軍在位はわずか1年あまりです。)大作家とみられている太宰治の『人間失格』は晩年の作品といわれますが、亡くなったのは38歳。松本清張は、太宰と同い年で、太宰の死後、小説を書きはじめ、82歳まで生きました。夏目漱石は48歳で仆《たお》れたとき、まだ死ねないと呟《つぶや》いたそうです。

生きることを意識しないで生き、たいていは何も知らず何も考えないまま過ぎているのです。14歳のひと、54歳のひとに、あとどれだけの時間がのこされているのかは、だれにもわかりません。

わたしがときどき思い出すのは、そのひとの手の感触です。大学時代、手相を見るのがうまい女の子がいました。わたしが握手をしたひとで、賀川豊彦の手はあったかくてやわらかな手でした。徳洲会病院の徳田虎雄氏もやわらかい手でした。ロバート・ケネディの手も、ポール・ニューマンの手も、意外にやわらかかったのです。がっしりした手で、驚いた女性もおられました。

わたしの中学のころ(中1が昭和24年)、本というのがあまりなかったのです。中学は小中共同で同じ校舎を使っていて空いた教室がなかったせいでしょうか、図書室らしいものはありませんでした。高校の図書室は教室ひとつ分のひろさでした。しかし、最低限の古典の品揃えはしっかりしていました。

選書眼のある方がおられたのでしょう。わたしはここにあるものくらい、そのうちに制覇《せいは》してやろう、そこまでいかなくても、だいたい見当を付けていこうという意気込みでいました。

それは高1、1952（昭和27）年の春でした。図書室でみつけたのがパスカルの『瞑想録《パンセ》』とキルケゴール『死に至る病』でした。この2冊が、その後のわたしをいろいろ拘束することになったのです。2冊ともとっつきはわるく、嚙《か》み砕くことなどとてもできそうもないのに、ともかくしがみつきつづけました。

わたしの読み方は、すべてわかったとか全部読んだというやり方ではありません。ここはわかる、ここはいいなという部分をみつけると、そこで立ち止まり、考えるやり方でした。いきなり読破は考えない。ある章に限定して、ここはすごい、やるなと思うところで立ち止まるわけで、読み切っていない、まだ読み終わらないということを嘆かないというやり方でした。

すべてわかることはありえないだろうから、わからない箇所は飛ばしながら先を読んでいくと、いつのまにかわかってくる。これは英書を読むときも、そうしていました。いちいち辞書などひかないのです。どんどん読んでいくと、だれが主人公か、どれが重要な術語かがわかってくる。そのうち、これはすごいと思うところで、腰を据えて読む。すべてがわかる必要はないと決めておけば、わかるところがみつかり、そこがいいなと思えばもうけものだと判断する。古典にははじめから制覇とか読破は無理なのです。簡単に読破できるのは小説やエッセーです。古典には挑戦はするが、挫折はしないぞと決めていました。

まったくわからないわけではないから、まったくの無知ではない。どこかがわかり、感動できるのはすごいことです。全部わかろうとしなくていいと言い聞かせながら、手放すことはなかった。聖書など、わからないところだらけです。わかるところ、好きなところをみつけて、励まされている。それでいいのです。むずかしい本は、どこかわかるところがあれば、そこから学べばいい、と考えたのです。それが何かは、ひとに聞くのもいいが、できるものなら、じぶんで体験し、実験してみることもいいだろう。

わたしは中学と高校では、化学部をつくり、化学部長をやっていました。理科室にある材料を自由につかってよいのは部員であって、やってみたい実験を自由にやるにはクラブの創設しかないと判断したのです。

じぶんが体験できないことを体験できる読書は、どこにいてもできる心の実験です。時空を超えてできる実験となると、子ども時代に戻ったり、遠い異国をいろいろ巡ったり、ちがう時間帯のことがわかる読書ほど安あがりで贅沢な趣味はありません。だれかの書いた本を読むだけで、同じ人生を何倍かにして生きてみることができる。読むことで元気になり、未知の世界へも旅立てるのです。

もちろん、気落ちさせられたり憂鬱になる本もあります。読むだけでへとへとになるまで疲れる本もあります。読書というのは真剣勝負ですから、それで疲れないということなど、ありえないことです。だれにとっても端的にいい本ですよなどとはとても言えない危険な本もあります。じぶんが影響をうけたから、この本がいい、これを読めというのには、少し抵抗があります。

読めば変身できる。それがいい本です。あの本もこの本もみんな読んだ、というひとがいますが、そういうだけで、何も変わったわけではない程度の読み方は、ただ素通りしただけの紙くずのような本です。そのとき、じぶんに何かを気づかせて考えさせてくれ、何らかの影響を与えずにはおかなかった本こそが、本のなかの本です。そういう本をみつけるのが読書です。書評とか感想文は、ひとに頼まれて、褒めることを前提に書いたものが多く、あまりあてにしない方がいいでしょう。仲間うちで褒めあっているだけの本、あらすじだけを紹介している本など、どうでもいいのです。

それより、一冊だけ、じぶんが集中する本を決めることです。世のなかには、親友の条件があって、それにみあうようなひとがどこかにいるわけではありません。すぐそばのだれかから、親友をみつけていくのと同じです。そういうすごいひとが、すぐみつかるとは限らないので、じぶんは、このひとを親友だとみなしてつきあっていく、と決めるようなものと考えていいでしょう。

そういう本をじぶんが手にしたことで、じぶんが力づけられ、内側から変身しはじめた本がある、それが良書の条件というべきでしょう。あれもこれも読みましたと、本の名前をならべたてるひとは、本を読んだというひとではありません。一覧表《シラバス》をつくるのは、たとえば教師が生徒に読ませるためにつくる見本ですから、そのうちのどれかにのめり込むことができればいいのです。多少とっつきが悪くても、忍耐をもって読んでみれば、何かが始まるでしょう。よしやるぞ、という気になり元気が出て来る本。それがいい読書です。そういうことがあった本は、何度読み直してみてもいいと言える本です。

もう読んだから読む気がしないという本は、エンターテインメントの本であり、読み直すほどの本ではありません。読まなくても手元においておくだけで、いろいろ考えたり元気がもらえる本がいい本であり、それがあなたにとっての古典です。じぶんが愉しみにして、繰り返し読む本があっていい。じぶんで読んでおもしろかった本、好きだった本を読み直すという体験は貴重です。それはあの日の出会いを出会い直すことになります。そうすることで、前にわかったと思っていたことを、今度また新しく教えられ、前にはわからなかったことが見えて来るようになるのです。古いことが新しく見え、前には気づかなかったことがいま見えて来る。それが実存的というべき、全身的な知にかかわる読書です。

アルプスの少女ハイジは、アルムの山の頂の、やさしい祖父の所から、壁と窓しか見えないフランクフルトのクララの家へ連れていかれ、車いすでしか動けないクララのあそび相手をあてがわれます。きびしいロッテンマイヤーさんの躾《しつけ》や文字の勉強に疲れはて、都会の生活になじめず、ついには夢遊病になってしまいます。それを知ったクララの父はハイジを山へ戻します。山へ帰ったハイジにはクララやペーターが加わって、愉しい山での暮らしが始まります。そのうちにクララも、じぶんがいつもひとに助けられるだけでなく、じぶんもだれかひとを助ける立場になりたいと考え、立つ練習をかさね、花畑を歩く練習にも精を出し、ついにひとり歩きができるようになるのです。（シュピリ『ハイジ』）

イギリスの名門に生まれたセドリックは、父が身よりのないアメリカ娘と結婚したことで祖父の伯爵の逆鱗にふれていたため、母とアメリカで暮らしていました。父親の死後、弁護士があらわれ、セドリックは伯爵家に引き取られます。セドリックの誠実で無垢な心が、祖父や上流社会の人びとのあいだで評判になり、かれは祖父と母と三人で幸せに暮らせるようになります。（バーネット『小公子』）

古来、人気のある作品は、たとえかるい読みものに見えても、どこかでその時代の雰囲気を代弁する智恵がそっと入り込んでおり、時代とひとびとの思いを反映した作品になっています。

ネット網が優勢な現代社会においては、無知についてはいくつかの視点を復習する必要があります。ひとつは西欧社会が非西欧社会を未開で無知な社会だと決めつけて高みから見下して来たこと。もうひとつは、何も知らないのに使い方だけがわかって操作できれば、もう何でもわかっているとは思わないこと。そうしてグローバルだとか新製品というだけで、既存のものを無知なまま無視しないことです。

第一。西欧が非西欧を無視して来た視点は西欧側の無知に起因しています。文明史的な観点から見て、後進国を未開社会とみなして来た歴史はながいのです。それは西欧諸国が非西欧諸国の歴史について知らなかっただけで、非西欧国にはかれらの歴史があり、やり方があるとわかれば、非西欧国を無知で野蛮な文化だとみなす傲慢不遜な態度（たとえばサルトルの『弁証法的理性批判』）にはならなかったでしょう。それを堂々と論破したのが、ブラジルに住み、かれらの生態系を研究しつくしたレヴィ＝ストロースの『野生の思考』です。

かれは非西欧には西欧とはちがう独自の世界がある。そこには西欧の知らない発想が古来連綿とつづいている。そう認めようとしないで、ただぶっ壊し支配しようとする西欧諸国は傲慢であり無知である、と主張しました。このようにしてアジア、アフリカ、オセアニア、南アメリカなどへのこれまでの視線は無惨なかたちで論破されました。西欧諸国はじぶんたちとちがう生き方を啓蒙すべき未開の段階とみなし、いずれ破棄されるべき文化だとみて植民地化して来ました。じぶんたちがみつけた土地は自国の領土にし、先住民の文化は啓蒙し植民地にすればいいとみなし、南米やアフリカの文明を破壊しました。未開社会とみられて来た生き方には、繰り返しまもられてきた習俗の歴史があり、その意味を了解できれば軽蔑などできない、とレヴィ＝ストロースは横柄な西欧史観を論破したのです。

第二。パソコンやスマホに慣れてクリックするだけで、身体知としての経験など何もないまま、その実態については無知のまま、キーボードに向かっていればすむ事務処理は、テレワークでは便利ですが、基本作業がこなせるだけです。いま何が起きているのか、じぶんが何をしているのかを何も知らないまま、流れ作業のなかを生きているという怖さがあるということです。自らの知性を信じ切った、無知で無恥な者が増えていることは嘆くべき時代の趨勢でしょう。

いまや情報が指数的に上昇する時代です。妖しげな情報が氾濫するなか、いまさらじたばたしてもはじまらない状況におかれているだけに、どこかで立ちどまって、指先だけの操作がひととしての生き方でないと意識する慎重さが求められます。使い方さえわかっていれば、たいていのことはスマホで用が足りますが、どうでもいいことは知っているわりに、肝心の教科書さえ読解できない子どもがいる状況を改めていきたい。

そうしないとまるで穴の開いた笊《ざる》のように、いろいろなものがいつも手元からすりぬけていくことになります。情報通に見えて、機械語やマニュアル語（業務説明書）は読めても、それを自然言語にできるほど、じぶんの身体知になっていないのです。こういうひとは、日常生活をしっかりと生きているとは言えないひとです。これは大げさな哲学用語は使えるが、子どもにもわかることばで哲学を説明できないひとと同じで、結局はじぶんでもわかっていないまま、その道の専門用語を専門家同士で話しているのと同じになっているのです。

第三。グローバルということを力説しすぎて、地方にある叡智や土着のいいものについては無知のまま、既存の文化や習俗を葬り去る危険があることです。新しい製品には新しさのよさはありますが、古いものには、人間としてすてがたいよさがあり、それがいまもそばにあることで活性化されてくるものがあるということです。それが介護や慰問に役立つ可能性があることをうまく吸い上げることは、福祉の予算をふやす以上に価値のある情報です。古いものは即断捨離だというひとは、なじみのある文化、土着の民俗文化などをふりすて、見かけ倒しの新製品に切り替えようとしたがります。被災地を復興するのに高い防波堤をつくったため浜辺が見えない民宿になったのでは、もうかつてのように民宿がやっていけなくなることも意識する必要があります。何が不可欠な再興かをたえず検討し直していく必要があります。

だれにも通じる、ふつうの自然言語にして、話せて書けるには、相当な知性と努力が必要です。

じぶんが知っているつもりでしゃべっていることばのやりとりが無知の連鎖を打ち破るものになることってなかなかないものです。はてしなく連鎖をつづけるフェイスブックやメールのやりとりだけでは、無為の行為か時間の浪費でしかない、とわかるまでは、いまの情報の氾濫だけでは何事も改革できないまま、ビッグデータにじぶんのデータがかすめとられるのがおちでしょう。

いくらビッグデータが凄いといっても、データとして記号化されるまでは情報にならないままであり、そのかぎりにおいて、アルゴリズムがまだ働いていない領域が、わたしたちのまわりには、まだ残っています。そういう微妙なところにあるわずかな可能性を、わたしは人間の人間らしさとして希望を残しておくべきだと思っています。

身体知としてからだに染みついていても、言語化しにくいものはいろいろあります。それを情報として伝えていくことはむずかしいのです。たとえそれがあるところまでは言語化されても、専門用語や業界用語のままでは、現場のひとにしか役に立たないとか、素人には身体知にならないままということがあります。

たとえすべてが情報化されても、わたしの意識にのぼらないまま、未分化のままのいわくいいがたいものは、まだデータとして記号化されるわけではありません。業界の多くのひとは、いまだに、情報ではなく、そこにある微妙な空気を読みとろうとするところがあり、いろいろ推し量り忖度《そんたく》し、直観で判断することが少なくありません。そこでは空気の動きを読むことが、いまなお情報化社会のなかでも行なわれています。

そういうひとは、何も気づかないひとであり、気づかないかぎり、とぼけているのか鈍感なのか、忖度することもできないものは、気づかれないままです。

ときどき職種のちがうひとと話をすると、じぶんの知らないことがいかに多いかを知らされて唖然としますが、じぶんの無知を気づかせてもらえるのはいい勉強になります。じぶんが知らないことを、知らないままにしているとわかるのはありがたいことです。わたしたちは、ほんとうは何も知らないのです。知らないのに知っていると思ってやりすごしているのです。たとえば日本社会における教育では、受験という目標のために、学校や塾でなかば強制的にいろいろな情報を暗記させて、問題文がわかり、うまく○をつけて成績がよければ、それがよい子、できる子とみなして来たのです。

即断力を即解力とみなして、すばやく○と×がつけられる能力を評価するのは、ほとんど反射神経に近いのです。そこではたとえ無知でも、ともかく複数の選択肢からどれかを選びさえすれば、点数があがる仕組みになっており、叡智とか身体知にあたるものは、ないに等しいのです。ネット社会では、暗記力で知識を云々するのはあたらない、ともかくすばやくどれかに決めるという即断力があるひとがすごいということになっています。

読む値打ちのある本はいろいろあります。その一冊には世界の見方を変えじぶんを変身させる魔力が潜んでいます。古典といわれる本にはくせがあり、とっつきにくいものばかりといっていいでしょう。気楽に愉しめて、自分が成長できるという都合のいい本など、そう簡単にみつかるものではありません。

それでも、読んでいくうちに、少しわかって来ると、そこから先が楽しみです。山に登るというのに楽だから登るというひとはいるでしょうか。多少どころか、いのちの危険さえ覚悟してはじめて難関の山を征服できるのです。お世辞だらけの本に気を取られる必要はありません。電子書籍と違い、紙の本は、どこからでも手軽に読み始められます。手にとってページをめくり、後書きからでも、真ん中からでも読み、また始めから読むことができる。とうとう読めたぞ、と言いたくなる本は、やはり紙の本でしょう。

繊細なことばの感覚が伝わって来ると、そこに隠れていたいくつもの豊穣な地層がしずしずと顔を出して来ます。それがわたしの心を突き動かしてくれます。それは忘却ではなく、無知で気づかないまま通り過ぎていたことです。その作品の細部の襞《ひだ》がじわじわ見えてくると、まるでオパールか琥珀《こはく》か瑪瑙《めのう》のように、静謐なまたたきがそこにあらわれます。そういう稀有な僥倖を体験することで、未来というのが新しく見えて来るのです。そのときその美しさが光の精のようになってよみがえって来たように思えます。

引退して元気をなくすひとは、仕事をやめたからだというひとが多いようですが、いまも元気で仕事のできるひとは、前から仕事だけをしていたひとではなく、仕事以外にもなにかじぶんの趣味をもってそれもこなしていたひとのようです。仲間とちがう部署にいるひと、地方や海外にいる（飛ばされた）ひとは、エリートコースにいるとしても、はずされて、冷や飯をくらっているひとがいます。中枢にいるように見えて、祭りあげられただけのひともいるので、肩書きだけで中枢のひととは言えないひとは、じっさいは多いのです。（山崎豊子の『沈まぬ太陽』は会社の内規に反して、元の組合役員がカラチからテヘラン、ナイロビと、次つぎに飛ばされる男の物語です。）

引退疲れや左遷落ち込みは、じぶんがその実態をわかっていれば、たいしたことにはならないはずです。たぶんこれはそういうことなのだろうと理解していれば、あせったり落ち込んだりすることがなくて済むからです。じぶんが意図したことが、うまくいかないというが、じぶんの思う通りにするのが無理なら、なるようにならせておいて、じぶんはじぶんだと割り切っていればそれでいい。

相手のことばやしぐさがこちらの容量以下のことも以上のこともありますから、こちらの度量の狭さ、認識不足もわきまえて、相手の意図するところを忖度してうなずくこともあるでしょう。具体的な状況のなかでは、真理性よりも逼迫《ひっぱく》性ということがあり、じぶんの無知を自覚しながらも、そのときその場で決断しなければならないことは決断していくのです。昵懇《じっこん》にならないと伝わらない厚意、こちらの横着さが起因する不手際もあります。じぶんにそれだけの甲斐性がないため、あのときこうしていたらとか、もう少し我慢していれば踏みこたえられたということもあり、よくはわからないまま、ぎりぎりのところで、ひとは判断し決断して生きていくほかありません。

わたしの郷里《いなか》の診療所の小島正治医師は、村中の患者の病気をひとりで引き受けておられる方でした。いまなら総合医とでもいうべきひとです。いつか父が草取りをしていて「まむし」（毒蛇）に噛まれたときは大変でした。血清がなかったのです。腕が太ももくらいに腫れあがってしまったとき、生死をさまよう父の姿をみるのはつらいことでした。それでも、ふだんの診療は、いつもひとりで、相当数の患者をこなしておられたのです。ひとりですべての患者に対応するのはすごいストレスだったことでしょう。

そんなところへ中学生が、英語の質問もかねて、午後の診療時間に訪ねていくと、お茶にしよう、といって下さり、おやつをふるまって下さったのです。先生からは、ギリシャ文字やフランスの国歌を教わりました。わたしに診察鞄や看護婦《ナース》にいやなイメージがないのは、そのころの医師とナースのおかげかもしれません。

最近は専門分野がますます細分化されているため、ひとりで総合判断のできる、むかしのドクターのようなひとは少ないのでしょう。コンピュータを専攻したひとは、しばらく現場からはずれるだけで、もうわからないそうですから、専門分野にあかるいというひとも、わかっているのはある限られた分野だけだというのが現実でしょう。じぶんはそれを知っている。そう思ってすませることはあります。それは限られた分野のことにすぎないのですが、そこからあとは推測し想像して判断していくほかない。だれもがすべてを的確に即座に判断などできるわけではない。それでも、現場の医師は、たぶんこうだろうと判断して処方していく。それは現場の母親も、教師も介護士も同じことです。

あふれんばかりの情報のせいで、もうたいていのことはだいたい頭では理解している、というひとが多いのです。しかし、それでもやっかいなこと、関わりあいたくない面倒なことには触れないでいたい。知らなかったことにして、ひとの苦しみやつらさを共感して、じぶんの感情に負荷をかけたくないという、知的だが非人情のひとがいるのがネット社会です。いろいろある情報のうち、気に入った情報だけを取り込み、あとはすべて撥ねのけるから、いやなデータは取り込まない。

はじめから「正解」ばかりを集めていて、あとはすべて不正解とみなして排除する。それではじぶん好みのじぶんにしか出会うことのない平凡な旅になります。囚人がさせられる強制労働でも、石を積み上げてはまた崩すという「シジフォスの神話」のやり方は、むなしくて、ストレスになるそうです。

次つぎにあらわれる華美なキャラクターに見呆けていると、そのむこうは元ネタなど何もない幻実であり、妖しげなフェイクニュースであっても、若さと美貌とインパクトさえあれば、退屈しのぎになり、そこになにがしかの意味を感じて、しあわせになれる。これがネット社会の実態です。生身の歴史が、年表や事件の羅列になり、取替え可能なアイコンになると、整理された歴史しか残らなくなります。背後に何があってどういう動きがあったのかなど、何も知らないまま、事態があらぬ方向に進行していてもわからない。何も知らないまま、知らされなくても、平気でいられるのがネット社会の怖さです。

ここでわたしは戦艦大和の最後のことを考えています。だれもが無謀で無意味だと知りつつ、あえて出撃という犠牲を敢行するおかしさがあるのに、逆えなかった。それは空気を読んだからだと、その愚行が認識されています。日本最大の戦艦大和は、敗戦直前の1945年4月6日、沖縄戦のさなかに出撃。翌7日に沈没したのです。全長263メートル、排水量69100トン、乗員数2500人。乗員の大半が艦と運命をともにしました。作戦としては成り立たないと知りつつ、出撃の決断に反対する者がいなかったのは山本七平のいう「抗空気罪」があったからというのです。（粕谷一希『鎮魂　吉田満とその時代』）

終戦後の日本では、政府要人の多くが追放されるなか、萎縮した幹部らはそれぞれの現場で自主的に忖度していたのです。占領下の日本ではGHQ側がそれとなくリークする情報をマスメディアはそうと知りながら沈黙しました。近江商人や大阪商人、ユダヤ商法などといわれるひとたちのやり方は、すべて表向きは無知と謙遜をよそおいつつ、したたかな意気込みを秘めて生きることでした。気づいていても悟らせずに油断させ、優越感を抱かせて、相手の気を緩めておいて、やりたいことを行使していた商人たちの居たことは歴史が証明する通りです。

地中海沿いのオランという街を襲ったペストにたちむかう人びとの劇を描いたカミュは、献身的に働く医師のリューやボランティアで保健隊を結成して働くタルーの姿を描くとき、ペストという疫病のなかで、働くひとを過剰に讃美することを警戒しています。うつくしい行為を過大に評価することは、結果として強烈な讃辞を「悪」に捧げることになるからだという姿勢をつらぬくのです。

人間の行為を美醜で判断し、それを善悪の問題に還元するのは、たとえ善意からであっても、結果として「悪」に結びつくからというのです。ここで刮目《かつもく》しておきたいのは、美徳も悪徳も、どちらも結局は人間の「無知」から生じるということです。現実の世界に存在する悪は、無知に由来するものが多く、善意もうまく理解されなければ、悪意と同じ害をなす、とカミュは見抜いています。そう考えるカミュにとって『ペスト』においてはその悲惨な舞台のなかでたたかうひとがいかに勇敢であっても、それを美談として讃えることはしない。そのため、強い精神をもった主人公の英雄的な物語はありません。

ここには慣例化した法規をいつも現実に優先させる官僚主義への批判があることを見逃してはなりません。リュー医師の立ち位置は、不条理な殺人を砂漠の灼熱の太陽のせいにする『異邦人』のムルソーを乗り越えています。リューの生き方は、無責任でかたくななムルソーのなげやりな態度の先をいく、新しい立場だとみるべきでしょう。（『異邦人』については、『孤独と連帯』第一章を参照。）

すべてが俯瞰的にわからなければ、わかったことにならない、という必要はありません。わかるのは俯瞰にはほど遠い、現場の一部であり、それさえ客観的なただしさはだれも保証してくれそうもない状況のなかで、それでも、わたしという存在は決断するのです。そのひとが好きだ、この本がすごいというのは、じぶんがそう思ったというだけで充分だとひらきなおっていい。いまは受験勉強がもてはやされ、入試を意識した勉強だけを重視するため、ピアノやそろばん、お絵かきは影がうすくなり、ずっと肩身の狭い思いをさせられる分野になっています。

人間としてひろく教養をつむための勉強ということは、意識から遠ざけられています。その結果、勉強というのは、与えられた教材の設定された質問を前にして、求められた趣旨に沿って○に該当するものをみつけることになり、運良く○がみつかればそれで終わりになるのが、いまやっている勉強です。

それは現実を生きるのには、役立ちません。というか、実生活はそんななまやさしいことで、済まされるやわなことではない。それまでそこになかったものが、いまここにある。そうわかり驚くひとは、なにがしかのガバを体験します。何かがいまじぶんに生まれているとは、新しい創造が起きたということです。そう気づいたあなたは、自信をもって新しい一日を元気よくはじめることができます。

すべてのおはようは新しい。そう、わかれば、もう無知かどうかなど気にすることはない。(太宰治も三島由紀夫も芥川賞をもらっていません。村上春樹ももらっていない。)それまでそうだったことが、別の何かに変わっていくのが変貌です。状況はたえず変化しており、それにどう対応するかの選択肢は、決してたったひとつではないのです。

知ることに終わりはありません。読書は双六ではないので、あがりがない。どこかにそういうものがあると期待するのは無駄な期待です。これがあがりだ、とじぶんで決めればいい。読めばわかるとか、読んだからもうわかるというのは、せいぜいはやとちりか、はやわかりの迷妄です。

出来るひとは、じぶんがまだだめなことを知っています。できるから自慢しないのであり、自慢しているひとはまだじぶんの無能さがわかっていないだけです。じぶんのまわりをみつめてみると、わかることなど何もないことがわかってしまう。そうわかったうえで、少し気を楽にすることが、読書によって得られるわずかな叡智のおこぼれということになるのでしょう。

5　視界

　目の前のものを見るとき、わたしたちはそれだけを見ているようでいて、他のものも見ています。それを見ながらそれ以外のものも見ている。見えるものを見ながら、見えないものも同時に見ているのです。見るというのは、あくまでもきっかけであり、たった一枚のはがきでも、それを手にするだけで、思いつくこと、思い出すことはいろいろ出て来ます。なじみのある本なら、向こうにひろがる内的世界の展開は、とても一口では説明し尽くせない豊かさがあります。じぶんはスマホしか見ていないと言っているひとも、見方によってはスマホを見ながら、他のことも考えています。そのひとの教養とか趣味や関心次第で、そこにある画像だけを見るひとと、その画像をきっかけにして、ほかの過去や未来のことまで見えるひとがいるのです。

　それがすべてだと思う瞬間、じぶんの居る世界は意外に狭いものになり、もうほかの選択肢などまったく見えて来ない、読みたい本など存在しない、おもしろいところなどどこにもない、ということになってしまいます。そうなると、世界は信じられないほど、狭く小さなものになっていくのです。

　先日、高校の同窓会に行きました。同じクラスメイトでも、元気のいい幹事さんはわかりますが、その後しばらく会うことのなかった者は、わからなくなっています。そのため、目の前にいる相手の名札を見ながら、むかしの風貌を思い出して、そこに居ないひとのことを思い出したりしています。いま目の前にいる相手は、あのときのかれではない、あのときはだれかといっしょだったなど、目の前の相手を見ながら、他のことを想像しています。いま目の前にいるひとが、だれだかわからない。

見えているがわからないのは、視覚の問題なのか記憶の問題なのかと考えていたら、

あんた　ほんまに　Sちゃん？

という声で、相手もわたしの名前と顔が一致しないことがわかりました。診療所の医師を引退したので参加したIKでした。セーラー服姿だった彼女にもわたしがわからない。それが高校卒業60数年の現実でした。

1998（平成10）年の5月、ICUの宗教強調週間に招かれてディッフェンドルファー記念講堂で話をしました。日野原重明先生とわたしが講師。司会役の川島重成教授（古代ギリシャ思想の権威）には壇上で「川島先生」といっていたのに、会食中にうっかり「くり！」と昔の呼び名を口にしてしまいました。かれが寮のルームメイトだったことは意識していなかったし、人前では「先生」と言っていたのに、むかしの呼び名を口にしたじぶんに驚きました。（当日の講演は拙著『ホスピス』第1章に収録。）

あらかじめ予測できないことが、いろいろある。だから人生は面白いのです。手元にあるなじみの本の目印とかかかって来た電話の内容次第では、さっきとはまったく別のことも、いろいろ思いついて、そこからまた別のことを手がけることができる。だから人生は面白い。それは予測可能のようでいて、やはり予測不能です。そのときわたしは、またうまく元へ戻ることもできますが、さらに次の展開への足がかりになることもあります。退屈だとかつまらないというひとは、心のなかが、停滞したまま活動していないのです。

あなたの心のなかに、思いがけない新しい視点がいろいろ見えて来れば、新たな展開が可能になります。そうなると、つまらないとか退屈だなどといっていられなくなります。じっとしているからつまらないとい

うのは、あなたの心がじっとしているからであり、じっとしていても、じっとしていない心があれば、つまらないことはありません。何がどう見えるのかは、そのひとの心眼如何によります。

じぶんがはたしてどこまで深く読み取れているかは、どこまで想像できているかどうかで、読み取れる中身はちがって来ます。顕微鏡がなかったころは、肉眼で見えない細菌の存在を知りませんでした。電子顕微鏡や電子望遠鏡が疫病の治療や宇宙工学に役立っているようですが、さらにわからないことが増えています。

軍隊も、陸海空のほかに情報部門や宇宙部門が加わる時代です。しかし、ながいあいだ、じぶんの住む地球は不動であり、コペルニクスのころまでは天動説が通説でした。ガリレオが教会の圧力で１６３３年に地動説を撤回させられています。いま先端科学が常識とみなすことも、いずれは修正されるでしょうから、いまの科学的見解に依存しすぎることには一抹の不安がよぎります。

地理上の発見によって拡大された視点は、世界を次第に大きくひろく見通せるようになり、いちはやく眺望点を獲得した者は、みずからを文明の先駆者とみなし、先住民ら土着の人びとを一掃しつつ、野卑で無謀な空間的拡大ののち、植民地にしていきました。マルコ・ポーロ（1254-1324）の航海やダーウィンの探検は先例のない世界を俯瞰する目を提供したため、未開人らを支配者の視点から見おろす旅行は西欧世界が非西欧世界の体系を破壊する横暴な試みになっていきました。冒険物語としての人類の旅の物語は、海上を船で訪ねる異国探訪の物語ですが、大型帆船で海を征服するといっても、帰還できるかどうかはわからない、いのちがけの冒険でした。甲板や倉庫でごろ寝をし、船底の腐った水で悪臭がただようなかの航海では、多くのひとが壊血病で亡くなりました。西回りで世界一周に成功したマゼラン（1480-1521）は地球が丸いと証明しましたが、かれに従って世界一周に出かけた２００人の乗務員のうち、帰還したのは18人です。

マゼランはフィリピンで殺害されています。マルコ・ポーロが『東方見聞録』で大いに宣伝してくれた日本《ジパング》という国は、大洋のなかにあって、宮殿は屋根が純金でおおわれ、床も金で敷き詰められ、多くの宝石を産出するところということで、コロンブスらが大いにあこがれ、ジパングをめざしたのです。その影響で多くのひとが大航海に出かけました。コロンブスはたどり着いた中南米のサン・サルバドル島をインドの一部だと信じたのです。到達した大陸は、後にアメリカと呼ばれます。これらはすべて帆船で海をわたる話であり、空を飛ぶ話はまだ先のことです。

あわよくば、黄金や妙薬が手に入るかもしれないという魂胆はあったにせよ、いまじぶんの居るところでは満足できなかったひとたちばかりでした。胡椒《こしょう》やシナモン、クローブ、ナツメグなどの香辛料は肉の味付けや薬として、また肉の腐敗を防ぐ防腐剤として珍重されました。いまのままではいやだ、どこかへ出かけよう、とメイフラワー号に乗ってアメリカにたどり着いたひとたちは、じぶんたちの信仰を維持するために、選ばれた民として、丘の上に新天地をきりひらき、教会を建てる夢をもっていました。

そこで新しい英国《ニューイングランド》を形成するつもりで選ばれた民（選民）として、多少のことはすべて許されるとでも考えていたのか、土着のひとたちへの対応についてはおおらかというか、平然として暴挙を働いたのです。国家としての独立（１７７６年）が可能になるはるか前に、じぶんたちの後継者を養成するため、少数のcreative minorityをきちんと養成するため、ハーヴァード・カレッジを創設したのが１６３６年というのは、移民の歴史としては特異な現象ですが、ピューリタンたちの多くは大学卒だったのです。

じぶんたちがいま居るところから逃れて自由になりたい、逃げ出していまの耐えがたい因習から解放されたい、と願うとき、新しい居場所（エルサレム）を求めて、船出して新たなところへ出かけるというのが、大航海時代の探検となり、異国への意識的な移住となったのがアメリカ建国の歴史です。

アメリカ大陸からは、じゃがいも、とうもろこし、かぼちゃ、トマト、たばこなどがヨーロッパに伝わり、ヨーロッパからはコーヒー、小麦、牛馬、車輪や鉄器、奴隷の連行が行なわれるなど、それまでお互いに知らなかった食べ物や慣例が、異文化の交流とともに、世界中に伝播していきました。

「母をたずねて三千里」で知られているアミーチスの『クオーレ』（英語ではheart）は、エンリコという4年生の少年の10月から始まって7月に終わる1学年の物語です。その間に、イタリアのジェノヴァから南米アルゼンチンのブエノスアイレスまで、13歳のすなおな少年が母を訪ねて、アペニン山脈からアンデス山脈まで、３０００里（７３２０マイル）も遠くまで、なつかしい母を必死になって探しにいく、けなげな船旅の物語です。ぼろぼろの服を着てほこりまみれになり、入口にたつマルコを見て、病床の母は

どうやって来たの？……ほんとうにマルコなの？

と狂ったように叫んでいます。わたしはいつも、このあたりで、いちど読むのを中断しています。

『ロビンソン・クルーソー』も『宝島』も、船乗りがあこがれだった時代の船による冒険物語です。空のことはまったく考えていない時代の冒険です。

『ハックルベリー・フィンの冒険』は、しつけやしきたりばかりで窮屈だった14歳の少年ハックが、のんだ

くれの父親から逃げ出して、ミシシッピ川を筏《いかだ》にのって川下りする話です。そのとき同行するのが、逃亡奴隷のジムです。かれは同行する友人のジムを助けたいと思いますが、南北戦争以前の、奴隷解放以前のアメリカの状況ですから、「黒んぼう」と仲よくすることも逃亡奴隷を助けることも、法律違反であり、地獄に落ちると、学校でも日曜学校でもいわれていたので、良心の咎《とが》めを感じながら仲よくしていたのです。「おらたちに、追っ手が迫っている！」（*They are after us.*）と言っているように、追われるじぶんを感じながら、ハックはジムといっしょに筏にのって必死で川下りをしていました。

いまここにある時空を超えて別の存在になりたいという感情、ほかの場所に行きたい、ほかの時空へ行きたいという思いは、人類が宇宙的な感覚として持つものであり、その究極にあるのが「あこがれ」の心です。あこがれは感覚に先行します。ときめく心を理屈ではうまく説明できないものです。

探検は大航海につながり、新天地を求めて出かける旅は、異国への憧れから、香辛料や貿易や食糧の伝播や奴隷の確保にいたるまで、結果として西欧優位のなかの、東西の一体化への歴史になりました。

地球という宇宙船は、無限大の可能性と無限大の問題点の重なりあうなか、いま世界の国々がかつてないほど同質化しています。かつてならオリンピックなどで、同じスポーツを各国の選手たちがいっしょに共演できるなどということは考えられなかったことですが、いまはたいていの種目が、どこでも行なわれていて共演や競争ができる時代です。それはかつてのギリシャ時代では想像できないことでした。

『ガリヴァー旅行記』（1726）を書いたスウィフトは、『ロビンソン・クルーソー』（1719）に刺激をうけただけでなく、西インド方面の海をあらしていた海賊拿捕《だほ》のニュースからも刺激をうけて、船医ガリヴァーの奇想天外な風刺物語を書いたようです。

嵐にあい遭難してしまい、気づいたら「小人の国」にいたというのは、人類がまだ空を飛ぶことがなく、海の上の活躍しか考えていなかった海洋冒険時代の「わくわく感」のあらわれでしょう。

そこまではまだ知らないものの、なんとなく向こうにあるものにあこがれるということはあります。見込みがあるかどうかは別として、ともかくやってみたい、あこがれているというのは、若いひとの特権です。見えるものの向こうに、まだ見えない知らない世界がある。そこにはだれか知らない世界のひとが住んでいる。そう思うひとは大胆になって冒険にも出たくなる。わたしがわたしとして生きていくために、そつなく、ことなきをえて生きようとするだけでは、勇気を出して生きることがむずかしくなります。

結核を病み身動きもできなかった正岡子規は、だれかこの苦しみを助けてくれないか、と呻きながら、与えられた6畳一間のひろさがどれほどすごいかを、寝たきりのまま、みごとなまでにくわしく書き残しています。限られた空間をじぶんには「広過ぎる」くらいだと言いながら、じぶんの見たもの、見えるものをみつめるすがたは『病牀六尺』や『仰臥漫録』にくわしく書かれています。妹の律の献身的な介護に感謝しながらも、爆食いを愉しみにしながら、介護する妹には遠慮なく不平を漏らし悪態をついたりしています。

いまはもう寝返りも打てないのに、悲鳴をあげるのもつらいじぶんのありようが、恨めしくてつい弱音を吐いていたのでしょう。ときには度の過ぎたやつあたりもしていますが、部屋にあるもろもろのものを、ただのがらくたとはみなしたりしないで、(ドナルド・キーンに言わせると、)骨董屋と花屋をいっしょにしたような空間のなかで、絵も描き、句もつくり、エッセーも書き残したのです。かれは贈られた地球儀もそばに置いて、よく眺めていたようです。「写真双眼鏡」でのぞくと、「小金井の桜、墨田の月見、田子の浦の浪、百花園の萩」などが立体視できる、それがうれしい、と言っています。

病牀にあっても、かれの心は、いつも街なかのことに向けられていたようです。「東京の有様は僅かに新聞で読み、来る人に聞くばかり」だが、じぶんの見たことのないもので、見たいと思うものがいろいろある、として、ぜひ見て見たいものを列挙しています。(『病牀六尺』)

活動写真、自転車の競争及び曲乗、
動物園の獅子及び駝鳥《だちょう》、浅草水族館……、
丸の内の楠公の像、自働電話及び紅色郵便箱、
ビヤホール、女剣舞及び洋式演劇

子規は客が来るときは、正面でなく横に座ってもらうようにしていました。ランプも盆栽も、じぶんの正面から一間くらいは間を取っておいておく。目の高さだと目ざわりになるからそうならないようにするなど、畳の上で寝たきりの空間を工夫して、じぶんの視野を自在に操作しています。わずか6畳一間から子規は、向こうの世界を自在に想像していたのです。

かれは寝たきりだったため、視界は限られていましたが、じぶんの知っていることを反芻し、新しいことに対しては、つねに好奇心を燃やしつづけていました。そういえば、会話をするとき、正面より斜めの方が気が楽だということは人類学のE・ホールも指摘しています。(『かくれた次元』)むかし聞いた話では、かつて社内結婚が成立するのは真正面のひとより、はす向かいのひとの方が多い、ということでした。

1953（昭和28）年クリスマス祝会のあと、裏の田んぼで。後列右から3人目が父基治、4人めが弟の謙。ひとりおいて、母光子と弟歓。その前が信。真ん中左から4、5人目が後任のスペンサー先生ご夫妻。真ん中右から3人目が弟の望。その右前が弟の進。

1963（昭和38）年秋イエール大学キャンパスにて、新婚時代のふたり。後ろはカーティス・ホール。（大学院生用の夫婦寮が3つあり、そのうちのひとつ。ひるまは1階が院生の子どもらの保育園になっていた。）

いつか知りあいの指揮者と話をしていたら、指揮者には観客など見えない、と思われているかもしれないが、後ろまで見えている、と言われて驚きました。指揮棒を振りながら、一瞬のうちに、会場をさっと見ていて、その日の観客の反応などくわしくわかっていて指揮している、というのです。

視線というのは、目の前のものに向かう視線と、さらにその先へ向かう視線の双方がうまく共存しているので、視線は目の前に向かう視線だけでなく、過去にも未来にも向かう時間的空間的な視線にもなっていて、そのひろがりはながくひろいのです。じぶんがずっと国内にいるときには感じないが、異国に居るとき、感じるいわく言いがたい居心地のわるさのようなものがあることは、昔から言い伝えられて来ました。とくに外国へ出征した兵士や亡命したひとに生じる、深い寂寞感はスイスの傭兵らにもあらわれていたそうです。

（デーヴィス『ノスタルジアの社会学』）

30年近く南米まで逃亡していたイギリス人が、故国のパブがなつかしくなり、自首してブラジルから英国へ送還されたという事件が新聞を賑わしたことがあります。ひろい意味での郷愁《ノスタルジー》というのは、じぶんの心がどこかやすらぎを得がたい境遇にあるとき、感じてしまう、ある種の根源的な欠如感のようなものをさすことばです。海外へは何度も出かけたが、郷愁など感じたことがないというひとは、パック旅行で日本食だったひとに多く、ひとりで外国で暮らしたひとではないのです。

海外で疎外感を感じるのは、絶対的な孤独を感じてしまうとき、ふと心をよぎる思いのことです。外国に出たことがなく、ずっと生まれた国にいるひとでも、世のなかはどこかおかしい、と違和感を感じて孤独になるひとはいます。いまの時代がじぶんの知る世界（過去）とも、期待する世界（未来）ともかけ離れていると感じて生じる違和感から、じぶんはこの世から疎外されていると感じるひとはいます。

ある種の根源的な疎外感は、ただの欲求不満というより、むしろ宇宙的な感覚としての根源的な疎外感であり、それがノスタルジーだとC・S・ルイスは郷愁を定義しています。(『目覚めている精神の輝き』)

生涯を通じてわたしたちの感じる郷愁《ノスタルジー》とは、わたしたちが切り離されていると感じる、宇宙的なものと、また合体したいという憧れ、つねに外側だけを眺めて来た扉の内側に入りたいという思いであり、神経症の生んだ想像ではなく、わたしたちの真のありようを示す最も確かな指標《インデックス》である

ノスタルジーとは、じぶんの視線の先に、辿るべき正体がないのではないかと感じる不安な不在感であり、じぶんの視覚がいつもそこまで辿れるとあっさり満足してしまうひとの感覚ではありません。いまじぶんの視線がスマホの画面だけに向かうひとと、その向こうのはるか先まで射程距離があるひとでは、感じ取る中身が違います。大きな競技会前の選手は、次の試合だけでなく、もっと先の試合のことも考えて、いまの生活を律して生きます。医師や教師は患者や生徒の将来のことを考え、目先の症状(現象)だけを評価するのではなく、もっと向こう側のことにも目を向けて励ましと忠告をしているのです。

もうこれで充分だ、よかったね、と簡単によろこびあうのでなく、さらにもう少し先のことも考えるなら、いまだけですべてが完結したような褒めことばは使えません。もう少し先まで考えて慎重な忠告をするひとのことばには意味があります。語られることばがどこまでを視界に入れているのか、そのことばの射程範囲を意識することで、受けとめ方も違って来ます。

じぶんは何でも見ている、というひとは、自信たっぷりにそう言います。スマホを見れば何でもわかる、

というのです。注意したいのは、そのひとがじぶんの見たいものだけを見るというフィルターをかけて見ているため、見たくないもの、関心のないものは、まったく見ようとしていないことでしょう。ネット社会では、じぶんの知りたいことだけを知り、知りたくないことは知ろうとしないため、関心のないものは、はじめからはじき出していて、目を向けていない。じぶんが容易に知りうることだけを見ているから、じぶんに知らないことがあることも、知ろうとしなければ見えないことにも頓着しないのです。

スマホの答えで満足し、違う角度からみれば違う答えが出て来ることに気づかないため、じぶんで苦労して答えを得るときのよろこびを知らないのです。そのため、本当は注意して見るべきものも、見たくないとして排除して目もくれないので、見たいものだけに目を向けているのです。その結果、弱っているひと、困っているひと、気の毒なひとの居ることなど眼中にないまま、だれかに同情するとか共感するという感情が乏しくなっていくという現象が始まっています。

見たくないものは見ないでいいのではない。見たくなくても、あえて注視すべきものがあり、それを見ることを避けてはならないのです。悲惨なシーンやかなしい現実の状況は、見ることで心が動かされ、つらい思いをしますから、見ないでいれば、気にしないですむので気楽でいられます。

しかし、親や教師や、コーチや監督には、わが子や生徒や選手の動向について、たえざる気配りが必要です。それができないひとは必要な助言や適切な指導ができないまま、タイミングよく必要な励ましや同情の手をさしのべることができないのです。見たくなくてもあえて、見る。見るつもりもなかったものも、見てみる。それは重要な仕事を委託されている者（医師、教師、コーチ、監督）には欠かせない条件です。

ほんとうの医療や教育は、そういう視野の拡大ということも必要事項に加える必要があります。

わたしの視界は、わたしに見える範囲に限定されますから、じぶんの視覚範囲が狭くならないよう気を配るひとと、そういうことに無頓着なひとでは、見えるものが違って来ます。肉眼による視力は少しずつ劣化しますから、めがねなどで調整しますが、心眼による視力は、意識次第で日々格差がついて来るのです。同じものを見ていても、そのひとの関心の持ちようで、それがそこにあっても見えなかった、なかったと言い張るひとがいるのは、仕方がないのです。

ひとによって見えるものがいつも少し違うわけですから、わかったという共感の範囲が同じだといっても、ぼんやりと見ているひとと、心から同情して見ているひととでは、見え方が同じというわけではありません。たいていは、そこまでわかるほど見ていません。それでも、わが子を見ている母親は、おおざっぱに見ているように見えて、子どもの異変にすぐ気づくことができます。ベテランの医師も、いつもの患者のことなら、見ただけでわかることがあります。そのように、直観知に近い判断ができるひとは、ふだんからの訓練で即断力が備わっているというべきでしょう。親子や恋人も、ひとめ見ただけで、わかることがあります。そのわかり方は、視力や視界の問題でなく、人間としての総合判断力がものをいいます。ふだんからの訓練や素養も大切です。教養とか感性とか共感力のうち、どれかが、どこかですかさず総合的にうまく作用する。その瞬間の決断、診断があるからこそ、危機をしのいで対処することができるのです。

南アフリカのクルーガー・ナショナルパークへ行ったとき、前後左右、見渡すかぎりのひろさのなかで、ふと創世記のはじめの世界は、こういうものだったのかと思うほど、平原の形相に圧倒されました。見えるものは見渡す限りの平原だけ。いきなりの来訪者には、ただ呆然とするほかなかったのです。それでも、ガイドの青年は、ジープの運転席に居て、はるか向こうにある、ちいさな点の動きにすばやく気づいて、インパラだ、ライオンだ、キリンだと言いあてていました。泊まっていた宿舎のそばの茂みにも、気をつけてください、猿がいます、という先を見ると、2、3匹の野生の動物がいました。佐賀に住む友人が、囲碁の九州代表として上京したときに聞いたのですが、かれは囲碁のことを考えていれば、満員電車でもまったく退屈しない、同じようなことを繰り返しているテレビ番組でもいっこうに構わないのだそうです。

何がどう見えるのかはわかりませんが、じぶんがいつかの棋譜を反芻していると、ワンパターンなものが目の前にあっても少しも邪魔にならないのだそうです。おそらくかれには、わたしなどの想像もつかないほど、いろいろ考えることがあるのでしょう。その道の通には、肉眼とはちがう内的精神の眼力で見えて来るものがいろいろあるのでしょう。素人には囲碁や将棋だけでなく、高等数学や物理学の世界などでも、見えるものの度合いが、ふつうのひとの水準を超えていますから、その視界の射程距離は想像できないものがあるのです。じぶんの熟知していることについては、医師や選手や棋士たちは、常人の想像以上のことが見えているわけで、その眼力にはおそるべき可能性が秘められています。わたしたちにも、むかし読んだ本のことなどは、何の脈絡もなく、いきなり思い出せることがあるはずです。

わたしの受講生はレポートを万年筆で書いていました。(鉛筆書きのものは、よる蛍光灯に乱反射して読みにくいのです。)書かれたものをていねいに読んでいた、手書き世代の学生の筆跡は、いまだにその特徴を覚えています。年賀状や暑中見舞も、自筆ならいろいろ見えて来るものがあります。そういうきっかけがあると、忘れていた記憶が甦ります。精神面での視界のひろがりについても、予測できることには限りがあるとは言えないのです。すべてを思い出すのではなく、印象に残ったことだけを思い出す。それは木製の表札にのこる、太い氏名のようなものかもしれません。

あなたの視界とは、いまあなたに見えているものです。目をつぶって心を集中して、ある種の瞑想が始まれば、そこから新しい視界がひらけます。そう確信できるあなたは、何も動じることはありません。テレビやスマホを見るとき、そこにあるものを見ながら、そこにないものも見ています。以前見たドラマのこと、いま映っているひとがもう亡くなったことなど。目の前の画像を見ながら、瞬時にほかのことも思い出しながら、それでいて、さりげなくおしゃべりをしたり笑ったりができるのです。

もういないひとのことを思い出しはじめると、他のことが繋がって来て、あのひととも、このひととも繋がっているのだとわかり、驚きます。じぶんはいまひとりだから、ひとりになっているというわけではない。じっとしているから外が見えないのではなく、部屋のなかに居ても、外のことも、もういないひとのことも、そのつもりになれば、見えて来ます。それは白昼夢ではなく、ごく自然にそうしていて、そういうことができるのが、人間のもつ、内面性の豊かさです。それは人間の持つ内的記憶の層の厚さかもしれません。そうわかるだけでも、いろいろ見えてくるので、とても退屈などしていられません。

いまは画像として、きれいなものをいくらでも見られる恵まれた時代ですが、それはじつはいろいろ操作されて、わたしたちがそれを見るように仕組まれているものであり、そこから受ける影響で、商品や流行が左右されるように操作されているのです。

じぶんとしては、見たいものではないが、たまたま目に飛び込んで来ただけというものが多いのです。そこにあるものを見ているだけのとき、それが見えなくなると、何も残らないまま、心理操作を受けて洗脳され、流行に便乗しているだけの人間になってしまいます。

前から探しているものが見つからないと、他のものを見ていても目に入らない。それがどこにあるのか、意識を集中しているとき、感覚がいくら感知しても、じぶんの心がそこに向かっていかないと、画像などは、そのまま流れるだけになります。ものを考えるひとは、何も考えないひとより、見るもの、見ているものが、同じに見えて違うように見えるはずです。メールを見るときも、そこにあるメッセージだけを見ているわけではありません。それをきっかけにして、昔のこと、つきあいのあったころのことなど、いろいろ付加的な情報が頭に浮かんでくるので、考える材料になるのです。

いまのじぶんには、何がどこまで見えているのか。いま見えるものは、見えるはずのもののすべてではないので、じぶんが意識するかぎり、そこにあるものだけでなく、そこにないものも見えて来ます。そういう意味では、手書きのメッセージは、文面プラスαを提供してくれるので、手紙やはがきは宛名の文字だけでも、そのひとをいろいろ想像させる手がかりを与えてくれます。たぶんもっと見えるはずの一部だけが、見えるのですが、見えるはずのものを見ないまま、まだ何かを探しているかぎり、目の前の画面にはあまり関心が湧かない。その程度のことを見るだけだと、見せられているものを見ているだけで、見せてもらっているものを見るだけで、見えない部分は見えないのです。じぶんをどこかへ導いてくれることを期待しても、じぶんの怠惰や汚れを払拭してもらうことは期待薄です。こちらから向こうは見えませんが、むこうからはこちらが見える。こちらの情報は、購買データや移動データから、趣味や行先や交友関係など、すべて掌握されているのです。

目を閉じたじぶんの姿を見られるようになったのは、写真が発明されてからだそうです。(ベンヤミン

「写真小史」『コレクション1』）かつてクラスの記念写真の撮影に写真屋が来てフラッシュを焚《た》くとき、フラッシュに目を閉じるひとがいました。意識におりこまれた現実空間のなかには、それとみまがうような無意識もおりこまれた幻実空間が巧妙にあらわれます。目にするもの、耳にするものは、そこに画像として見えていさえいれば、向こうに対象があるかどうかはどうでもよくなる。いま見えるものが重要になり、いまはうつくしい画像であれば幻実であってもそれに振り回されてしまう。そこが大写しになると、それ以外は考えなくなる。写真をロラン・バルトは、かつてあったものの記録だと言っていますが、それだけでなく、無数の幻実的な映像を現実であるかのように受けとる事態が、いまわたしたちのまわりに溢れています。

修学院離宮へ行ったときのことです。まわりの様子とか建物の大きさなど、まったくわからないまま、曲がりくねった狭い小径を徒歩でのぼっていくと、次の瞬間、さあっと目の前がひろがった先が、修学院離宮でした。下から上までの見通しがよくて周りのこともわかったうえで登ったのではありません。むしろその逆で、いまはただ、この小径を登るしかない、という誘導のされ方で、ともかく登っていった先がめざす修学院離宮でした。見学者を惹きつける見事な仕掛けです。じぶんの近くだけが見えていて全体像を俯瞰できないまま、気づいたら到達点でした。遠くから見ると、みごとに均等に見えるギリシャのパルテノン神殿跡は、列柱の間隔や径が1本1本ちがうように補整したため、きれいに見えるそうです。

いちばん外の二つの柱の間隔は、他の柱よりひろくなっているので、結果として均等に見えるが、正確に均等にすると、かえって縮んで見えてしまうと、隈研吾は言っています。建築家のル・コルビュジエは、四方八方にひろがる景色は、圧倒的だが焦点を欠いており、ながく見ていると退屈になる。景色を望むにはそれを限定するのがいい。思い切った限定をする必要がある、と言っています。

壁をたてることで視界を遮り、それにつらなる壁面をとりはらい、そこにひろがりを求めるのがいいというふうに、視覚装置としての窓と壁をどう構成するかに細心の注意をはらって、両親のためにつくったのが、レマン湖のほとりにある11メートルの水平窓になったそうです。(『小さな家』)

そのひとには何がどこまで見えているのか、いまどこから見ているのか。見るということは場所と深く関わっています。ケータイの普及で、これまで家庭と職場に限定されていた電話が、いまでは職場や家庭にかぎらず、いつでもどこにでも浸透し侵犯してくるため、いつでも連絡可能ということは、いつでも追跡可能ということになりました。最近では、見るというのが、正面から見る、顔をあわせて見るというより、ちらっと斜に構えてながめる感じの見方に変わっています。伝統的な決闘は正面から、西部劇の撃ち合いも正面からですが、いまのひとは向きあうのが苦手になり、どこか逃げているような感じになっています。電車のなかでは横に座って話をするので、正面からの会話はあまりないことになっています。

スマホで見るのがあたりまえになり、さっと見るだけで、見たとはいっても、一瞥《いちべつ》するだけの、瞬時の見方がはびこっています。しかし、じぶんのなかで、内的な文脈の繋がりがあって意識して見ないと、記憶というレベルに届かないままになります。だれがだれとどう関わるのか、いつでも簡単に繋げるため、オンとオフの切り替えがあいまいなまま、あわただしくやり過ごすようになりました。後から考えると、どうしてそうなるのかがわからなくて、不思議に思うことが少なくありません。

そのときいくら必死になってもわからなかったことが、いまわかる、ということがあります。見ることには、理解し判断できるための素養や時間が必要です。

すべてを見通して俯瞰することは、だれにもできません。わずかなことをほんの少し開示してもらっているだけの情報量のなか、色どりが豊かで頻繁に登場してくれれば、もうそれを見るだけで頭がいっぱいになり、それがすべてだと思ってしまう。

もう前からわかっているが、黙っているひとっているのです。いまわかったのはわたしであって、相手にはもうわかってた。ただ相手はそのときまで黙っていた、ということがあります。じぶんとしてはわかっているつもりでいたのに、いまになると、わかっていなかったが、そうわかりながら見まもってくれていたひとがいた、ということがあります。じぶんには縁のない特技や素養が相手にあったらしいことも、いまわかってみると、奥ゆかしいひとっているのだとわかり、打ちのめされるようなひとがいます。これまでのじぶんは、はやとちりだったかもしれないし、むこうは遠慮してくれていたのだとわかるのも、ながいつきあいの末にわかることです。

別のところに目を向ければ、まだわたしはじぶんの知らない世界をいろいろ抱えたままのはずです。前からの知りあいが、じぶんの知らないところで、どういうことをしているすごいひとかなど、最近まで知らなかったということがわかって、思わず尊敬したくなるひとが傍にいるということは、ものすごい（無形の）財産なんですよ。

音楽や映画と同じで、物語というのも順序は決まっていますから、次はあの情景だとわかっています。そうして、その通り順序よく読むものだと思いこんでいるひとは多いでしょう。

しかし、読む順序も、読書にかける時間も、あまりこだわらなくていいのです。

途中からぱらぱらとめくって、目につくところから飛び込んでいくと、そこに吸い込まれてしまうことがあります。マンガは目をきょろきょろさせて読みますが、紙の本も、前から読むものと決めなくていい。

いやなら、さっと切りあげていい。いいと思えば、そこから入ってゆっくり堪能すればいい。

手がかりになりそうな本が傍にあるひとは、じぶんの周辺にある本のどれかを手にとって読むことで、忘れていたことを思い出したり、覚えていたことを喚起されたり、驚いて読み直したりできます。美術館で絵をみるには見方があるのかもしれませんが、順序を飛ばしながら、好きな絵の前で好きなだけ時間をかけることにしないと、大英博物館やルーブル美術館はお手あげになります。美術館の多いフィレンツェに行くときは、見たいもの、見るものをあらかじめ決めておいて、それに限定しないと、いくら時間があっても足りません。どの絵をどこまで見るかによって、その絵の見え方が変わって来ます。本というのも、こちらの対応次第で、その素顔をいろいろなかたちであらわして来ます。

『魔の山』のハンス・カストルプは、妻がスイスの高地ダヴォスのサナトリウムへ療養に行くのに同行するだけのかるいつもりで出かけたのですが、到着してみると、じぶんにも肺に異常があるとわかり、そのままサナトリウムに滞在することになります。そのうちに、かれにとって、病とは結核のことだけでなくなり、横臥療法の寝椅子などの訓練までもが、そのまま精神分析の無意識の流出のようになり、じぶんの精神状況全体が次第に検討しなおされることになっていきます。もともとだれもが身体のなかに何らかのかたちで潜在的に抱えている病因があるようですが、それがちょっとしたきっかけで、思いがけず爆発してしまい、じぶんもサナトリウムの住民になってしまいます。

そのうちに、山の上のサナトリウムでは、病と健康の境界がどこかあいまいになり、男女の区別も、時空の区別も次第に浸食されてしまい、まどろみのなかの不思議な「魔の山」の世界に籠もるようになります。

それは人間存在の根源的な病性のようなものを、身体の表面に誘いだすという魔力が蠢き始めることで、健康であったはずの者も、当然のように魔の山のなかではりっぱな病人になってしまうのです。山の上を「魔の山」だとみなしているうちに、麓では突如、第一次世界大戦が始まります。

そのころ、まだ院生だったころのことです。わたしは夕方の家庭教師のバイトを、ダブルヘッダーでやっていました。(夕食を出してもらえる家庭教師という制度があり、助かっていました。)一日を終えて部屋に戻り窓をあけると、外は一面のしずかな墓地だったのです。浅草寺の墓地の一角になっていたのですが、表側の都電の通る道からは想像できない世界が商店街のすぐ裏側にあったのです。よるの墓石群のたたずまいは、見えない亡霊がたゆたっている感じがする独特のながめですが、それでいて無数のひとたちのいまの休息には、ふしぎな親近感のあるのがじぶんでも不思議でした。

これは後に、大小さまざまな無数の石碑が無言でたちならぶ、夕陽のなかのマンハッタンを小型飛行機で飛んだときに感じたのと同じかもしれません。石碑のならぶ情景は、高低の差があるとはいえ、ニューヨークの摩天楼を眼下にながめた情景も、同じような墓石群に見えました。

おだやかな空気がただよう、しずかな空間がいまここにあり、すぐ向こうの通りには都電が走っているという取り合わせは、そこにあるのに、ふだん無視しているものの象徴のようで、わたしはなぜか落ちついた気分になれるのでした。そういう下町の情景は、ふだんは見えないところにあり、それが連綿とつづいて来たのが、これからもつづいていくことを教えてくれるきっかけになるのでしょう。

ある時点で読んだというのは、ちょっと囓《かじ》っただけで、それ、知っている、と声高に「既視感」(dejavu)

をひけらかせるひとに多いのです。まだ先に行ける可能性があること、それがすべてではないことを知っていると、もうすこし謙虚に向き合うことができるでしょう。わかったつもりでいたのに、ほんとうに何もわかっていなかった、と気づくのは、読み返してみて初めて気づけることです。そうなると、じぶんの無知を改めて突きつけられて、振り出しに戻ってしまいます。その本をもう読んだ、という思いに浸ってしまい、継読とか再読の大切さに気づかないまま終わるひとは、もう先のないひととということになります。

子どものときに読んだ本は、もう読んだ、知っている、とつい言ってしまいたくなりますが、改めて読みなおして見ると、けっこう見落としていたことが見えてきて愉しいものです。わかっていたつもりのじぶんが、どれだけ見逃していたかがわかることは、わたしをそれだけ謙虚にしてくれ、ものを見る目をより丁寧なまなざしに変更してくれます。これは本だけでなく、だれかとの関係においても、あまりよくはわからないままだった、というタイムリーな反省は必要であり有効です。

朝ごとに来る新しい一日は、新しいはじまりです。出会いというのは、新しい別れの始まりです。別れもまた、新しい出会いの始まりです。人生には、おなじ朝もおなじ別れもありません。だれだっておなじごはんを、今日も食べているでしょう。わたしは、きょうも眠るときは、きのうと同じ姿勢で眠ります。わたしは同じことしかしていないから、だめだというわけではない。同じことをしているから、日々安心して暮らすことができ、日々おだやかに暮らしていけるのです。毎回ちがうことをしようとか、毎回オリジナルなことをしようとすれば、疲れるだけです。天才だって名選手だって、ある一瞬だけ、非凡さを発揮したひとであり、ふだんはまったく同じことの繰り返しのなかを生きているのです。おなじに見えて、おなじことの繰り返しはない。そうわかれば、まわりのものを見る目が変わって来るはずです。

オリジナルというのは、特別きわだってめずらしいことばかりではありません。同じに見えることが、いつも新しいことばかりだというのが、わたしたちの生きている人生の神髄です。同じことをていねいに素直に繰り返しているひとに、あるとき、ごく稀に一瞬だけ、はじめてオリジナルなものが可能になるのです。世のなかで天才といわれるひとの多くは、平凡な繰り返しに忠実に生きていたひとであり、生涯において、たった一度だけ、これは変だと気づいたひとのようです。日常性のなかにある非日常性に気づけるひとは、ふだんは、みんなと同じふつうのひとのようです。スティーブ・ジョブズというひとは、個人としては、コミュニケーション障害に近い変わったひとのようですが、秘書やスタッフにタイミングよく助けられて、思いついたことをすぐさま実現ができた幸運なひとだったのです。

多くの真理は、いまも凍結したままです。わたしたちのまわりには無数の真理が伏在しています。それが古典としてそこにあるとき、わたしたちはすすんで解凍していくことで、それまで無縁だったもの（古典）をじぶんのものにしていくことができるのです。そこにどんなすばらしいものが隠されていても、解凍しなければ、何もないのと同じです。前に挫折した本も、また新たに挑戦して読み直すことで、前には読み取れなかったことがわかって来ます。そのときのうれしさは格別です。

じぶんが、読んで楽しかった本、それがあなたにとっての古典です。そういう本が一冊あれば、あなたは幸せになれます。そんな本がまだないという人は、ぜひそういう本をみつけて下さい。夏にやったことの成果を期待して練習をつづけるひとは、少しくらいいい結果が出ても、さらに練習をつづけるでしょう。

未来になにがしかの希望を託して生きているひとは、じぶんにいささかの展望さえあるなら、そこで満足してやめるのでなく、さらなる努力をつづけるひとです。希望をあすに繋ぎながら生きることは大切です。

資料など読まないでも、Googleだけで課題レポートをある段階までしあげることはできます。それを読む側には、それなりに判別できるだけの知性が験《ため》されています。繰りかえし読むことで、別のアイディアがイメージとして強力な映像を結ぶことができます。飛ばし読みであっても、いろいろわかってくることがあります。速読と精読を混ぜてやりながら、ここだという箇所がみつかれば、そこに集中して熟読するのです。そういう読み方は、さっと読むことと、ていねいに読むことを併用させながら、効果をあげる読み方になります。

思い出すとき、その思い出のなかの記憶は、時を経て凝縮された部分と稀薄になった部分が混じりあっています。だれかの書いたものを読むことで、じぶんが持っていた思い込みや思い違いを微調整することができます。本を読むのは、他人の記憶をじぶんの記憶に組み込み、じぶんの記憶を新しく上書きすることです。記憶にはもう固定して動かない面もありますが、けっこう自在に変動するものです。覚えているところは覚えているので、変わらないように見えますが、大半のことはどこかへ消えています。だから、あまり気にしないで生きていけるのです。そのさい、覚えているところと、忘れているところの境界線があいまいですが、何かのきっかけがあれば、思い出すことができて、上書きしたり更新したりしているのです。

幸田露伴の『五重塔』はひとりの寺大工の話です。狷介《けんかい》で頑固、世渡り下手の寺大工の主人公は、腕はあるが小細工がきかないので、職人仲間から蔑《さげす》まれて貧乏な暮らしをしていました。ある日、谷中の感応寺に五重塔が建てられるという噂を耳にした、のっそり十兵衛は、このとき、これをやろう、と決心し、やらせて欲しい、と寺の上人に直談判します。

御覧の通り、のつそり十兵衛と口惜《くやし》い渾名《あだな》をつけられて居る奴《やつこ》でござりまする、然し……御上人《おしょうにん》様、大工は出来ます……五重塔の仕事を私《わたくし》に為《さ》せていただきたい……拙《まづ》い奴《やつ》らが宮を作り堂を受負ひ、見るものの眼から見れば建てさせた人が気の毒なほどのものを築造《こしら》へたを見るたびごとに、内々《ないない》自分の不運を泣きますは、御上人様、時々は口惜くて技倆《うで》もない癖に智慧ばかり達者な奴が憎くもなりまするは……女房《かか》にも口きかず泣きながら寝ました其夜の事、五重塔を汝《きさま》作れ今直《すぐ》つくれと怖しい人に吩咐《いいつ》けられ、狼狽《うろたへ》て飛び起きさまに道具箱に手を突込《つっこ》んだは半分夢で半分現《うつつ》、眼が全く覚めて見ますれば指の先を鍔鑿《つばのみ》につつかけて怪我《けが》をしながら道具箱につかまつて……情無い、詰らないと思ひました時の其心持……これだけが誰にでも分つて呉れれば……十兵衛は死んでもよいのでござりまする

と言いはる職人十兵衛は、魔性を発揮して、嵐にも耐える五重塔をみごとに完成させました。

ここには仕事に対する自負だけでなく、ある種の凄みさえ感じられます。よし、やってみようという意気込みがほんとうに内側から溢れて来るとき、ふだんならできそうにない大変なことも完成できるのです。あることを為し遂げようとするひとには、そういう不気味で悪魔《デモーニッシュ》的な要素がどこかに潜んでいます。どこか悪魔的とでも言いたくなるほど、桁《けた》外れにいわくいいがたいものにぶち当たっているのがわかります。何かに没頭していて、そのことにのめり込んでしまうと、まわりのことなど何も気づかないまま、ひたすらそのことに打ち込むことになる。そういう体験のあるひとは、なにかを死にもの狂いで練習し、徹夜してでも取っ組んだ経験があるひとでしょう。本気で生きるとは、そういうことです。

個性的に生きるためには、どこかでアウトサイダー的になるほかなく、それはある種の業《ごう》のようなものが

伴なうのでしょう。渾身の力を込めて書かれた作品を本気で読む気があるのなら、万難を排してとりかかる必要があります。そのためには、ふだんなら考えてもいない、気の遠くなるような精進努力が、昔もいまも同じように必要です。まじめに考え、苦しんで書きあげた先人の思索の成果が凝縮されたかたちで提供されているもの、それが古典です。かつての文書はすべて手書きでした。印刷する素材（用紙）も少なく羊皮紙に書きとめていた時期もあります。和紙に書かれたものはいまも残されています。印刷術も未発達の頃、これだけは書き残そうと書かれたものの多くは、筆や羽ペンで書かれました。

コペンハーゲン大学のキルケゴール研究所にいたとき、王立図書館の資料室でキルケゴールの手書き草稿を閲覧しました。マイクロフィルムで目当てのところを探すのは『評伝 内村鑑三』を書くとき、駒沢大の図書館で『万朝報』を調べたときと同じやり方です。わたしは難解で知られるキルケゴールの『哲学的断片』のある箇所を点検して、難解だといわれる箇所には書き直しがあるのを見て、ほっとしました。黒い羽ペンで書かれた原稿には、いくつか修正された痕があり、かれも苦闘していたのです。コピー機もない時代のたったひとつの手書き草稿です。くりかえし推敲するというのは削ぎおとし書き直すことですから、手書き原稿に苦心の跡がみられるのは、いたましい感じがします。（それをいうなら、モーツァルトが、書き直しのまったくない、きれいな手書きの楽譜を残しているというのが、いかにすごいかもわかります。）

ロマン・ローランの『ジャン・クリストフ』は、ライン河畔に生まれたジャン・クリストフがフランス、ドイツ、イタリアなどを股に掛けた、壮大な自分史を展開する物語として、ひとりの人間の成長を辿っている大作です。国境を越えるというのに、海が出て来ないとか、緊張感がまったくないのは、日本人の目から見たヨーロッパは地つづきで、簡単に異国へ行けるからでしょうが、それだけ過去において、侵犯したりされたりする歴史があったという複雑さがあることも想像する必要があります。

貧しさと飲んだくれの父親のせいで、みじめな幼年時代を過ごしたジャンは、音楽の才能を見出され、ドイツからフランスへ辿り着きます。幼児期よりかれは家庭的な不幸だけでなく、社会的な悪の数かずも突きつけられて、へどもどしています。大都会の孤独に直面するジャンが、スイス、イタリアへと舞台を移動させる物語は、大河に向かう川のようにゆるやかであり、いかにも大きな世界のなかに投げ出されていくと感じるのは、舞台をヨーロッパにした本書の醍醐味でしょう。

まずこういう舞台装置の壮大さに浸ってみることが必要です。EUという国ができる前、夕方コペンハーゲンを発つ列車に乗ると、次のあさはもうミュンヘンでした。ルクセンブルクなどは、はがきを一枚書いているあいだに国境を越えてしまうのでした。パスポートは持っているが、同じ陸続きでこれだけ動けるのか、という感慨を覚えながら旅をしました。じぶんがまるで主人公といっしょにヨーロッパを一周しているように、舞台が心のなかに取り込めるひとは、味わい深い心の旅を堪能できます。歴史や文化が感じられる由緒ある都市へ行くとき、たとえばロンドンやウィーンやナポリなど、そこにフィクションに出てきた登場人物をかさねてみるとき、いろいろ見えて来るのは大きな魅力です。

内田百閒というひとは、暗闇がこわいので「有明の行燈《あんどん》」をともしたまま寝ていたといっています。一晩中つけっぱなしにしておく、弱い光の行燈です。かれは飼っていたねこを、かわいがっていました。そのねこは物置小屋の屋根から降りてきて住みついたといういわくつきのねこでした。ある日、そのねこがいなくなり、かれは「ちらし」を配って探しつづけます。その顚末が『ノラや』です。

ねこというのは、じぶんが飼われている立場でも、じぶんとしては、じぶんが最上位のつもりでいるようです。家族のランクづけもけっこうきびしく、下手な取り引きをねこは断固、拒否します。こちらとしては、ねこを飼っているとか、ねこをおいてやっているつもりでいるのですが、ねこにはそんなつもりはまったくないので、どこまでねこへの思いが伝わるかはだれにもわからないのです。漱石の『吾輩は猫である』は1人称の文体ですが、ねことのコミュニケーションという点ではあまり親近感が出せていません。すばやく音に反応する、ねこのしなやかな動きの気配などを感じさせてくれないのは、生きた猫の生態があまり描けていないからでしょうか。中勘助は、漱石が耳を無視するのが不満だ、かれはいい耳を持っていなかった、と書いています。(『漱石先生と私』)

わたしのいなかの家には、二階の上に物置状態のひろい板の間があり、電気は来ていないが、父の購読していた『赤い鳥』や『金の船』や『雄弁』などの雑誌が平積みで置いてありました。他に御影師範学校時代の雑誌『甲陽』のバックナンバーもありました。『赤い鳥』や『金の船』という雑誌は、児童文学の世界では有名で、同時に投稿雑誌の性格もあったらしく、父小原基治の投稿が掲載されていた原稿にならんで、大岡昇平(父とは1歳ちがい)の作文なども見かけていました。戦後の、生活困窮のなか、祖父の秘蔵の皿や金目のものとともに、父は蔵書の多くを売りにいったのですが、そのときわたしも当時持っていた少年ものの本を何冊か、父のといっしょに「供出」として出しました。

そのころ、いなかに居たのに、食べるものがなかったのは、配給がなかったから(でもあるの)ですが、なぜそうだったのかは知らないまま、たしかかぼちゃだけで夏を過ごしたことがあったように覚えています。

父の蔵書でめぼしい本は、あのとき売ってしまったので、あったものもなくなっていました。雑誌は値がつかないとみたのか、そのままのこっていたのです。そういう空間に入り込むと、ほかに何がなくても、そこで過ごすことに夢中になり、雑多なものがそのまま無造作においてあるので、退屈しませんでした。雨の日など、ひとりそこにこもって、いろいろなものを読みあさりました。わたしがグリムやアンデルセンの童話より、小川未明や鈴木三重吉の方に親近感を抱くのは、より多くの時間をかけて、これらの雑誌を読みふけった記憶が強いからかもしれません。

黒井千次の『走る家族』は、家族が同じ車に乗っているのですが、家族全員でドライブしているようすは、いまじぶんたちの移動がはたして意味のある空間移動なのかと考えさせるという意味で、わたしには面白く読めます。それだけ、どこか奇妙な時間感覚が起きる空間移動の話です。家族団らんのように、なにげなく、家族がドライブしているふつうの風景ですが、よるの闇のなかを家族全員が走りつづけることにしたのか、家族がどこへ向かって走り続けているのかが、だんだんわからなくなっていきます。

ある種の得体の知れなさのなかで、ひたすら走ることにこだわる父親の姿が、おかしいというより、どこか哀れさを誘います。なにげないドライブをスリルのある不気味な走行劇にしたてあげたのです。そこには老いた父母と妻と二人の子どもがいます。家族全員を乗せたまま、この車はどこへ向かって、走りつづけるのでしょう。ただ目的地へ向かうだけに見える彼らは、何に駆り立てられて走りつづけるのでしょう。

生きることについての不安と充足への願いは、揺れ動いたまま、混沌としたままです。車のなかに居て、方向としては、家に向かっています。車で走っている限り、時間はあってもなくても同じことをつづけるだけ。何がどうなっているのかわからない。考え始めると、暗い不気味な不安が、身体の底を静かに通り過ぎていくのです。車のなかでは、外部との唯一の手がかりであるラジオがはいらないと騒いでいます。ただ走りつづける家族は、もうどこにも帰れないような不安がつきまとい、いつのまにか底なしの沼にいるような感じになり、何かに憑《つ》かれたように、生き急いでいるのです。ここではドライブすることを突き放した作者の目が働いています。必死で走っているが、どこへ行きたいのかわからない。車で走りつづけると、時間があいまいになり、時間はあってないのと同じになってしまうのです。

いつか都内の女子大でC・S・ルイスの話をしていたときのことです。きれいなキャンパスの静かな講堂でしたが、話の途中でわたしが力をいれて話しはじめると、カチカチという音がすばやく、よりリズミカルに聴こえて来るのがわかりました。そうだ、ここではだれかが点字でノートをとっておられる！

そのときわたしは「見える」ということについての話をしていたのですが、まさかそこに盲人の方がおられるとは想像していなかったので、点字で速記する音に気づいて緊張しました。見えているように見えて、見えてなどいないことがあります。見えないように見えて、そのひとには見えていることがあります。

そのときわからなくても、あとから見えて来ることがある。会話をしたり無駄口をたたいたりしているだけに見えて、相手の表情やしぐさから、意外なものが見えて来ることがあります。それは相手の知的財産の一部がこぼれて来るのであり、そのつもりで見ていると、それまで気づかなかっただけで、相手のすごいところ、ものすごいパワーが、もっとはやく問わず語りに見えて来ていたはずです。

若いからよく見えるとか、歳を取ったから見えにくいというのは肉眼の視力です。ここでいう視界は、精神的な側面を含む、より総合的な視力です。ルノワールの作品では、フレームに切り取られた画面が、外の広い世界とうまくつながっているが、ヒッチコックの作品では、すべての構成要素が画面のなかに閉じ込められていて、外の世界は存在していない、というひとがいます。（ジル・ドゥルーズ『シネマ1』）そういえば、ヒッチコックの作品は、『鳥』も『裏窓』も、そこだけを見ていて、外まで見ないで済んでしまうほど、強烈な呪縛力があるようです。

先日、スティーブン・キングの『スタンド・バイ・ミー』を、あるひとのすすめで見直しました。ある夏の少年たちの冒険談です。かれらは、無鉄砲で、もの知らずで、出たとこ勝負で、いろいろなわんぱくと冒険を繰りかえしますが、それぞれ抱えている悩みがあります。亡くした兄のことばかり言われていて、じぶんはいつも無視されているとか、母親の悪口をいわれてむかついているとか、父親のことでいつもいやな思いをしているとか。かれらはかれらなりに、じぶんとしての重荷を負って生きているのがよくわかります。ぶっつけ本番ばかりがつづく、珍妙な事件であるため、あのころは、そうだったな、とじぶんのころと重ねて見ていると、かれらのことなど気にならなくなります。

わたしは小6の夏（昭和23年）、担任の岩城先生らに連れられて、クラスの数人と富士登山をしましたが、セーターくらいはいるよ、と言われたとき、セーターがいる、ということの意味がわからないまま、暑い夏だからと、セーターしか用意しないまま、半ズボン姿で出かけたのです。肌着も長ズボンも用意しない軽装は失敗でした。そんなことは忘れていたのですが、学生帽をかぶり、膝小僧まる出しの半ズボン姿の山頂の写真をみつけて、頂上付近では極寒状態だったことを思い出します。

視覚に障がいがあるひとにいろいろ不便があるのは想像するしかありませんが、かれらはおもに聴覚によって、前後左右の音の気配を感じ取りながら歩いているそうです。目の見えないひとは、触覚が補助になるともいわれますが、聴覚の方が助けになるそうです。（H・ギャティ『自然は導く』）その一瞬の注意の仕方や、意識して見るまなざしの方向次第で、そこにあるものが、思った以上によく見えたり見えなかったりする。その違いは、そのひとの意識の度合いや想像力によるのでしょう。

理論物理や高等数学のことは、庶民にはまったくわからないとしても、漁師が魚群を見つけたり、猟師が獣の足跡や糞から見出すさまざまな情報は、その道のベテランとしての経験知から来る知識として信憑性があります。ながくその地域に住むひとは、向こうの山や雲の様子を見るだけで、あすの天候や作物の収穫時期を読み取れるのは、古来の知恵でした。暗い夜道を歩くときの気配りとか砂漠を横断するさいの細心の注意は、生命を脅かしますから、よほどの鍛錬と注意がいるのです。リンカンによって奴隷制が廃止されたのは、だれもが承知していますが、黒人は奴隷制度の廃止後も、ながくのこる差別のなかを生きたのです。現実のきびしい状況を見かねたM・L・キングが「わたしには夢がある」(*I have a dream*) と演説したのは20世紀後半の、1963年です。

わたしたちがふだん見ている映像は、カメラの枠で区切られていますが、ひとの目には枠がないので、いろいろ目にとまるものが見えます。じっさいの感覚と映像はちがうのです。写真は正確だといっても、じぶんの目は、もう、それを見ていない、というわずかな時間差があります。その枠のなかだけを見ているので、そのなかにあって見ようと思えば見えるものも、排除し、隠蔽し、黙殺することができます。そのため、見えないことになっているだけで、ないわけではないものが、いろいろあります。

科学技術、資本、軍事、議会制民主主義の4つは、近代システムの基本ファクターだとしても、それらが自律的に増殖していくのをだれがどう制御していけるのか。資本の力があまりにも大きすぎるのは個人所有へのあくなき欲求のせいだとして、その欲求自体をどう制御し操作できるのか。その欲求をだれがどう欲求に切り替えることができるのかは、期待のもてる処方箋がないのです。

どこかおかしい、と言われるのかもしれませんが、ひとはじぶんが知ろうとして知りえないこと、気になっているがそれが何だかわからないとき、これでしょう、とだれかに言い当ててもらうと、すっきりして立ち直れることがあります。どこが痛いのかわからないが、ともかく痛む。そういうとき、痛みや不快感の原因を特定してもらい、手当を受けるのが、治療です。微弱なメッセージしか発信できないひとに介入するとき、相手の先手をとって、こうして欲しいのでしょう、と相手の願いに形を与える（診断する＝言語化する）ことは必要であり、そこには高度な倫理的想像力が必要になります。それはある意味では、預言者的でもあり、巫女的でもあります。

言われてみればそうだ、それですよと、はたとわからせてくれる詩人的なセンスも、そのひとの眼力の所産でしょう。相手をていねいに観察し相手の苦しい状況を察知するためには、能動的で相手を解放できる目《め》力《じから》（眼力）が必要です。じぶんの考えていることをそれとなく読み取って、こうでしょう、と判断してくれる仲間や母親は、そういう貴重な役を果たしてくれます。赤ん坊や身体的な弱者には、そういう助けが必要で、そのためにはこちらから読み取る力、見抜く能力が必要です。

フロイトは死刑囚が、いよいよ執行されるとわかり、絞首台につれていかれるとき、今週はついているようだぞと呟《つぶや》くのを「死刑囚のユーモア」だと言っています。その場の状況から生じるはずの興奮を節約し、そのような感情の表出が起こりそうな事態を冗談《わらい》で乗り切るのを「ユーモア」だというのです。（『選集』7）

ナチ時代、強制収容所に収容されていて、ただ死を待つだけの状況におかれていたひとも、じぶんの側から積極的に生きることに何がしかの意味を認めようとしていたひとは、あの苦境のなかを生き延びることができたそうです。フランクルの『夜と霧』には、収容所のなかで、一本の樹をみつけ、それを友だとみなし、じぶんを励ましつづけていた女性の話をしています。彼女がその木に話しかけると、わたしはここに居る、わたしは永遠のいのちだよ、と応えてくれたそうです。

強制収容所という状況のなかでも、希望をなくさずに生き延びられたひとは、内面的な拠り所のあるひとだったということです。あのきびしい状況を生き延びたひとには、ささやかでもそういう希望があり、意味をみつけることのできたひとだったというのがフランクルの証言です。そのひとの持つ精神的な内面とは、見えないものを見抜いてそこに意味を見出す能力であり、苦境のなかにあっても好奇心を抱き、真理を確信し、藝術をつくりだせるひとの、高度な観察力であり、冒険でもあるというべきでしょう。

古代の日本人には、死者を穢《けが》れとして忌《い》む心がありましたが、死者が訪れる死者の行き場というものを、あまり深くは考えていなかったようです。神々自体、現世に愛着をもち、不分明の地上界を彷徨《さまよ》うことになっています。そういうわけで、アマテラスの社会では、天上界というのも地下界というのも、この地上のオノゴロ島のどこか遠い平面上にあるとみていたようです。(益田勝実『伝統と現代』24)

柳田國男によれば、「肥前の下五島《しもごとう》、昔の世の大値賀島《おおちかのしま》の北部海岸に三井楽《みいらく》という岬《みさき》の村がいまにある……そこへ行けば、死んだひとに逢うことができる、というような伝説がはやくからあったがためではないか」(『海上の道』)というのが、神話以来の日本的宇宙観のようです。

6　ひみつ

ひみつとは、そのひとのそのひとらしさであり、だれにもあるもの。そのひとが何か隠しているとか、うしろ暗いところがあるわけではない。そのひとがそのひとらしいというとき、それがひみつに見えてしまう、そういうひみつです。だれにも言わないひみつがある。それが個性です。わたしは一男二女の父親として、子どもの成長を見て来ました。子どもは成長するにしたがって、親には言わないことを持つようになります。そのなかで様子を見て話し出すことが信頼の証しです。（いつも、おいしいね、と言って食べていた、家内のフルーツケーキには隠し味としてナポレオンが入っているとわかったのはしばらくしてからです。）

話したくないことはだれにもあります。なつかしいが過去の恥ずかしい思い出など、いろいろなひみつを抱えて生きているのです。ひみつを持つということは、親であっても友だちであっても、侵すことのできない、じぶんの領分を持つことです。それは成熟と独立に繫がることとして、むしろ祝福すべきことというべきでしょう。思春期には初潮や夢精もあり、ひみつが増大します。タレントやアイドル、政治家やスポーツ選手は、有名税のように、個人の私的情報が暴露され、それが商品化されますが、経済状態やそのひとの病歴や遺伝子情報などは、専門家は外には漏らしてはならない情報です。

パリで過ごした青春を書いているヘミングウェイの『移動祝祭日』（*A Moveable Feast*）は、かれの若き日の哀切なパリ放浪記です。「パリには終わりはない」というヘミングウェイには、かつて過ごした多くの場所や人びと、それに気づいたこと、印象にのこったことがいろいろ出て来ます。

（この本には）書かれずじまいになったことが　いろいろある

とかれは序文で断わっています。パリのことは思い出していろいろ書いたが、とてもすべては書き切れなかったのです。「書き落とされている」という新潮文庫の高見浩訳は、なんともつれない訳し方です。書きたいほどのことは、いくら書いたところでまだ書き足りない、うまくそれが言えていない、もう行間にあらわれているだろう、ということでしょう。ヘミングウェイはこの回想記を書いた3カ月後に亡くなっています。かれは元の妻に電話して、いまパリにいた頃のことを書いている、ちょっと思い出せなくてね、と確かめたそうですから、いろいろ反芻しながら、ことばを選んで書いたのでしょう。

ヘミングウェイのこの箇所を読むとき、わたしは映画『カサブランカ』の最終シーンで、じぶんはモロッコにのこり、かのじょ（グレース・ケリー）とその連れ合いを飛行機でアメリカへ脱出させるところで、

おれたちには　パリがあるじゃないか

というハンフリー・ボガードのせりふをダブらせながら読んでいます。

戦後すぐ不便ないなかまで訪ねて下さった、神戸生田教会の竹田俊造老先生は、口髭のある威厳のある顔つきの方でした。その独特の声をわたしは講壇の上にあがって、よく真似ていたそうです。肩掛け鞄ひとつで訪ねてこられた先生がわたしに下さったのは、新書サイズの聖書でした。

表紙には羊の絵がある4福音書だけの聖書でした。ある日、わたしはその末尾のことばがどういうことかわからないまま考え込んでしまいました。イエスのなさったことは他にもいろいろあるが、そのすべてを書くことはできない、という箇所です。口語訳がまだないときですから、こういう文語文です。

イエスの行《おこな》ひ給ひし事は、この外《ほか》なほ多し、
もし一つ一つ録《しる》さば　我《われ》おもふに世界も
その録《しる》すところの書《ふみ》を載《の》するに耐へざらん
（「ヨハネによる福音書」21章25節）

すべてを書き切ることはできない、というのは、どういうことなのか。少し大げさな言い方だけれど、どういう意味なのか。他にもいろいろなさったことがあって、すべては書き切れないほどあるというのか、わかるような文としては書けないようなことがあるということなのか。そこで終わるヨハネ伝は、わたしにとって、解けない謎かけをする書物になりました。それはわたしが初めて読んだ聖書です。

わたしのいなかには集落のはずれに、日用雑貨をあつかう「手崎《てさき》」という店がありました。戦後の物資の乏しかった頃は、そこだけが頼みの店でした。いまならスーパーも兼ねた、何でも屋です。蠅《はえ》取り紙や鍋、釜から地下足袋や蚊帳など、そのころ必要と思われるものは、天井にも壁にも、足元にも所狭しとおいてある店でした。いつも黙って座っている、おじいさん（安福善太郎さん）は、ほんとうはすごいひとなんだよと噂していました。見たところ普通の老爺《じいさん》ですが、むかしアメリカへ行って苦労して帰ってきたひとだというので、だれもがひそかに一目おいていたのです。わたしは機会があれば、いつか

アメリカって　どんなところでした？

と、聞きたいとしきりに思っていました。しかし、かれを不思議な感じでみつめていただけで、用事を済ませるとすぐに店を後にしていました。その頃は父の28インチの自転車を三角乗りをしながら、石ころだらけの道路をぎしぎし漕いで帰っていたのです。黙って座っている、かれの背後には、わたしの知らない「アメリカ」がある、それだけで、小学生のわたしは、どこかひそかに尊敬していました。

ひとりの人間として生きるというのは、どこかでじぶんということの持つ独自性（孤独）を抱えて生きることです。多くのことはじぶんで考え、判断するしかない。そういう孤独の増えていくのが大人になることです。老いた者には、それがさらに重く煩雑にのしかかって来ます。ただし、老いを理由に義理を欠き、義務を怠り、知らんぷりができるのは、若いときにはなかった老いの特権かもしれません。

老いるにつれて、迷うことが増えるのは、考えることが増えるからでしょう。ひとはどうやらじぶんの魂のなかに、失くした鍵が入っているひみつの小箱を持っているようです。ひみつを持つことが人間を形成する第一段階だとするなら、腹心の友にひみつを打ちあけるのは、人間形成の第二段階だと、トゥルニエは言っています。（『秘密』）かれはまた、夫婦には共通のひみつを大切にするようにとすすめています。身内だからといって、じぶんの妻のことまで何でも母親に話してしまう夫、結婚生活についてのひみつを友人に話してしまうような妻は、じぶんたちの幸福を暴力的に壊すことになる、と戒めています。

じぶんでは、ぜったいばれないようにと気をつかっていても、相手にはわかってしまうひみつもあります。見えるものしか見ない段階から、見えないものが見えるようになって来ると、生や死を超えて、見えなくてもあるものがある、と実感できるようになります。書物も友人も、それぞれどこかその対象に秘められた歴史と意外性があり、それはいくら解明しようとしても、最後のさいごまで何かがまだ残ったままということがあります。そういう神秘性こそが相手の持つ独特の魅力であり、そこから先の展望を愉しめるのが、人生を読み解く鍵になります。わたしの人生のなかでは、なぜそうなったのか、その意味のわからないことがいろいろあります。そういうことのあったことが不思議だと言われてもしょうがないのに、そうなってしまったことがいくつもあります。わたしの人生において偶然に起きた不可思議な出来事が、わたしの人生のなかでは、大きなひみつのようなものになっています。

個性をもって生きるのは、そのひと独自のものを持つことですから、そこにひみつめいたものが存在するのは当然です。いくらあけすけに話しているように見えても、ひとはだれにも言わないことがあります。言わないのではなく、言えないのかもしれない。それがそのひとらしさを構成しているかぎり、すべてを暴こうとするのは無駄な試みになるでしょう。いつのころからか、ひそかに憧れているものは、そのひとの極秘事項ともいうべきものでしょう。そんなことくらい、と言わないで欲しい。ひとのもので、うらやましいものだと、ついやきもちをやいてしまいますが、それほどでない場合でも、けっこうしつこくやきもちをやいてしまうものです。

わかってもらえるかどうかより、そうはっきりとじぶんの気持を説明できないので、しばらくはじぶんひとりの心のなかに秘めておくほかないのです。それをうまくことばにすることはできません。

どこかに専門家かカウンセラーがいて、何でも解決してくれるだろうというのは甘い幻想です。じぶんのことをろくに知らないひとが、じぶんのことをそう簡単に理解し解決してくれると期待はできません。問題を解決するのは、他のだれかというより、このわたししかいないのです。わたしは読書などで、だれかとていねいなやりとりを繰り返しながら、孤独のうちに問題の解決を探っていくしかありません。

人生には、連続した時間のなかに、きわめて巧妙に不連続なものが混入しています。記憶として、絵巻として見ていけば連続して見えるため、すべてを連続したものだとみなしがちですが、じっさいはそうではありません。人生には、飛躍（leap）した箇所、ジャンプしたところがいくつもあるので、ほんとうは不連続なものが混在しています。連続したように見えるもののなかに、不連続なものが混じっているのです。

手崎のおじいさんは黙っていましたが、いなかを出てアメリカまで行ったひとです。不連続なものを連続したものとして捉えているが、ほんとうは、そこに不連続なもの、断絶したものが隠されていたはずです。ただ時の経過として捉えるとき、連続した視点で捉えるので、ひとつのつながりで摑《つか》んでしまうと、連続したものだと取り違えてしまうのです。

不連続で、断絶したものがそこにある。それをふつう連続性としてみているが、そこには質的な断絶がある。そういう緊張関係に注目するのが、キルケゴールの実存哲学です。神学者カール・バルトの弁証法神学もそうでした。かれらがどこまでも拘《こだ》わり主張したのは、神と人との間には、見えない非連続な深淵があって、それは質的な断絶とでもいうべきものであり、「逆説」（paradox）としてしか説明できない。それは人間的な理性ではわからないものだから、わかるためには、ひとはどこかで、えいっと一瞬「飛躍」するしかない、と考えたのです。

それは「逆説」ということばでしか説明できない、人生の秘儀だというわけです。わたしがある日、そうか、そうだったのか！と驚かされる瞬間、想像もしていなかったことが、じぶんの身に起きて、呆然とするしかないわたしは、そこから立ち直って、なにか新しいことを始めるとき、どこかで見えない「飛躍」を体験しています。人間として生きることの醍醐味は、そういう瞬間をいつかじぶんが体験したかどうかということであり、そういう体験の有無で、そのひとの人生の中身（ＱＯＬ）が大きく違って来ます。しかし、ここで重要なことを言い添えておくなら、その「ガバ」の段階でとどまっていてはだめで、そこから先、どこへ向かうのかということが、次の課題としてある、ということです。

ひみつは自己形成の根幹に関わることです。それが問題だというのではなく、そこまでは言わないが、そういうことをしていきたい、そうするつもりだ、という心意気を秘めて生きていくことが、成人した大人には必要な生き方だということです。ひみつはそのひとの生きることの証しとして、そのひとの魂の深層に関わるひめごとです。若いひとがそういう志を持って生きるということは、大いに期待されるところです。見えているし気づいている、しかし、いまはそれに対応しないでおく、というのがプライバシーなのか、やさしさなのかは、当人がそのとき判断すべきことです。その意味がよくわからないため、せっかくのチャンスを活かすか逃すかは、そのひとの想像力と決断力次第です。

運は意識して摑むもの、仕留めるものです。そのひとがこれまでして来たことや抱えている智恵がどれほどのものかがわかるなら、そのひとに耳を傾け、そのひとにやさしくすることができます。ひとはじぶんの感じていることをうまくことばにできないまま、何かを感じ、考えているのです。

それをことばで言い表わせないところに、はがゆさを感じるのです。

神戸にいたころ、わたしはよく「ごんた」だと言われていました。

わたしは意地悪をしたわけでもいじめたわけでもないのに、相手がすぐ泣いてしまうと、もうそれだけで、母が近所の家にあやまりに行くことになってしまうのには、いつも釈然としない思いをしていました。あやまりなさい、と言われても、じぶんは悪いつもりがない、それをうまく言えないのが、口惜しい、ということがよくありました。

感じているが、うまくことばにできない、というのは未熟さのせいもあるでしょう。ことばという次元では説明できない、異次元のことだということもあります。微妙なことなので、手紙に書いたし、電話もしたが、まだ言いたりない、うまく言えていない。それで誤解されなければいいが、悪く受けとられてしまってはこまる、という思いがすることはあります。だからもう何も言わないでおく、というひともいるでしょう。それをうまくことばにできるのが、おそらく詩人といわれるひとです。

物理学者や数学者、囲碁や将棋の高段者になると、じぶんの考えている中身を自然言語で説明するのはむずかしいでしょう。おそらく神について考えるというのも、自然界のふつうの言語では言い尽くせないことに関わっているので、説明しにくい。どこかは言いのこしたままなので、うまくことばにできないでいる、と思うことがよくあります。すぐれた作品を読むとき、主人公が好きな相手にうまく近づけないとき、読み手としては、しっかりしろ、と応援したくなることがあります。作中の人物が肝心のことを言えないままだと、たまらなくなり、なんとかしてあげたいと思ってしまう。そういえばそういうことはある、と納得しながらも、主人公がうまく言えないときとか微妙な状況説明にさしかかると、はがゆい思いをするものです。

不安というのは、目に見えないから敬遠して無視しがちですが、ほんとうはだれもが、その不気味さを感じて怯えているのです。不安に怯えることがどういうことかを知るのは、あらゆる人びとが通る冒険であり、不安になることを学んだ者は、最高のことを学んだ者である、とキルケゴールは力説しています。(『不安の概念』)本質的なひみつか奥義《おうぎ》というのは、たとえプロであっても、いくら修業を積んだひとでも、依然としてよくはわからないところがあるようです。それは何か隠したりしているからではなくて、どこかわかりかねる要素があるということで、それはわかりにくいものとしてわからないままになっています。

本来的なひみつとは、いくら聞かされ、修業を積んでも、わからないことはわからないのです。わたしたちは、いま、何もかもを知ろうとしすぎています。知らなくてもいいことは、知らないままにしておけばいい。だれにとっても簡単にはわからないことがある。そう納得しておけばいい。ネット社会においてわかるのは、せいぜい専門分野の公開された情報の一部であり、集合知とか全体知があると考えることはできません。だれかに聞けばすぐにわかることは、ジャンク情報と同じで、すぐに忘れられ、すぐ話題にされなくなります。気をつかう必要はありません。その程度のことをひみつだなどとは思わなくていい。

本質的なひみつは、いくらていねいに説明されても、教養があっても、わからないものはわからないもの。スマホで情報を得たから、すぐわかる程度のことは、ひみつではありません。

じぶんがいまうまく言い表わせないのは、わからないからではない。どこかわかることがあっても、ことばとしてうまく言い表わせないことなのか、それともことばにならない次元のちがうことなのか。そういうことは、事物自体をうまく摑めないだけに、そう感じるのかもしれません。

小学生（だったとき）の長女が、ちょっとこまったような顔をして、

いま　読み終わりました

と言って『モモ』の表紙を見せてくれたときの表情を覚えています。感想は、聞きませんでした。

じぶんがその作品に圧倒されているとき、こう思う、ということができなくていい。そういうことを急ぐ必要はない。それは時が来るまで、こう思う、と言えるまで、あまりせかせることではないのです。

うれしいとき、かなしいとき、そのときすぐには、じぶんの思っていることをすかさずことばにできません。そのひとの心にときめきがあるとき、すてきですねとか、好きですと、ことばにしたりはできない。言いたくても言えない。とてもことばにならない。心が動かないわけではないが、そのときじぶんの心をうまくことばにすることができない。だからたいていは、ことばにしないままなのです。好意は寄せているのに、好きとか、すごいですねとは言えない。たいていそのままになっています。そう考えると、ふつうことばにしていること、ことばになっていることは、そのときのじぶんの考えていること、感じていることの、少し脇にあることであり、それがすべてだとは言い切れないものが、まだ残っているということです。

『罪と罰』をわたしは、二階にあがる階段の上に座り込んで読み始め、動かないまま読みふけった覚えがあります。終わったあと、がーんとした状態がつづきました。ここまでわかっているとか、ここがわからない、というのではなく、そのこと自体がひとつの事件であった。そういう読書体験でした。

それはそのひとのなかで、なにかの始まりを意味する、ある次元を超えた読書体験になります。じぶんが

本気でその思いをだれかに話したり文章に書くというのは、特別のひと以外には、たぶんそういうことはしないまま、心のなかのひとつのひみつ事項として、あたためていくことになるのでしょう。

生きるということはそれ自体が神秘的です。生きること自体がひみつとでも言わなければ説明ができないことばかりです。だれかにまだ言っていないというふうに、口にすればそれで終わることではなく、いくら説明したところで、それでもよくはわからないことって、いろいろあるのです。それ自体が秘儀なのです。なぜあのとき、ああなったのか。なぜあのとき、あんなことをしたのか。なぜあのひとが好きかなどは、たとえことばで説明しても、それで納得のいく説明にはなりません。ほんとうのことは、ことばを超えたところにあるという意味で、生きることには、ひみつがつきまとっています。いまのじぶんがいまこういうじぶんであるということ自体がひみつです。そういう意味では、だれもが何らかのかたちで、ひみつ保持者であるということになります。じぶんが心のなかに抱えていることは、そう簡単には話せません。あいまいな、淡い思いや迷いなど、いろいろありますが、それがいったいどういうことなのか、じぶんでもよくわからないいまま抱え込んでいることがあるからです。

何もかもだれにも何でもぺらぺらしゃべる必要はありません。生きる愉しさ、おもしろさ、不思議さは、ある程度、そっとしておいた方がいいのです。いくら説明されても、どうしてそうなったのかがわからないことって、いくらでもあります。それが人生の生きた現実です。黙っているが、わかってくれている。そういうひとがそばに居ることは、口先だけで「いいね」を繰り返さなくても、居心地のいい生き方をしてくれているのです。

与えられた情報を理解することと自体は、それほどむずかしいことではないでしょう。しかし、その情報を信じるかどうかは、まったく別のことです。情報が与えられたからといって、それにふりまわされるとはかぎりません。感心しているふりをしていても、それを信じるには、越えられない溝（深淵）があります。こちらとしては、情報を与えておくだけで、相手がそれを信じるかどうかは、相手に委せるほかないのです。ふだんつきあっているひとを見ていても、そのひとの背後には、言うにいわれぬひめごとのようなものが、どこかに隠されているものです。

ひとがひとになるとは、じぶんがじぶんになることであり、それはじぶんだけが持つ何かを大切にすることです。何もかもだれかとわかちあうことではありません。そのひとを知れば知るほど、相手にそれまで見えなかったものが見えてくるため、それまで隠れていたものがあったのだと、教えられる、すごいひとがいます。たぶん、それが親友であり、ほんとうの愛読書です。そういうひとが信頼できるひとであり、そういうひとが傍にいるひとは、同じ時間をより充実した時間として過ごせます。

わたしは、そこまで知ることがなかったなと思うことがよくあります。ロンドンや京都など、歴史のある街を歩いてみると、何気ない佇まいのなかに、そこに潜む時のながれの意外な片鱗をみつけて、呆然とすることが何度もあります。ふとしたきっかけで、なつかしい風習や人情の機微にふれると、ひごろ忘れていたことをいろいろ思い出して、思わず恥ずかしくなることがあります。

ことばで説明することのむずかしい神秘的な体験は、恋愛や宗教をめぐってよく起きています。ひとにうまく説明するのがむずかしく、辻褄のあわないことがあるのは、不思議ではありません。人生にはそういう不合理さが充ちている、と開き直っていればいい。問題はそういうふうに生きようとするじぶんが、何をめざしているのか、ということでしょう。やりたいことがあれば、やればいい。挑戦したいことがあれば、やってみればいい。言われなかったから、知らなかった、見えなかったから気づかなかった、ということもあるでしょうが、あまり言い訳にしないことです。どんなに隠していても黙っていても、必要なものはいつか見えて来ます。そのつもりで構えていると、わかって来ることがありますから、人生というのは不思議なことの連続です。あるところまでは、隠蔽《いんぺい》できるし無知でもいられます。問題は、いくらか見えるようになり、教えられた通りに構えていると、少しはじぶんにもわかることがみつかるということです。それでも秘められた神秘の世界というのは、そのひとのなかにあってなかなか見えにくいのです。

ひみつは、ひとりの人間が人間として生きていくうえで必要な構成要素ですから、それはそれでいい。それがここでいう人生のひみつです。だれかと出会うということは不可思議なことだらけです。このひとがこのひとと、なぜどういうふうにして出会ったのかは、結婚する当事者同士にもわからない。他の者にはわからないままです。隠していても、いずれわかります。じぶんが隠していることを、どこかで打ち明けるということ、ひめごとを漏らすというのは、信頼関係の証しであり、それは大人の友情のあらわれです。ひとつのことが暴露されると、芋づる式に次つぎと出てくるのが現実です。死んでしまえばみんな忘れられる、というのはほんとうではありません。

ほんとうに覚えていることは、忘れません。忘却はじぶんが軽視しているから起きるのです。マイ・ナンバーとか監視カメラがあちこちに常備された社会は、だれもがいつも監視され盗聴されて丸裸になる社会です。しかし、人生は、だれにもわかることばや行ないがすべてではありません。

じぶんがじっさいにしたこと、言ったことだけでなく、言わなかったことやしなかったため、見えないことがいろいろあります。そのひとの関心の有無のほかに、教養のちがいも関係して来ます。そのひとがそのひとであるかぎり、そのひとはそのひとらしさを持っています。かれは他のだれとも違う個性を持つのです。それはひみつといえばひみつです。そこまでひろげて考えるなら、ひみつというのは何も怪しげなことをさすのではなく、ふつうの人間が生きることについてまわる、あたりまえのことになります。

ひとはそれぞれ、じぶんでもよくはわからないものを、いくつも抱えながら生きています。おそらくそれは果たすべき課題として使命があるからでしょう。物知りのひとはたくさんいますが、明日のことがわかるひとはいないのです。生きるとは、見えないいのちの電流がわたしのなかに流れているということ。それがいつまでもつのか、いつまで流れるのかは、本人だけでなく、担当医師にもわからない。未来論はすべて幻実の話です。だれかといっしょにいればいいっていうものではありません。子どもだからわかるが、おとなになれば、すべてわからなくなるわけでもありません。

そこにあるものを見ているとき、気をつけないと、それだけですませてしまうことがあります。そこに目がいくから、それだけを見ていて、見るべきものを見損なうことがあります。獲物を追いかけるには獲物を見据えていないと、仕留めることはできません。取り逃がしてばかりでは、見えるものも見えないままです。

タイミングがあわないと、後から聞き出すことはむずかしい。ここまでは話せるというのは、そこからはひみつ厳守ということで、まだなにか隠しているものがあるということです。

これだけ話しているのだから、もうひみつなどないのかというと、さにあらず。いくらでも隠しごとはあります。それだけひみつっぽいものはだれにもあります。ある企業がそれを自在にあやつるということは、公共性がないまま、いかようにも操作できるので、その企業が巨大化しグローバル化すればするほど、隠匿するデータは増えるが、公表するデータにはたえず制限をかけるのはなかば公然のひみつです。マスメディアにはそういう仕掛けがあって、情報はいつも隠匿されつつ操作されているのです。

生きているこのわたしがわたしであることを、だれかに説明してみたところで、わかってもらえるわけではありません。わかろうとするのも、わかってもらおうとするのも、どこか無理があります。それは究極的には人生の神秘になります。そこには意気も意地もあるのでしょうが、そのひとらしさとして、だれもが隠し持っているものです。「うわばみ」と箱の関係を、おとなはわからない、と『星の王子さま』は言っています。たしかに外から見ただけではわからないし、それをない、と見てしまうのは、想像力の欠如でしょうが、想像力を働かせても、見えないもの、わからないものがないわけではありません。それがひみつというほどのことでなくても、そのひとらしさとして、家族や友人のあいだにもあるものですから、驚くというより、それを前提にして生きていくのが、人間として大人としての生き方になるでしょう。

それは真夏の、昼下がりのプロスペクト通りの坂道を下っていたときです。わたしは何を思ったのか、ふと足を止めて、家屋全体が真っ黄色いJ・O・ネルソン教授宅の呼び鈴を無造作に押してしまったのです。

イエールでの最初の年が終わり、9月から2年目が始まる8月のことでした。その夏はボストン旧市街の再開発のため、大開発の前に住民の社会調査をするプロジェクトに参加しました。MIT（Massachusetts Institute of Technology）、ハーヴァード、イエール、ボストン大の13人の院生がMITの学生寮で、旧市街の住民にインタービューをしてまわる調査を了《お》えて次の予定地にいたところ、急遽《きゅうきょ》イエールに呼び戻されたのです。前からの予定があるのに、東大の指導教授がイエールを訪問されるのでご案内するように、という強引な要請があったのです。そこでその夏の後半の予定を急遽変更して、先生のご滞在中、通訳と案内をつとめたわたしは、急にフリーになってしまいました。

あの日、あてもなくプロスペクト通りの坂道をダウンタウンに向かって歩いていたわたしは、何を思ったのか、それまで一度も訪ねたこともない、ネルソン教授の、真っ黄色の家の呼び鈴を押したのです。（あのときペンシルベニアの山中のキャンプ地にどうやって連絡がついたのか。ニューヨーク総領事館からの緊急連絡があったというので、急遽VIP扱いになり、予定を変更してニューヘヴンへ戻ったのです。）

やさしく「まあ、どうぞ」とジェーン夫人に言われるまま、お宅に入り込んでから後は夢中でした。混乱していて、あまり覚えていません。しかし、わたしは、フィアンセがいま京都にいる、東京藝大を出てイエール音楽学部への入学許可はとっている、しかし、渡米に必要な保証人がいない……。そこまで話すつもりはなかったし、そういう間柄でもないのに、一気に話しました。黙って聞いていた教授は、

じゃ　呼ぶことにしよう

と言って、それには書類が必要だ、出かけよう、と、身許引受人に必要な書類作成のため、3時に閉店する前の銀行へ向かったのは、呼び鈴を押してから30分以内のことです。あのころの銀行は、いま大金を搬入中だとわかる、サンタクロースもどきのずた袋を背負う男がいて、傍の男がピストルを左右にふりまわしなが

ら銀行に入るのがならわしでしたが、その日も、サンタとピストル男はいました。忘れもしない。それは1963（昭和38）年の8月15日のことでした。突如、保証人が決まり、彼女の留学が可能になりました。それは、わたしたちがアメリカで学生結婚をするという、予想外の方向へ急転することでした。（詳細は『ニューヘヴンの冬』に書いた通りです。）

わたしたちが生きる時間には、そうなるまでまったく見えないままだったことがいろいろ隠れて存在しているようです。それはだれかがわざと状況を操作しているというのでなく、存在そのものがもつ不可思議な話として、それはまだだれにもわからないままだという、膨大な未知の領域が伏在しているのです。

わたしはともかくじぶんの世界を守り、そこからはみ出さないという慎重さで、生きていただけですが、そのわたしの限られた時空のなかで、いわく言いがたい、不可思議な瞬間があらわれて、それまでの様相を激変させるという出来事が、あの日起きたのです。

それは、それまで考えたことも予見したことさえもない、まったく予想外のことです。呼び鈴のひと押しで、わたしたちの未来を切り拓くことになるとは、まったく驚くほかないことでした。そこまで予測することも、そうあってほしいと願うこともなかっただけに、なかば呆然としながら、その日、中央郵便局に駆け込んで、立ちつくしたまま、air mail letter を書いたのです。夢のような出来事でした。

じぶんはじぶんの居るところだけはちゃんとしている。じぶんの領域はきちんとしているが、他のひとのことはいっさい構わないという、新しい排他主義からくる、あいまいなグレーゾーンがネット社会では秘匿されたままひろがっています。いつかだれかに伝えることを期待しているかのように、それはいずれ明かされるのを待つのでしょうか。その扉の開かれるのが、科学上の発見であったり、宗教上の回心であったり、劇的なスクープになったりする。それまでは、どこにも表出されることも伝達されることもないままです。それらは、ない、のではなく、しっかり、どこかにある、らしい。そんな気がします。

もう元の風景に戻れないじぶん、まだまわりに溶け込めないじぶんは、じぶんひとりの世界に閉じこもりがちです。それがあるとは言いかねるようなあり方であるとき、そうとは気づかないまま、秘匿されたまま眠っていることが多いのです。しかし、時充ちて、しかるべきときが来れば、納得され承認されて個人の人生を揺るがすことになります。そうして、もしそれが普遍性のあるものなら、ひろく後世のひとに関わることとして受け継がれていきます。個としての人間に託された使命は、意味のあるものなら受け継がれ語り継がれていくでしょう。それはたとえ少数でも、「具眼《ぐがん》の士」に受け入れられて、さらなる意味を帯びつつ、みずからの使命を全うさせることになるのです。何もかもひとに教えたり教わったりすることはできません。

必要なことは秘めておくのがいい。無神経な全面的開示は、すべてを台無しにします。人目にさらさないで、そっとしておくのが倫理的に正しいことがあります。難病だとわかっている遺伝子情報が漏洩《ろうえい》すれば、就職や結婚、生命保険への加入がむずかしくなります。

何を隠すか隠さないかは、教育や医学の世界で、いろいろ問題になるむずかしさがあります。人前で裸にならない、排泄しない、という公序良俗にかかわるマナーレベルから、公共性というレベルまでには、文化的な差異によって、対応の仕方に微妙な違いがあります。人前でのおおげさな抱擁とか、かなしみのおおげさな表現がなくても、愛情やかなしみの情がないわけではない。人前でのふるまいなどは、ゆるやかにあらわす程度ですませられる地域かどうかなど、総合的な判断が必要でしょう。

あけすけに話しているようなメールでも、けっこう肝心のことは伏せているようです。じぶんの本音をはぐらかしたまま、ほんとうはひみつなど、暴露していない。ソーシャル・メディアでは、社交性と孤独性を共存させており、だいじなひみつは保持したまま、さしさわりのないところを暴露しています。

『嵐が丘』のキャサリンは、じぶんがヒースクリフをどんなに愛しているとしても、そのことをかれには知られてはならない、とじぶんに言いきかせて生きています。このひみつは、ヒースクリフが嫌いだからでなく、かれこそはわたし以上にほんとうのわたしなのだからというから、ややこしい。かれとキャサリンのやりとりは、どんな時間も状況も超えて燃えつづけ、絡まりあい、法悦と残酷さと憎しみがあいなかばしているのです。その激しい生き方が、どれだけ深い孤独を呼び、どれだけ疼《うず》く愛となって思いつづけていくことになるのか、その描き方は冴え切っています。孤独なふたりが、ひそかに思いあいながら、それを伝えるすべがない、独特の環境のなかの、静謐で非情な愛を描くブロンテの『嵐が丘』は、ふたりの気取りあいが読者をいらだたせますが、目が離せない物語です。おそらくこれこそが伝統あるイギリス社会において、ひととしてのプライドを持って生きる、独身貴族の自負のあらわしようの見本なのでしょう。

カズオ・イシグロの『日の名残り』は、ベテラン執事の孤独な生活のなかの、気取りと自負のないまぜになった物語です。抑圧された感情やこだわりつづける風習が見え隠れする、謎の多い過ごし方は、どこかイギリス社会のさみしい独り身の生き方を思わせます。日本人のわたしから見ると、なぜそこまでやせ我慢をするのか、と言いたくなります。それほど自負のある独身者の、ぎりぎりの恋愛感情がここにはあります。なぜそこまで? どうしてそうなるのかなど、とてもフォローしかねるむずかしさがあります。ベテラン執事の残された青春のほむらが、いまにも暴発しそうで、そうはならない、ぎりぎりのところを読ませるのが、これまたイギリス文学の醍醐味《だいごみ》ということでしょうか。

いつもクラスの仲間のあいだでは、できない子だと思われていた竹一が、いつのまにかじぶんの強敵としてあらわれ、じぶんがひそかにやっている、わざとらしい「道化《どうけ》」を見破って、「ワザワザ」というのに冷や汗を流すのが太宰治の『人間失格』です。じぶんという殻《から》のなかには、いつもがさごそ動きまわっている、複数のわたしが出て来ます。それがわたしだという、ある種の開き直りがあっていいのですが、それができないじぶん。ただそれもやりすぎると、まわりから浮いてしまう。そのひとがじぶんをどこまで相手に見せるかで、そのひとの評価が変わりますから、うかつにいまのじぶんを見せるわけにはいかない。わたしがわたしであることを、そのままだれかにわかってもらおうというのは、それほどむずかしいのです。

宮本常一の『忘れられた日本人』は愛知県設楽《しだら》町の古老の話です。村一番の働き者の、金平さんの話が出て来ます。かれは暗くなっても外で働いていたので、かれのためにあかりをつけておくことにしていました。あの家は夜の遅い家だと思わせて、遅くまで働く金平さんにあかりを送ってあげていたのです。

かつての村には、こういう見えない助けあいの心があったのです。

あんた（金平）の家の田が重一さの家の下にある。あんたが、下の田ではたらいているとき、重一さの親が、今夜は戸をたててはいけんぞ、金平さが仕事をしておるで、というて、表のあかりが見えるようにしておいたテレビやパソコンが普及したいま、じぶんで考えないまま、ただ目の前のものをながめるだけで済ませがちです。見ているだけでは、それがいったい何かがわからないことがけっこうあります。以前その写真を見たときはそこまで思いつかなかったのですが、いま復興しつつある東北の被災地の再興作業のなかには、安全性を重視するという名目が重視されるためか、海沿いに高い防波堤ができたのはいいのですが、以前から海辺にある民宿や民家からは、いつものおだやかな浜辺の情景の愉しめないかたちでインフラ整備がなされているというのでは、そこに住むひとや観光客への配慮がなされているのかどうかがわからなくなります。

ある劇場の舞台裏で火事が起きたとき、いそいで観客に知らせようとして、ひとりの道化役者《ピエロ》が舞台に出て来て、火事です。逃げてください、と必死になって、叫びつづけます。ところが、観客はよろこんで拍手をつづけるのです。ほんとうに、火事なんだよ、とピエロは必死に伝えようとしますが、それが真に迫っているだけに、拍手はさらにつづくのです。うまいぞ、なかなかやるじゃないか、と聴衆は拍手をつづけます。そこでかれはさらに声を大きくして、ほんとうに火事ですよ、と大声で叫びますが、観客は喜ぶだけ。観客はますます歓声をあげつづけます。そのうちにその劇場は焼けてしまう。

これは、キルケゴールの『あれか、これか』に出てくる逸話です。観客はピエロの声を聞いてはいますが、そのことばを正しく理解していません。観客は、ピエロのことばが、じぶんたちのことだとは思わず、ただのお笑いだとみなして、他人事《ひとごと》のように笑い呆けるのです。いまもし、だれかがそれは「公害」だ、たいへんだ、というとき、そうだ、と賛成の声をあげるだけで、その事態にどう対応するかなど、何も考えないまま、口移しに同じことを繰り返すだけだと、世のなかは変わりません。

ここに出てくる状況は、現実にしばしば起きている深刻な事態と同じです。悲惨な情報を映像でいくらでいねいに報道しても、大衆はただの見世物のようにみなして、その劇的効果に感心して眺めるひとばかりだと、そういう社会はほろびていきます。

科学的な知識は情報知として表出できますが、民俗的な知識はフィールドワークなどで、じっさいに体験しないとわかりにくい経験知が多く、ことばとしても表出しにくく理解しにくい面が多い。民俗的な知識には、ひとびとの長い歴史と経験の蓄積があるため、ことばとして言いあらわしても、納得できるとはかぎらない。山と探検で学んだものは、学校教育ではとても学ぶことはできないというのが「棲み分け」論で知られる今西錦司の立場です。（『生物社会の論理』）

たとえそれを学んだとしても、だれかにうまく伝達することがむずかしいので、謎めいたひみつ的な要素が付け加わります。これまでは異文化のひと、分野のちがうひと、世代のちがうひとを、原始的だとか未開人の発想だとみなして、じぶんたちより遅れた劣悪な後進の発想だとみなすことが多かったのです。それに反撃して、非西欧的な発想には独自性があり、後進的だとは言えないと主張したのが、ブラジルに在住して現地をつぶさに観察したレヴィ＝ストロースの『野生の思考』の立場でした。

表出可能な知識は、情報知と経験知から成り立っています。表出不能な知識のなかで、それでも伝達できるのが「暗黙知」といわれるものです。（そう簡単には伝えられない、作業上のコツとか直観的な勘というものなど。）表出不能なことには、伝達できることとできないことがあり、手作業の微妙なコツなどは、愛《まな》弟子に対してさえ説明がむずかしいので、盗みとるのだ、などといわれています。

隠していることは見えないし、隠れていることも見えないままです。そこにあっても、見る目がないと、見えるものも見えないのです。見えるはずのひとでも、よほどその気にならないと見えて来ないのが、そこにある、そのひとのさりげない厚意でしょう。

情報知も、そのひとの教養とか素養次第で、見えたり見えなかったりします。形式的には公開された情報であっても、けっこう消化しにくいむずかしい情報がいろいろあります。

暗黙のうちに知りえたこと、経験知によって会得したコツや勘、直観など、それぞれ、うかつに軽視することはできません。それに加えて、口承による伝達も、けっこうあります。おそらく職人の世界ではそういう以心伝心のかたちで、コツなどが伝わるのでしょう。

民俗知には歳月を経て語り継がれた、その地の伝統的な思考が凝縮されて堆積しています。妖怪の話や神隠しや親殺しの話など、読者を物語の現場へ引き込む迫力があります。先人の記憶には、地域の貧困や後進性のほかに、噂話や暴露話も含まれており、まがまがしい事件の息づかいもそのまま記録されています。

柳田國男の『遠野物語』では、生と死の境界が曖昧で、死の世界の境界を越えてひとが行き来する話が出て来ます。地縁血縁の絆のつよいひとが読めば、どの家の事件だったかが即座に特定できるほど、あけすけなことばで、村で起きた悲惨な事件のことが実名で書かれています。たぶん、そのせいでしょう、かれは『遠野物語』を書いたとき、地元のひとには「一冊もおくり不申《もうさず》」と言っています。

伝えようとしても伝わりにくい職人技のコツなどは、ひみつというほどのことでなくても、わかるひとにしかわからない。方言で維持されて来た伝統的な口承などは、ことばによる民俗知です。

金田一京助がアイヌの古老から採取した物語や、柳田國男が遠野地方で採取した物語は、ことばになるかならないかの境界にある、貴重な語り部からの聞き書きによって文字になった伝承です。

かれが「これを語りて平地人（都会人）を戦慄せしめよ」と言ったとき、貧しいむらの後進性ではなく、地縁・血縁という絆のつよい社会に存在する物語の、ものすごさとともに、その普遍性を認識して、それを書き記そうと決意したのです。その村では事件をひき起こした当該者が、その後もそのまま村に残って暮らしていたので、村人の悲惨な事件は、ひとびとの心の深くに抱え込まれたまま、狭い集落周辺に残りつづけていたのです。

そういう聞き書きであるため、「ありけり」という伝聞調ではなく、「ありき」という助動詞で、出来事の現場へ読者をひき込もうとしています。過ぎ去った過去ではなく、まだ忘れていない話として、いまはまだ眠りつづけている原石のような記憶を呼び覚まし、いまもそこに息づいている現実があることを考えさせようとして、固有名詞もそのまま書き残しています。

知識には完成がありません。日夜動きつづけており、習得（生産）と流通（普及）をうまく表出して伝達できないものは、理解されないまま、暗黙のうちに蓄積されていきます。どれが正しいのか、本来はどうあるべきなのかなどは、数学や論理とはちがい、人間界のことについては、いつもいちがいには言いきれないことが多いのです。貴重な高山植物がどこにあるかは、その地域のアイデンティティを維持するために、なくしてはならない貴重なひみつです。一生に一度しか見られない、貴重な映像をきれいだからといって、ビデオなどで公開するのは、環境セクハラということになるかもしれません。未公開のイコンや秘佛といわれているものを、あえて映像にしない方針には、深い意味があるのかもしれません。

ガイドブックでわかるくらいの情報ばかりを見ているため、せっかく現地へ出かけてみても、これはもう見た、知っているという既視感が先行してしまい、新鮮味のない体験にうんざりするひとが増えています。これがあの名所だ、これがその実像だと、メディアが提供してくれる情報は、現実という名の幻実であり、幻実を現実だといって見せる、見せ方がうまいのです。

前から聞いて期待していたのに、映像で見ていたものをじっさいに出かけて見てみると、あの「モナリザ」の小さいこと。札幌の「時計台」はなんとも小ぶりだし、アンデルセンの「人魚像」やベルギーの「小便小僧」も、心のなかで描いていたイメージに較べると、はるかに小さくて、思わず呆気にとられてしまいます。

じっさいに見ることができたからといって、驚いたりはしないのです。わたしたちはこれが現実だといわれながら、実物以上にきれいな幻実の映像をアップで見せられているので、実物はいつも映像よりちいさく貧しく見えるのです。デジタル化したネット社会では、同じような映像を画一的に見せつづけるので、新鮮さも驚きも失せたまま、こちらからいくら斬新な情報を発信してみても、たいていはいま短命化して、すぐ消耗品になってしまいます。

そのため、次つぎに新しい情報を送らないといけないという、切迫感で息苦しくなった悲劇的な状況になっています。視聴者にしてみると、その方が気楽で疲れない、いちいちむずかしく考えなくてすむ、というふうに、もうわかっていて、安心安全なドラマを見ることがあたりまえになっています。そこには新しさも生産性もないまま、いまを気楽にすごせるからいいという生き方を助長するのが、テレビや雑誌の提供する情報です。

シェリー・タークルはソーシャルメディアで繋がることが、かえって孤独を強化する状況を*Alone Together*（「いっしょだけどひとり」）と呼んでいます。私的メールを会社のPCですませる傾向は、テレワークなどでますます日常化していきます。そのうちに、プライバシーの暴露に鈍感な傾向も加速化されていくのでしょう。隠す必要はなくても、あらわにしたくないことは、そうしていい。服装、食べ物、苦手なこと、嫌いなひとのことなど、個人の趣味や好みは、個人情報としてあらわにしたくないなら、そうしなくていい。それでいて、じぶんとしては、見せたいもの、公言してあらわにしたいものがあります。そのため、そこまで言うな、聴かせるな、と言いたくなることも、あけすけに言うひとが増えています。

高度情報社会というのは、じぶんの個人情報がいつどこへ拡散するかわからない不安な時代です。お金さえ出せば、その人の個人情報はたやすく手に入る時代です。プライバシーとは、他人の干渉をゆるさず、個人が私的生活を享受できる自由と権利を持つことです。しかし、個人情報の保護を理由にして、個人の現実を隠匿しすぎる傾向が増え、かえって不便になっています。必要以上にプライバシーをいうせいか、学校や地域で、緊急用の連絡網が万全でなくなっています。

ゼミ資料をゼミ生に知らせるため、教授が学生の引越先を教務課に聞くと、本人の了承を得てから知らせます、とのたまう時代です。いま大型台風が接近しているというので、メールで警戒を呼びかけるさいにも、自宅の情報の流出が怖いから、近隣のリストに載せないで欲しい、というひとがいる時代です。メールで連絡できない地域情報の管理の実態は、高齢化が進んでいるだけに大いに問題があります。

学校通信に載せるスナップ写真に子どもの名前は出さないとか、作文に友だちの名前が出るときは仮名にするとか、個人情報だからと、何もかも伏せるのは、やり過ぎです。いま小中高の教師は、じぶんのクラスの子ども以外は名前を知らないひともいるようです。必要なことを知らせあっておくことをしないのは、慎重というより臆病すぎるやり方というべきでしょう。大切なことも見て見ぬふりをするのか、あるところであえて一歩踏み込んで関わりを持つことにするかは、そのひとの、相手との関係の深さと関係がありますが、基本的にはそのひとの見識の問題でしょう。当該行為がどれほど愚直に見えても、本人に関わる私事なら、本人の判断に一任すればいい。

性のことはプライバシーのさいたるものであり、暴力的な侵入はダメージを与えます。成長の過程でうけた性暴力は自尊心の低下や自己イメージに歪みをもたらし、ながくつづく心の不調など、被害者のその後の人生を大きく変えてしまいます。

ほとんど無意識のうちに、入りみだれた欲望、衝動、希望、悔恨、記憶などが、不安や回想とともに、心のなかのひみつとしてたゆたっています。それが人間です。親がどれだけ子どもの心を詮索しても、わが子の心を捉え尽くせるものではありません。そのひとを尊重するということは、そのひとの持つひみつの領域を尊重するということです。それが人間性を汚さないことになります。子どもが自立するということは、子どもが親の知らないひみつを抱えて生きていくことです。

生きていくうえでの必須条件として、じぶんひとりでは背負いきれないことをだれかと分担してやっていくということがあります。しかし、たとえだれかと協力してやっていくとしても、じぶんに課せられた義務は、じぶんが引き受けるというふうに、あえて意識して生きていくことが必要です。

わたしがわたしとして、じぶんの責任で生きるのが実存的に生きることです。じぶんひとりがひみつにするとか隠しておくというより、じぶんひとりで背負って生きていくには、じぶんなりのコツがあり、それがそのひとの個性や仕事上の奥義ということになります。そこにはじぶん流の芸のこまやかさ、やり方の独自性というふうに、くせや特徴などが重なって来るので、簡単に説明することができません。またそうする必要はないのです。（菓子職人のこまかい技術やラーメン店の秘伝の出汁づくりなど。）

だれかがそれをていねいに説明してくれればわかりあえるわけではありません。個性的な体質や発想は、個性的であればあるほど、いくら説明がくわしくても、わからないものはわからない。同感できないのなら、口先で「いいね」をいうだけでなく、共感しようという姿勢をとるしかありません。

過去の出来事にしても、きょうだいや友人とじぶんが、同じ記憶を共有しているとはかぎりません。それはじぶんが思っているように、同じものだと思っていたのに、微妙な食い違いがある。それぞれどこかが違っているのが現実です。そうしてそこに生まれるささいな食い違いを、いまから修正しようとしても、それはなかなかむずかしいのです。そういう食い違いがあるからこそ、その食い違いをきっかけとして、お互いの立場を理解し新たな関係を強化することができるようになります。

わが胸の底のここには言ひ難き秘密《ひめごと》住めり、と島崎藤村は歌いました。（『胸より胸に』）

世のなかにはひとりとして、同じ人間は居ません。一人ひとりがそれぞれ個性を持ち、じぶんはじぶんだということで、ある種のひみつを抱えながら生きているのです。

およそ他なるものとは、まったく別のものだというのが、ひとりの人間としての基本条件です。それが根源的に個別的ということです。ふたつの似かよった状況があっても、いくらそっくりであっても、どこかが違っています。同じことばでも、文脈が違えば意味も異なり、読み方次第で意味も変わります。

読むたびに違った意味になって来ることばもあります。同じであるはずのものが、あやしい概念かもしれないので、倫理的にはいつもさまざまな含みを持つというのが、生きたことばのもつ怖さです。

みかけたところ社会の掟に順応して平静を装う心のなかに、残忍な悪意や殺意が込められていることもあります。由緒ある家庭や交錯する人間関係において、生きていくことには、それぞれいわく言いがたいひみつを持ち堪えることがあるようです。人間には、だれにもどこか、わからないふしぎな要素が潜んでいるのです。論理的には整合性がなくても、それが現実だとなれば、しゃかりきになって否定する必要はありません。「示すことによって明らかになるものこそ、神秘的なものだ」、

語り得ぬものについては、沈黙しなければならない
What we cannot speak about we must pass over in silence.

とウィトゲンシュタインは言っています。(『論理哲学論考』)

Ⅲ　うけとる

7　原型

前に中南米を講演してまわったとき、サンパウロ大学の創立50周年の「日本経済成長の秘密」というシンポジウムで発題講演をしました。その途中、メキシコ大使館で講演したあと、闘牛やピラミッドに案内してもらったとき、ベテランのガイドがいうのでした。「まあ聞いて下さい、家内はいまだに、

にわとりは　コケコッコウ　とは鳴かない！

と頑固に言い張るのですよ」と同意を求めて来たのです。「現地で結婚してもう何十年だというのに、にわとりの鳴き声は、よく聴いて、そうは言わないでしょう」と後にひかないのだとか。にわとりの鳴き声は日本ではコケコッコウ、英語ではcock-a-doodle-dooです。メキシコ（スペイン語）では「キキリキー」(*quiquiriqui*) でなくてはならないのです。中国ではおんどりはwo wo、めんどりはge ge、デンマークではおんどりがKikkelikyh、めんどりがGok gok、ヒンズー語ではKukre ku、ドイツ語ではKikerikiというそうです。（これらは友人たちの報告です。サンパウロ大の講演は拙著『日本人の時間意識』にあります。）

にわとりだけでなく、牛やねこの鳴き声についても、国によって鳴き方のあらわし方が違うので、調べればいい比較文化論になるでしょう。知りあいの奥さんは「あほやなあ」とついうっかりいうと、関東出身のだんなさんは「阿呆とはなんだ」といって怒るそうです。関西弁の「あほやなあ」は相手をいなすことばで小馬鹿にしたりしていませんが、刷り込みがちがうと、受け入れ方がちがうようです。

わたしにとって、海とは、父や弟たちと海水浴に行った須磨の海です。その頃の須磨は、きれいな砂浜があり、安心して海で泳ぐことができました。神戸で育った者は山側が北で、海のある瀬戸内海側を南だと判断するはずです。山と海をみて、海のある方角が南だと考えるのは、わたしに刷り込まれた原風景です。

砂浜というと、さらさらした砂浜を思い浮かべますから、日本海側の浜辺はあまり気に入らないし、ハワイの海も少し泳いでから立ち泳ぎしてみると、足元はごつごつした石ころでした。ノルウェーでは川が北の方に向かって流れており、海は北西になります。水が北に向かって流れるのは体内の血が逆流するようで落ち着かない。わたしにとって、川とは北から南に流れるものであってほしいのです。

父は山が好きでした。父と神戸の裏山に登ったこと、迷子になりそうになったことなどはいまも覚えています。神戸は裏側が山で、表側が海という構造ですから、山というと、すぐうしろが丘のように控えているものだと思い込んでいます。ハイキング程度の山登りでも、山登りはたのしくてうれしかった。

阪神パークや諏訪山動物園という固有名詞のほかに、東須磨、月見山、板宿、たいの畑、権現《ごんげん》さんも、淡い記憶をともなって思い出される記号です。市電を渡ってその先の左にあった、いきつけのパン屋の名前が思い出せそうで、思い出せないのです。まだそこにありそうな感じがしますが、空襲で焼けてなくなりました。（わたしは11月23日の青学の創立記念日には、丹沢の大山に学生たちと登ることにしていました。）

そのひとを構成する核になるものを「原型」というなら、それはだれにもあるものです。それだけは譲れない最低条件のようなものであり、それを侵犯されることはありえない。夫婦や恋人も、その基本点は不可侵的な現実として守られています。父親の郷里に帰省するとき、父親の感じるなつかしさと母親の感じるなつかしさは一致しないでしょう。正月のお屠蘇《とそ》や煮しめの味つけは、どちらかが妥協しているのです。わたしにとって「うどん」といえば関西の「きつねうどん」です。

谷崎潤一郎は関西風のお新香の切り方に最後まで抵抗していたと、孫娘がどこかで回想していました。

わたしたちは、方言や味覚、しぐさなどで、じぶんとしてはあたりまえだと思い込んでいることがいろいろあります。「刷り込み」(imprinting)がいつのまにか私的な正義感になり、それをよしとする自己正当化の根拠になっています。そういうものがどこかにあるかぎり、争いや紛争が生まれます。そこになれあいや忖度が加わって来ると、容易には片づかなくなります。

だからこそ、いつもどこかで、何かが起きてしまう。そうならないためには、知りたいことだけを知るのでなく、知りたいと思わないことも知って、日頃の横暴さに気づく必要があります。

森村誠一のサスペンスものは新宿駅が起点です。東北出身のひとが上野駅を起点として考えるとしたら、わたしは東京駅が起点です。わたしが帰省するとき、中央線の三鷹駅から向かう先は東京駅でした。東京駅から次のあさ神戸に着く夜行列車が急行銀河でした。座れないことが多く、床に新聞紙を敷いて眠ったりしていました。運良く座れると、夜の海をながめ、まどろんでいるうちに、あさ神戸三宮に着く。そこから神戸有馬電鉄(神有《しんゆう》電車)に乗り換え、三木上の丸で下車。自宅のある細川村垂穂に着くのは昼すぎ。家に着くと母のちらし寿司をたらふくほおばったあと、爆睡していました。

そのひとがやり続けている習慣は、口に出しては言わなくても、当然のようにみなして生きるのが前提になっています。そういうことはだれにもあるでしょう。ただ、なかなか変更できないので、頑固なまでにそのひとに備わった習性になっています。それをそのひとの個性とか癖といっているのです。それはそのひとの長年の生き方そのものです。相手とつきあうときは、それを我慢して認めてあげることです。

なかば諦めてそう受けとらなければ、個性的なひととつきあうことはむずかしいでしょう。個性のあるひとを排除して、「いいね」ばかりですむ「そば友」とだけ生きていく気なら、狭い範囲の狭い交流しか期待できません。そのひとの癖とか人柄は、わかっているようでもその全貌は把握しにくいもの。長年の配偶者にも、じぶんとは異質なものが潜んでいると気づくほど、ひとは神秘性をおびた存在です。

『ソロモンの指輪』によると、コンラート・ローレンツは、好きな動物のことばがわかり、動物と話ができたひと。ハイイロガンのひなは、初期の刷り込みにより、その習性が長く持続したそうです。かれは、動物を観察するため、放し飼いの動物が部屋のなかや花壇に入ることは平気で、庭につくった檻に娘をいれていたというほどの動物好き。ガンの子はかれを養い親とみなして、甘えた声で鳴いていたそうです。

ヴィヴィヴィヴィとかピープピープとか鳴くハイイロガンの発声の違い、音節の数や高低やアクセントまでわかったとか。遺伝による生来の組み込みはあるが、後天的な学習によりreriece（解発《かいはつ》）されると考えたのです。かれはひなの母親になり、野原を散歩し、傍で眠り、ほかのひなも連れて歩いたそうです。

じぶんの原体験が「紋切り型《ステレオタイプ》」になると先入観がつよくなり、じぶんのやり方だけが正しく思えて、相手のことを構わなくなり、その強引さが相手への偏見や差別を生みだすおそれがあります。

じぶんが何ものかであるためには、他者と格差をつけてじぶんが何者かになるための方策を講じようとして、頑固でつきあいにくいひとにならないように、相手のよさややっかいな性質との折りあいをつけていかないといけない。そのひとの原体験とか記憶の原型をお互いに認めあうことが必要です。

じぶんとしてはこれだけは譲れない。それはこうすべきだという思い入れが強いとき、ほかの者が言ってもなかなか一筋縄でいかないのです。高齢になると融通のきかなくなる度合いがひどくなるのです。『戦争と平和』に出て来るボルコンスキー老公爵は、頑固で融通のきかないひととして描かれています。こちらの思い込みと相手の思い込みが合致しないのは仕方がないのですが、それでも相手に合わせるひとはいます。相性がいいとか、うまがあうということで済ませるひとがいます。

原型はそれを受け入れ引き受けるとき、じぶんの背後にあるじぶんの元素のようなもの。方言や味覚などで譲れないひとは、妥協ができないひとです。ささやかでも、個人の意思や意識のこだわりが背後に深く関わっています。わたしの意思とか意識は、外部からの情報や記憶との相互作用が大きく関わっていますが、厳密にいうと、個人の才覚なのか所与の産物なのかという大局的な対立に収斂していきます。

まず、個々人の意識や意思を重視しすぎると、格差の根拠を個人の能力に求めすぎて自己責任とか英雄主義による格差社会を固定化して個を賛美しすぎる怖れがあります。だからといって、個々人の意識や責任をすべて、所与のものとみなすなら、すべてを恩恵とか特権とみなして世界像を安定的に保持させることはできても、個々人の努力や工夫の余地をあまり認めなくなり、ある種の運命論におちいる怖れがあります。

原型は、個人と個人のあいだだけでなく、人種や民族のあいだでも、紛争や戦争となって、いざこざを繰り返して来たやっかいな歴史があります。イギリスのEU離脱の背後にはアイルランドとの国境問題が控えています。アラブ系のひとやイスラエルのひとのながい紛争も、その民族や文化との歴史的な積み重ねが紛争の火種として控えています。それらは時間をかけて妥協し交渉をかさねていく以外に解決策はないむずかしい問題です。どちらも、簡単に引き下がることのできない、やっかいさがあります。

歴史的にみると、境界線を接した隣国との間のいざこざには、それぞれ言い分があり、それが原型となる紛争の微調整が、それぞれの紛争地でいまもねばりづよくなされています。交渉を全否定すれば戦争になります。いまのじぶんにそうする余裕があるかどうかは、相手側もそれなりに判断するでしょうから、じぶんとしてはどこまで柔軟な態度で相手に接するか、いかに相手と共存していくかがむずかしいのです。

「すべてのひとは平等である」とか「天はひとの上に人をつくらず」というのは、ことばだけを見てわかったつもりになりがちですが、そこでは暗黙のうちに、「ひと」から外されているひとがいたことを、これまでは無頓着でした。女性、子ども、社会的弱者などは、人間として数のなかに数えていなかったとか、奴隷はひととみなさなかったなど、意外なほど呑気に見過ごして来た、ながい負の歴史があります。

それを自然に見せて不問にして来た歴史はながいのです。登山や相撲観戦は、近代まで女人禁制でした。そのつもりがなくても見逃したまま済ませて来たため、社会的弱者へのまなざしが杜撰《ずさん》だったという反省は必要です。じぶんがその立場に立つとき、じぶんと違う意見に賛成ではないが、相手がじぶんの意見を主張する権利は認めるという態度は、それに同調はしないが、敬意をいだいて共感する姿勢が入っています。じぶんがあっさり折れて相手にすべてを投げ出してしまうのなら、屈服です。（マヤ、アステカ、インカの文明は、コルテスやピサロにあっさり敗れ、その文明は滅亡しました。）征服でも屈服でもなく、じぶんとは異なる生き方を相手に認める寛容の精神をもってつきあっていくことは、異文化や異能のあるひとに接するときには必要な姿勢です。

ケンブリッジに拘わる吉田健一やハーヴァードに拘わる鶴見俊輔には、かれらのなかには忘れることのできない、もの凄い原体験が原型として背後に控えていることを理解しないとわからないでしょう。

吉田健一の場合、英国大使だった外交官吉田茂の長子として幼児期を英国で過ごしたため、英語は文字言語というより音声言語でもあったのです。イギリスの幼児体験が濃厚にあり、英国風というイメージがたえずつきまとっていたことが、かれの場合、とても尋常ではなかったのです。

かれはケンブリッジ大学まで出かけてそこで勉強しようとしたのですが、日本で学ぶべきだと気づいて、半年足らずで帰国します。吉田健一のなかにある、父（吉田茂元首相）の子として過ごしたイギリスの幼児体験が、たえざる重荷と焦燥感を与える強烈すぎる原体験であったので、かれは終生、イギリスという妖怪と棲みつづけて、その呪縛から逃れるのに相当苦労したようです。金沢にも出かけたりはしていますが、やはりイギリスというのが、頑としてのさばっている刷り込みであったことはまちがいないようです。

かれは期せずしてイギリス文明の体現者となり、付け焼き刃ではない正統派の孤独を味わう宿命を背負ったのです。シェイクスピアのソネットを翻訳するときも、しゃべりことばの響きを残すことで、かれの思考リズムをあらわしている、というひとがいます。（角地幸男『ケンブリッジ帰りの文士　吉田健一』）

鶴見俊輔は、政治家鶴見祐輔の息子であり、良家のぼんぼんとして名門コンプレックスへの反撥もあったのでしょう。「近所の子どもにそそのかされて」（父親の言）学校を「さぼって」本を読む「不良少年」をつづけたといっています。読み切るのに熱心で、読み終わらなければならないという強迫観念があったらしく、読んだ本の一覧を述べる執念が異常なまでに過剰なひとですが、この本に出会って立ち止まった、という体験は乏しいようです。繰り返しアメリカへの渡航をしていた父の特権的で豊富な人脈もあり、渡米して大学予備校（ミドルサセックス）へ入ったのち、ハーヴァード大学に入学。そのさなかに太平洋戦争が勃発し、獄中で論文を書くという緊迫した体験をしています。しかし、傍には姉の和子がいて論文をタイピストにわたしてくれるなど、何重もの恵まれた条件が背後に控えています。国内では名家（父は高名な政治家、母は後藤新平の娘）の出であり、優等生の多い学校では、すねてみた結果が退学処分になったのでしょう。

ハーヴァードをクリアして、帰国後大学教授となり、のち評論家となります。かれの原点は、獄中で卒論を書く体験でした。たえず登場するアメリカ体験は、たえまなく襲って来るフラッシュバックを押し戻すことのできない、かれの核心にふれる体験であり、ただの過去になることはなかったのです。

敗戦間際に帰国し、ジャワで情報将校として軍務にもついています。鶴見にくりかえし登場するアメリカは、名家の面汚しだった過去の汚名返上というより、つきまとう名家のラベルから逃れるためには、ハーヴァード以外に方法がなかったのでしょう。アメリカはかれの血となり肉となった分身というべきでしょう。（「アメリカ哲学と出会う」『期待と回想』、『言い残しておくこと』、『鶴見和子曼荼羅』Ⅶ、65）

吉田や鶴見の文章を読む者は、「また出た」と反応するより、そのことが、かれらの人生の深淵に刷り込みとなっている現実を推察し、そこに戻ると落ち着く起点だとして共感するやさしさが必要です。

そこに戻って、そこから始めることで、かれらは元気よく出直しているのです。そういう起点が、そのひとの原型であり、それが生きていく上での貴重な核になっています。そこがわからないと、共感することはむずかしい。そのひとを構成する大元の記憶は、生涯のある時期に強烈な幼児体験のような根源的体験として、そのひとのなかにできあがった原型になったものであり、ひとたびそれができてしまうと、もう変更はできないのです。

あと、もうふたり、強烈な原体験が、そのひとを頑固で不幸なひとにしてしまったらしい、ということを確認しておきます。なぜか、かれらにまとわりつくものが、どぎつさと悪態の要因となっていて、どれだけ多くのひとに不快感を与えるかを、本人の文章で確認しておきましょう。

上野千鶴子は『おひとりさまの老後』や『ケアの社会学』を書いた有能な社会学者ですが、ひとがいかにひとりでなければならないか、を執拗に言いつづけるひとです。いつも数字に還元したがる傾向にいびつさを感じさせられるわたしは、ある日、彼女の次のような文章をみて、そこに彼女の頑《かたく》なさの要因のようなものがあったと知り、妙に納得させられたのです。

（わたしが76歳で癌で亡くなる）母を看た1ヶ月は、長かった……いわば彼女に貸しがある債権者のような気持でいた……母が生きているうちに清算したくて、病床の彼女に「あのとき、あなたは私に」と口に出してしまった。

（『婦人公論』２００５年11月号）

もうひとりは哲学者の中島義道です。かれの家族関係の描写もさみしいものです。

じぶんは家族と顔を直視しない関係がつづいている、何もことばを交わさない関係である、ほぼ40年もの間、母親は父親に罵倒に近いことばを浴びせつづけていたひとであるが、いまそれとほとんど同じようなことばが、わたしに対して妻の口から出て来る。それが、じぶんのいまの家庭事情である〈『ひとを〈嫌う〉ということ』〉、というわけですから、さみしい家族のありさまは、想像を絶するものがあるというべきでしょう。ほとんどどの文でも、悪態に近い調子でじぶんの言い分を擁護する中島には、こういう気の毒な家庭の事情があったとわかるのはかなしいことです。

上野も中島も、いずれも、身近かなところで、家族との関係がすでに毀《こわ》れてしまっているひとであることが大前提にあり、もともと家族という存在をいとおしみ尊重するという姿勢が内側にあるということはなく、むしろそういうものが欠落しているひとであったということです。そのため、ひとがひとりであること、ひとを嫌うということは、当然の帰結として出ているのであって、そういうひとに家族愛とか連帯ということは眼中にない、とみるほかないのでしょう。

そこにはもはや修復することができないような、重苦しい精神状態のなかで、苦し紛れに生きて来たという生の軌跡があります。彼らは、親近感のもてる関係が身内のなかに援軍として存在するという確信に到しなかったのであり、それが「ひとり」であることを、繰り返し主張せざるをえない哀しい状況にあったとみるほかないようです。そういうひとが、家族関係を心底毛嫌いして信頼できないと言い張る要因は、もうじぶんのなかにある抵抗分子ががんじがらめにしてしまって頑なな態度をとらせているのでしょう。

ことばを覚え、歩きはじめたわたしが、自転車に乗れるようになり、泳げるようになったなど、自然にそうなるのは、そのひとのからだの一部として身体知が生まれます。他方、忘れたいのに忘れられないでしばしば思い出すこと、無視したいのに無視できないものは、原体験のようなものであり、それはトラウマとでもいうべき体験になります。それらすべてをひっくるめて、原型としての体験があります。

それらはどれもすべてがなつかしいプラスの思い出であるというのでなく、できれば触れたくないマイナスの古傷もあります。それは梅雨どきに、むかし痛めた膝にやってくる不定愁訴に似ています。そのひとはもう元気に立ち直っていますが、膝のうずきはまだ残っているのです。

「死者のモニュメント」という副題のついた『クリスチャン・ボルタンスキー』を見ていたら、ホロコーストとマクドナルドの間には、すべてを大量に迅速に処理するプログラムがある、それは生産者と消費者の間に人間的な絆が欠落していることだ、ということばが、意表をつく警句に思えてぎょっとしました。

親しくしていた友人とはもう意見があわないから、賞味期限が切れたからといって、別れたり排除してしまう人間関係に慣れてしまうと、息のながいつきあいというのがないまま、記憶も短命化していきます。そういうさみしい状態のつづく生き方が長寿化しているといっても、そういう人生にはどこかむなしさが漂うのではないでしょうか。


過去はある秘められた索引を伴なっていて、それは過去に救済(解放)への道を指示している。……かつて在りし人びとの周りに漂っていた空気のそよぎが、わたしたち自身にそっと触れてはいないだろうか。わたしたちが耳を傾けるさまざまな声のなかに、いまでは沈黙してしまっている声の谺《こだま》が混じってはいないだろうか……もしそうだとすれば、かつて在りし世代とわたしたちの世代とのあいだには、ある秘密の約束が存在することになる。だとすれば、わたしたちはこの地上に、期待を担って生きているのだ

(「歴史の概念について」『ベンヤミン・コレクション』1)

情報がいくら発信されても、それを受け取れないひとが少なくない。おそらくそのひとのなかには、長年自然に培ってきた、じぶんのなかの身体的な記憶が、癖《くせ》や習慣として染《し》みついているため、外からの情報に対して対応しにくいのです。家事とかいつもの台所まわりのこと、ふだんの農作業なら、年齢を気にしなくても、なんとかこなせます。それがそのひとのなかにある原型的なものだからです。なじみのある空間や時間が傍にあるひとは、自然にしていることを変更するのはむずかしい。

もしそのままつづけるだけなら、ふつうのひとのできないことも、プロとしてやって来たことを、たやすくやってのけられます。そのひとの基本的な行動パターンは、単純に見えても一貫してそこに存在する複雑怪奇なもの。そのひとの根っこにあるのは、安全と安心の中心であり、配慮と関わりの場であり、方向づけの原点です。それはすぐれて内面的なものに関わる個人的なことですが、同時に相互主観的なものであり、多くの人が共感できるような共同の経験でもあります。

わたしたちはある空間のなかでいろいろな経験を重ね、ある時間を過ごすうちに、いつのまにかそこがリアルであれ架空であれ、じぶんなりに納得のいく、じぶん流の意味を見出せるなじみの居場所にしていきます。そういうところが、じぶんにとって、なつかしい場所になるのです。いつものじぶんの部屋、じぶんの家や街、いつもの机、椅子、それにテレビやビデオなどは、じぶんにとって独自の意味のある場所として、わたしを形成し構成しています。ほとんど無意識的に、ごく自然にじぶんがそこに同化してしまう場所です。ふるさとや母校の名前は、なつかしさだけでなく、やりきれないものも加味されているので、好きとか嫌いとは言えない、やっかいな場所です。ただなつかしいというだけではないものが、そこに含まれているからです。多くのユダヤ人にとって、アンネ・フランク、ヴィクトール・フランクル、それに杉原千畝《ちうね》は、ただなつかしい人名でなく、重々しさの伴なう人名というべきでしょう。

そこには隠れ家とか収容所という場所に深く結びついたトラウマが絡《から》んでいます。なつかしさ以外に哀しみが潜んでいます。瓶の底にへばりついた佃煮の残りは取りにくいもの。そこで諦められるなら、捨てることができます。愛着があって捨てられないもの、捨てるのがつらいものは、簡単には断捨離できません。

そのひとが書くもの、そのひとが言うことは、もうわかっているということはあります。好きな作家の次の作品は、またかとわかっていて、すぐ読めてしまう。またそう来るか、とどこか期待していて読むということもあります。そのひとがめざすものは、もうわかっているのですが、いつのまにかじぶんもそう考えるようになっていて、多少の書き直しがあっても、愛読者からすると、だいたい同じです。

かつて夢見たこと、みつけたことなどは、いずれも時の篩《ふるい》にかけられて、たいていは消えていきます。篩の目は最初はこまかくて通りにくいが、やがて目が粗《あら》くなり、そのうちに投げ込まれたものがほとんど抜け落ちてしまう。それでも抜け落ちないで残るものがあり、それがそのひとを支える原型です。

それは切り出されたばかりの鉱石の原石ではなく、たとえ荒削りでも、歳月を重ねながらも残りつづけた、そのひとの根源的な可能性です。もう大家だとみられているひとでも、そのひとらしさのなかに、どこかそのひとの幼児性のようなものが残っています。旧友にあえば、たちまち昔のじぶんに戻ります。

エミリー・ブロンテの『嵐が丘』を読むと、その表現の仕方とか詩心には、とても叶わないなと思います。こういう作品を日本人は書かないだろうと思います。さびしい風土の描写に加えて、登場人物のかたくなな性格、じぶんを押さえてはいるが、それでもそこまでするかと言いたくなる人物像。そのうえドラマの展開がめちゃくちゃすごい。ヒースクリフという奇怪な人物にふりまわされる、キャサリン・アーンショーは14歳でエドガーと結婚。その年ヒースクリフが戻って来て、キャサリンは永遠の幻想世界に入り込みます。熱病の後遺症で錯乱状態になり密会をかさね、激しく抱き合い、激しく責めつづけるふたり。キャサリンとキャサリン・リントン（小キャサリン）ぐらいしか出て来ない世界ですが、さみしいイギリスの風土のなかで血しぶきがあがるような物語。慣れ親しんで癒しを感じさせるような箇所など、どこにも見当たらない壮絶な物語は、かつて和辻哲郎が日本の風土をさして、「しめやかさ」と評した、モンスーン的な風土には見当たらない異質なものというほかないでしょう。

これに対して、ガルシア＝マルケスの『百年の孤独』はラテン・アメリカ文学のせいなのか、こういう調子ではじまるお話が、能天気なまま、延々とつづくのは、痛快といえば痛快ですが、それでいて、どこかへ連れていかれてしまう、したたかな文才を発揮した逸話の連続は、さすがと驚嘆するばかりです。

すべすべした、白くて大きい石が、ごろごろしている瀬を
澄んだ水が勢いよく落ちていく川のほとりに
葦と泥づくりの家が、20軒ほど建っているだけの
小さなマコンドという村がありました

その村が、町となり、市となるにつれて繁栄し、混乱し、腐乱し、狂乱のうちに衰亡し、廃市となって、

後かたもなく消えていくのです。その村にジプシーの一家がやってきたとき、だれもが驚いたそうです。まずかれらが目にしたのは、何でも引きつける強力な磁石でした。その次に持って来た望遠鏡には目を見張らんばかりに驚いてしまいました。異国の異文化に初めてふれたときの衝撃は、そのとき世界がひっくりかえるような事件だったはずです。織田信長がキリシタンの宣教師から見せられて驚嘆したという望遠鏡の話も、たぶんそういうことだったのでしょう。

柳田國男は『海上の道』の最終章に、じぶんの知りたいと思っていることがいくつかある、というメモを残しています。かれにとって、海から漂流して来た椰子の実や、宝貝や子安貝が、貨幣として流通しつつ呪物になったのにはどういうわけがあるのか、近海を回遊するいるかや、海上を島から島へ移動していくねずみはどうして浄土のモデルになったのかなど、尽きることのない関心事だったようです。

じぶんがそれに慣れてしまうと、それ以外のことについては関心を示さないため、その相手を拒否していなくても、じぶんのわかること、じぶんの生き方に共鳴するひとの声以外には、不寛容になり、目の前から追い出してしまいます。ふだんからやりなれていること、じぶんのよく知っていることなら、いつものやり方でいまでもやれるという高齢者は、手慣れたしぐさで家事や農作業をいつも通りにこなせます。手慣れたことなら、ごく自然にからだが動いてしまい、苦もなくやれるのです。

しかし、面白い話があります。

ある老婦人が、いつもの漬物石なら持ち上げて動かせるが、ペットボトル数本は、重いからだめだといったそうです。同じ重さのものでも、慣れていないものは拒絶反応が出るようです。ホスピスにミニ・キッチンがあれば、簡単な家庭料理をつくれるのは、いつものやり方だからで、それが意外なかたちで、そのひとを元気にします。それくらいならやってみたい、やれることはさせてほしい。そういう可能性をむげに奪い取って、もう年だから、弱っているからと、おきまりの方針ばかりをごり押しする施設もあるでしょうが、そういうやり方では本人を落ち込ませてしまいかねません。そのひとの原型になる身体知は、基本的には、強固でなかなか毀れたりしません。

戦後のどさくさのなか、たいてい、ないものばかりのなか、それでもやってみようと、じぶんでいろいろ試行錯誤を強いられたので、何とか凌《しの》いで来たのが、わたしたちのあたりまえでした。バスを乗り継いで、一日がかりで明石市内の楽譜店へ行き、『トルコマーチ』と『乙女の祈り』、『銀波』のピアノピースを手に入れたのは中1（昭和24年）の12歳の新学期です。『乙女の祈り』は中2の納涼音楽会で、『トルコマーチ』は中3の納涼音楽会で独奏しました。お盆には村中のひとが集まり『おはら節』の披露やアコーディオンやハーモニカの独奏もやるなか、村のひとに混じってやらせてもらったのです。

そのころ弁論大会もありました。中1の弁論は「たばこのえんとつ」という中身。じっさいの演題は別ですが、「たばこのえんとつ」というフレーズが受けて優勝しました。これは、村の青年会でもやらされました。中3の弁論は「見よ、インドの英雄ガンジーを」というはずかしい題のものでした。高1の滋賀県膳所《ぜぜ》高校の全関西弁論大会は、宿泊を伴なう生徒の出張を黙認していいのかと職員会議で検討されたそうです。他校主催の会に出るだけではおもしろくないと、高2のとき、三木高で全関西高等学校弁論大会を主催しました。共催にするからと、神戸新聞にかけあって、優勝カップをもらって来ました。

高1の文化祭では、『トルコマーチ』の独奏をやり、女友だちの独唱するフォスターの *Beautiful Dreamer*

の伴奏もしました。そんな恥ずかしいこと、よくやったわね、と家内は呆れています。うそみたいな話です。文化祭では、劇もやりました。後に漫画家になった2年上の小谷正雄が演出担当。文化祭の終わりには、ショパンの『別れの曲』を流していました。周囲のおおらかさにまもられて、野放図なやり方が、地方ではゆるされていた。1952（昭和27）年の秋、16歳のときです。

夢のなかでは、あなたは決して80歳ではない、ということばは Anne Sexton の"Old"（「老い」）という詩に出て来ます。*In a dream you are never eighty.* というのは、シンプルだがいい詩です。どういうわけか、夢のなかのわたしは、まだ若くて元気で、自由自在にからだを動かしています。教師ではありません。

家族も知りあいの友人もいずれも、若くて元気で、どうしてああ軽々と動けるのかわからないほど、自由に動いています。わたしはわたしの夢のなかでは想像以上に自由です。そこにはわたしを構成する核となる原型とでもいうべきものが顔を出しています。これまで他のひととは違う世界を生きて来たわたしが、いまは同じ世界に居て同じようにふるまっていても、むかしのくせとか習慣など、どこかで違う世界からの反応が出て来るのは、背景に違う状況が控えているからでしょう。

夢のなかでは、だれか他のひとが出てくることは、あまりありません。無人の家にわたしひとりがそこにいて、カメラのようなものがついていて、玄関から入って、階段をのぼって踊り場で折れて向きを変えると、じぶんの勉強部屋があるというふうに、カメラ目線がつづくのです。カメラと一体になったわたしは、別に探しものがあるわけでもないのに、見たいもの、気づいたものは、何でも手に取って見ることができます。

若くて元気でからだのどこにもなんの支障もない状態で動けるのです。起きているのが半分で、寝ているのが半分だとすると、ひとはもしかしたら、人生の半分くらいは、若くて元気なすがたで、いつまでもいろいろ考えることができる存在なのかもしれない、と思ってしまいます。起きていても、それを見ながら何か別のものを見ているのですから、ゆめの部分は半分以上になるのかもしれない、と思ったりします。

わたしはいまでも、むかしの家の箪笥《たんす》のひきだしを開けてみたり、本棚の本をながめてみたりすることがあります。ゆめのなかでは、じぶんがまだ若くて元気だというだけでなく、むかしの友だちも、むかしのまま、若くて元気で自由に動けるのです。いまはもうアルツハイマー病にかかっていたり、亡くなってしまったと言われても、もうしばらく会っていないので、にわかには信じられない友人がいますが、何を言われても、あのころのままのイエール時代の友人を思い出せるのは、離れて暮らしていたから、もうずっとあのときのままのイメージが濃厚につきまとっていて、もはや変更はできないのかもしれません。

オックスフォードで勉強して来たせいか、いつも慎重に話していたので、cautious Bill といわれていたビルに対して、それはこうだろう、と言い切るわたしは frankly speaking の Shin のままなのでしょう。

先日、イエールの恩師である James M Gustafson の95歳の御祝いのメールを連名で出しましたが、お互いいまの健康状態のことはわからないまま、むかしのことを思い出してメールしました。

親を選べるひとはいません。遺伝的資質はただ受け入れるほかないのです。戦禍のただなかに生まれた者もいるのに、わたしは日本という平和な国に生まれることができたことを感謝しなくてはなりません。

都会に生まれるか、田舎に生まれるか、は大きな違いがあるでしょう。海とのふれあい、山とのふれあい、楽器とのふれあいなど、思い出に向きあうことは、わたしの心を愉しくて豊かにしてくれます。

記憶のなかの死者は、死んだひとだからと言っても、すべてがなくなったわけではありません。むしろ死んだからといっても、死んでなどいない、というべきでしょう。もういないひとではあるが、いまもわたしの心のなかにいるひとだという意味では、不在のひとではありません。宇宙の果てにあって、もうとっくに死に絶えた星が、いまになってこの地球にあかるい光を送って来るということがあるように、わたしにとって大切なひかりの発信者は引きつづき、いろいろなひかりをいまなお送ってくれています。

いまも顔を出して、語りかけてくるひとは、生きてはいるが遠くにいて話しあうことのない知人より、もっと親しいひとです。さざ波のように押し寄せて来る鮮明な記憶は、わたしを支える核として、わたしの生涯を決定づけています。そのひとの独自性とか個性というのは、じぶんも相手も、やはりそういうことでしかない、というぎりぎりのところで、原型がものをいうのです。そういうことが、いつまでもそのひとに生涯つきまとう。それを納得して受容するのがそのひとを受け入れることになります。

疎開する前、まだ神戸にいたころ、わたしが初めて祖父の家に入ったとき、この家に居ると、じぶんは親の家にいるときよりも、もっと安全にまもられているのだ、という不思議な感覚になったのを覚えています。それはまだ、祖父が現役で農業をやっていたときのことです。父も若くてじぶんが祖父の家に家族を連れて帰省したとき、いかにもここがわたしの父の家なんだ、と言っている感じの父の表情の不思議な落ちつきのある感じと、息子として祖父に接している父がふだんと違うのに気づいて、父の違う側面を見たように感じたのが新鮮な驚きでした。父がじぶんの父として、頼っている存在としての祖父がそこに居たのです。このときの祖父は、のちの祖父とは別の存在であった、とわたしは覚えています。

そのとき受けた感じをうまくことばにできないのですが、そのとき父が感じていたらしい、おだやかで落ち着きのある感覚は、父について忘れがたい原記憶として、若い父の肖像として、記憶しています。

わたしの心に焼き付いている原型としての「家」は、ふたつあります。ひとつは、国民学校（小学校）2年まで住んでいた神戸市須磨区の家です。玄関を入ってすぐの部屋にオルガンがあり、近所の女の子も弾きに来ていました。庭にいちじくの木があり、軒下には自転車がおいてありました。28インチのラージ印の自転車。（これは三木に持っていき、活躍した自転車です。）あさのラジオ体操を父はゲートルを巻き軍服姿で指導していました。わたしの2年の担任の酒井優先生も教室では軍服姿でした。その家は昭和20年の神戸の大空襲で、あたり一面が焼け野原になりました。その焼け跡の情景はいまも鮮明に覚えています。

もうひとつは、疎開で転校し、大学生になるまで住んでいた兵庫県三木市の家です。美嚢郡細川村垂穂と言っていました。にわか農業で苦労して農業をやったところは、グリーンピア三木になったあと、いまネスタリゾート神戸という話題のテーマパークになっています。

三木の家は、集落ではただ一軒の総瓦の家で「あたらし家《や》」と呼ばれていました。そこで父は小川日曜学校をはじめたのです。この家がわたしの夢のなかではいまもよく出て来る家です。ゆめのなかに出てくる家は、なぜか子どものころ住んだ家であって、もう40年も住んでいる、つくし野の家ではありません。

大戸口を開けると、天井につばめの巣があり、左側の框《かまち》をあがると6畳と8畳の畳の部屋があり、手前にKawaiの中型オルガンがおいてありました。食事は6畳の間の右となりの4畳半の部屋で、お膳を囲んで座って食べていました。子どもらの勉強部屋は二階にあり、その上の屋根裏には古い雑誌類が平積みでおいてありました。水道ではなく井戸を使い、風呂は井戸から汲み上げて、たきぎでわかしていました。

網戸はないので、窓を開けると、よるは蛾や虫が入って来る生活です。よるは蚊帳をつって寝ていました。冷蔵庫はなく、井戸水で冷やした西瓜はごちそうでした。蚊取り線香を使い、蠅取り紙をつるしており、暖房はこたつでした。

車も電話も、テレビも、まだどの家にもない時代。言ってみれば『北の国から』の世界と似たようなところに、宣教師のシェラーさんが畳《たたみ》の部屋に来て英語で話をしたのです。シェラーさんは、正座ができないので、父が話をしているとき、もじもじする座り方が、見ていて気の毒なくらいでした。

中高ともに自転車通学でした。雨の日は片手に傘をもち、片手で自転車に乗っていました。白壁の蔵《くら》が東と西にあり、その間に、たきぎ部屋と味噌部屋がありました。蔵の二階や納屋の二階には、妖しげなものがいっぱいおいてありました。たしか祖父の軍服が長持ちのなかにありました。日露戦争のときのだと聞いたように思います。

わたしが父の郷里の疎開の家で、祖父がまだ元気でよく働いていた、小学4、5年のとき、ふだんの登下校のときは靴ではなく、藁草履《わらぞうり》を履いていました。祖父は玄関を出た大戸口のところに座りこんで（祖父の頭のうえを燕が行き来していました）、天気のいい日は一日中、藁しごとをしていました。家族全員の草履には鼻緒のところに目印の布地がいれてあったので、だれのかが見分けられるようになっていました。箕《みの》やもっこ、雨合羽も藁製でした。藁を叩いてやわらかくしてから作業をはじめるのです。

渋柿を柿の渋で渋抜きをするのもしていたし、機嫌がいいと「ごっそ（ごちそう）したる」といって、あたりをうろうろしている鶏を捕まえさせ、毛をむしり首を斬って逆さにしろ、と祖父は命じたのです。

弟とその作業をするのはいやでした。そのころはそれがごちそうだったので、無碍《むげ》にことわれなかったのです。そのころは灰小屋に山羊も飼っており、下の弟はその乳を飲んでいました。そのころは通学のさいも、靴より草履の方が多かったと思います。

明治のころは「市ヶ谷から日本橋まで」行くだけでも、ほんとうに「一日仕事」だったという文を読むとき、そういう世界を想像する必要があります。都電も地下鉄もないときだと考えて、ことしは明治でいうと154年ですから、100年以上前のことは、よほど意識しないと、文中の世界が想像できないのです。

心理学者のエリクソンは、さまざまな幼児体験にとって「信頼できる母親的存在」(trustworthy maternal persons) こそが、ひとを愛し、希望を抱く能力をはぐくむ原動力だといって、その影響の大きさを強調しています。(『洞察と責任』)(どこか残忍だったといわれる織田信長には、心から慕う母性的存在がなかったひとだったのかもしれません。『信長公記』) そのひとの人生において、依存できる母性的存在の有無がそのひとの人生において深い影をおとしていることは否定できないのでしょう。心に癒しがたい傷を受けて生きていかざるをえないことは、有限な人間にとっては避けられないとはいえ不幸なことです。それを乗り越えられる、より大いなる力をみつけて、問題を何とかクリアできるなら、そのひとは救いを見出しています。

なじみの味覚がおふくろの味として、郷土料理に愛着があり、それがじぶんの好みの食べものになるのは否定できないことです。海外遠征の日本人選手は電気釜でご飯を炊いておにぎりで力を蓄えるようです。味覚はそのひとのこだわりであり、そのこだわりによって元気を得ているのです。

関西育ちだから関西弁しか話さないのだと、関西弁にこだわるひとがいます。いつまでも関西弁が抜けきらないひとは、関西弁も使えるが標準語で話すひとに較べると、標準語では話したくないというこだわりがあるのでしょう。夫婦がそろって関西出身だと、家では関西弁が混じることがよくあります。

内田百閒が『御馳走帖』に名前をあげている料理の名前は、ただの料理だといえばそれまでですが、延々といろいろあげている根気よさに負けて見ていると、妖怪とでもいうしかないような名前が出て来ます。それがかれには御馳走だったのでしょう。そのひとの心のなかにある東西南北も、コンパスのないところではけっこういいかげんなところで決めるので、旅先でとまどう原因になります。日本の地層の褶曲《しゅうきょく》の向きがイタリアとは逆だから、ネクタイのストライプの向きが逆だというひとがいます。原型的なものは民族性とか比較文化にも関係して来るのかもしれません。

わたしたちは父の子であり、母の子であり、その家の子でもあります。父の娘というかたちは、ふつうはそれほど父と娘との関係が大きく受けとられることはありません。その極点になるのが、幸田文に出てくる父と娘のやりとりでしょう。幸田文の『父・こんなこと』や青木玉の『小石川の家』では、幸田露伴の受け売り（のようなこと）が絶対化されています。父の限界が娘の限界だったのです。

そこにあるのは幸田家三代の物語として、趣味をこえて規範化された生活様式の体系があらわされています。父露伴は、言葉づかいから、返事の仕方、家のなかでの声の大きさ、お行儀一般にいたるまで、口うるさく、気むずかしく、こまかく諭す、うるさい父親だったようです。生い立ちからみた幸田家は、代々幕府の表御坊主衆を勤めた家柄で、有職、故実、礼法、遊芸を専門とする行儀の指南役でした。幸田文の文章には、父親が出て来るわりに母親は出てきません。生母とは6歳のとき死別、8歳のとき父が再婚。文は24歳で結婚しますが34歳のとき離婚して父のもとに戻ります。文41歳のとき、義母が死去。43歳のとき父が死去しています。

露伴が70を過ぎたとき、歳をとると、愉しいことなど何もない、と嘆いたそうです。森鷗外の娘の森茉莉の『甘い蜜の部屋』は、父を恋人のように絶対化しています。そのひとが養子として他家のひとになったというのは、成人した後も、そのひとには終生重荷としてのしかかっていたようです。井上靖の『わが母の記』には、ある日90歳になったひとが、突然風呂敷に着物をつつんで家を出て行こうとした話が出て来ます。家族がどうしたのか、問い質したところ、これから家に帰る、と言ったその老人《ひと》は養子だったので、隣り村のじぶんの生家に帰ろうとしたというのです。

処女歌集『赤光』のなかで「死にたまふ母」という一連の秀歌を詠んだ斎藤茂吉は、31歳のとき、結婚して斎藤医院の婿養子となっています。柳田國男は8人きょうだいの6男で、当然のように養子になりますが、養子になったのは27歳になってからです。「辻川」という古い道路の十字路で育ったことがいろいろな知識を与えてくれた、といっています。(『故郷七十年』)柳田が家をしばしば空けて地方を訪ねてまわったのは、父が養子だったことと無関係ではないだろう、というのは、彼の娘の証言です。娘の目にそう見えた父だったのでしょう。

ルナールの『にんじん』を読んでいると、母親になるには向かないひとというのがいるのだろうかなどと思ってしまうほど、意地の悪い、いやなタイプの母親が出て来ます。これではどうにもやすらぎなど感じられない家庭だったのではないかと思ってしまいます。『白雪姫』も母親が嫉妬深いので、ずっと恐れながら生きていたということになります。鶴見俊輔も、母親という存在はあまり甘えられるタイプではなかった母親の原型のようです。それを補なうように姉の和子が親切だったと感謝しています。

鶴見はあれだけ能筆なひとですが、さいごまで、子どものころから、母親からは褒められたことがない、母親はじぶんにとってはスターリンだったと言いつづけています。(『言い残しておくこと』)キルケゴールはながい日誌を残しているひとですが、そこには母親に対する言及がまったくありません。

夏目漱石は5男1女の末っ子であり、高齢の親から生まれ、里子に出され、その後養子になったひとで、安心してすがりつく母の胸をもてなかったひとです。9歳で実家に引き取られますが、20歳くらいまで塩原金之助と名乗っていたのです。「親譲りの無鉄砲で子供の頃から損ばかりしている」という『坊ちゃん』は、二階から飛び降りたり、にんじん畑を荒らしたりして、お前はだめな奴だ、と言われつづけますが、ただひとり、下女の「清《きよ》」だけは、「あなたは真っ直ぐでよい御気性だ」とわかってくれ、かわいがってくれる、よりどころだったと、清に対してはべたぼめをしています。赴任した四国の松山中学ではけんかの仲裁をしようとして誤解され、さっさと清のいる東京へ帰って来るのですが、松山から帰って来たとき、下宿へも寄らず、かばんをさげたまま、

清や、帰ったよ

と飛びこんだら、あら坊ちゃん、と言ったあと、よくまあ早く帰って来てくださった、と清はぽたぽたと涙を落とします。うれしくて、もういなかへは行かない、東京で清とうちを持つんだ、と言っています。坊ちゃんの帰京を待っていたお清の母性は、「坊ちゃん」における母性性の原型として、かれを支えていたのでしょう。こういう母性との出会いは『三四郎』にも『道草』にも『明暗』にも出て来ません。漱石にとって下女の「清」は、だれよりもじぶんを信頼してくれる拠《よ》り所だったようです。

戦時下の食べ物のない時期に、ふるさと津軽を取材するべく帰省した太宰治の、意外なほど素朴で素直な

ようすが『津軽』にはあらわれています。かれが幼児期に女中として世話になった「たけ」を探し求める主人公修治が、地元の運動会の、ござのうえにいる「たけ」をみつける情景は、太宰の作品では出色のものでしょう。修治をみつけたたけは、修治だ、と言ったあと、

ここさお座りになりませえ

とじぶんの傍に座らせたまま、きちんと正座して、もんぺの丸い腰に両手をおき、子どもたちの走るのを黙って見ています。ここでは無頼派で知られる、生意気で道化まみれの太宰治のたたずまいは、すっかり消えており、女中として幼児期にじぶんをあやしてくれたころのたけのそばで、かれはすっかり童心にもどっています。こういう平和なたたずまいは、太宰の他の作品には見ることのできない描写です。

中勘助の『銀の匙』は、虚弱体質だったじぶんを育てることを、「この世に生きる唯一のたのしみ」にしていた伯母を印象的に描いています。目が不自由になり、郷里にもどった伯母を訪ねたとき、伯母は背の高くなったわたし（主人公）を、頭から肩からなでまわし、ほんによう来とくれた、まあ死ぬまで会えんかしらんと思っとったのに、と拝まんばかりにして涙をふいたあと、魚屋へいって、そこにあった鰈《かれい》を洗いざらい買って来て、こんなとこだで、なんにも出来んに、かねしとくれよ、と言いながら、そんなことといわすと、たんとたべとくれ、というのです。

『銀の匙』では、友だちのお国さんが居なくなったあとお恵ちゃんが登場し、お国さんより増幅した、甘美

な思春期の描写が出て来ます。さるすべりの葉ごしにさす月の光をあびながら、透きとおるような腕を見せあう情景はきれいです。さいごの方では、17歳になった主人公が、友人の別荘にいるときの姉様との出会いとわかれを描いています。別れの前のよる、夕食をともにしたあとに、こういう描写があります。

姉様は大きな梨のなかから甘そうなのをよりだして皮をむく。重たいのをすべらすまいと指の先に力をいれて笙《しょう》の笛みたいに環《わ》をつくる。その長くそった指のあいだに梨がくるくるとまわされ、白い手の甲をこえて黄色い皮が雲形にまきさがる。ほたほたと雫《しずく》がたれるのを姉様は、自分はあまり好かないから、といって皿にのせてくださる。それを切りへいでは口へいれながら美しいさくらんぼが姉様の唇《くちびる》に軽くはさまれて小さな舌のうえにするりと転《まろ》びこむのを眺めている。貝のような形のいい顎《あご》がふくふくとうごく。……あかりをちょっと拝借いたしました、という声がして姉様が盆に水蜜をのせて暇乞《いとまご》いの挨拶に来られた。……御機嫌よう、といわれたのをなぜかわたしは聞こえないふりをしていた。さようなら御機嫌よう。わたしは暗いところで黙って頭をさげた。俥《くるま》のひびきが遠ざかって門のしまる音がした。わたしは花にかくれてとめどもなく流れる涙をふいた……わたしは肌のひえるまでも花壇に立ちつくして……ようやく部屋へ帰った。そうして力なく机に両方の肘《ひじ》をついて、頬のようにほのかに赤らみ、顎のようにふくらかにくびれた水蜜を手のひらにそうっとつつむように唇にあててその濃《こまや》かな肌を通してもれだす甘い匂いをかぎながらまた新たな涙を流した

水蜜桃をくちびるにあてて、無言のわかれをした、という所は、甘美で官能的です。

じぶんだけがいくらやりがいを感じても、ひとの役に立つかどうかは別です。お金が儲かるから、面白いから、というだけではこまるのです。たとえじぶんが好きなことでも、その仕事に反社会的な意味とか非倫理的な意味があれば、その仕事はマイナスの意味しかありません。何かをするとき、やりがいがあるといっても、何らかの社会的な意味あいが必要です。それをしたからといって、善人になるわけではない。

じぶんの厚意が自動的にプラスに評価してもらえるというのは思い上がりです。何かをしさえすればいいのではない。じぶんがいいと思ってやっていること、いまはまだあまり問題にならないことが、未来世代に環境汚染や公害として、マイナスになると考えることも必要です。あることの値打ちは、目に見える成果だけでなく、目に見えない意味もあるのです。

そういう仕事は、たとえ目に見えなくても、いますぐ効果がなくても、おだやかに地道にやっていく意味があるのです。いのちの種をまくとか、ひとの心を育てていくことには、目に見える効果がいまは期待できなくても、そのことを尊重し長い目で見守る必要があります。そういう仕事が人を奮い立たせる意味があるなら、経済的な価値が乏しくても、社会構成上の重要な案件として保持していくべきです。

そうできるひとが、何か意味のある仕事を為し遂げられるのです。(アフガニスタンで殉死された中村哲医師の一連の働きなど。)そういう仕事は、たとえささやかでも、ひとびとの魂を奮い立たせることになり、それが社会を変革していく底力になります。

ホイットマンは『草の葉』のなかで、アメリカのさまざまな「労働者」を列挙しています。「機械と交易と田畑の労働のなかにこそ、発展があり、意味がある」と、かれは文明の先端を行く祖国アメリカに自信満々で発言しています。かれはそのお人好し的な単調さをものともしないで、独特のリズム感を駆使しながら、かつて農業国であった、古きよきアメリカを謳歌しています。

おれにはアメリカの歌声が聴こえる、いろいろな讃歌がおれには聴こえる、機械工たちの歌、だれもがじぶんの歌を快活で力強く響けとばかり歌っている、大工は大工の歌を歌う、板や梁《はり》の長さを測りながら、石工は石工の歌を歌う、仕事へ向かうまえも仕事を終わらせたあとも、船頭はじぶんの歌を歌い、甲板員は蒸気船の甲板で歌う、靴屋はベンチに座りながら歌い、帽子屋は立ったまま歌う、木こりの歌、農夫の歌、朝仕事に向かうときも、昼休みにも、夕暮れにも、母親の、仕事をする若妻の、針仕事や洗濯をする少女の心地よい歌、だれもがじぶんだけの歌を歌っている、昼は昼の歌を歌う——夜は屈強で気のいい若者が大声で美しい歌を力強く歌う

いまなにげなく、仕事とか職業というと、稼ぎ、儲けるというふうに、経済的な意味で受け取るひとが多いでしょう。いま若者の間で仕事というと、就職活動とかハローワークに関係することだと考えるひとが増えています。ある時期までは、主君に「仕える」という意味で、主人（主君）に対する部下（召し使い、奴隷）という関係が意識されていました。むかしのひと（原始人）には自由な時間などなく、今日忙しいひとより時間がなかったのです。朝から晩まで、あまり緊張はしないが、森のなかや野原を歩き回っていたわけで、慣れたところでは気を抜いていたでしょうが、生きるために必要最低限な食べものを得るために、子どもらの分を確保するには緊張したはずです。食品を確保し貯蔵できるようになるまでは、ある程度はその

日暮らしで、貯蔵の方法を知らないまま、ときには奪いあいのある暮らしは、気の抜けないものであり大変だったでしょう。夜などは、うかつに眠るのは不安で、外敵の侵入を怖れて、交代で寝ずの番をすることもあったはずです。

仕事ということは、金儲けというふうに経済的な意味だけで考えることではありません。仕事というものにはいくつかの重要な意味があります。第一。いまの人は、お金儲けにつながる経済的な活動を職業として、給料を受け取ります。生きていくための、経済基盤の確保として、世俗的な職業を金儲けの手段として考えるのが大本にある考え方といっていいのです。技術は日進月歩しているため、流れ作業のなかのある分野だけを引き受けるため、引き継ぎ程度のことで限られた仕事しかしなくなって、流れ作業のなかの限られた分野の知識（分散知）で仕事をすることが多いのです。定職をもつひとの仕事の大半は、細分化された分業的な事務仕事になっています。

第二。伝統工芸の技をきわめる匠《たくみ》とか職人《マイスター》という分野では、仕事なり作業に専念する専門家になるのがふつうと考えていいでしょう。そこでは、技の鍛錬とか継承、限られた専門分野を狭く深く追求し、世代を超えて受け継がれる作業が尊ばれるので、その作業は限りなく細分化された分散知になります。そのうえ大量生産でないため、経済的には報酬が約束されていなくても、伝統的な工芸や専門藝に関わる作業として、そのしごとに誇りをもつひとが、いまも限られた分野で技能を身につけて伝統文化を継承し維持しています。

第三。宗教改革者のマルティン・ルターは、世俗的な「職業」（Beruf）を神からの「召命」（calling）だとみなして世俗的な仕事も神から呼び出された「仕事」だと考えました。神の「召命」は、専門の聖職者だけでなく、一般の信者や商人や農民を含めて、だれもがそれぞれ「召命」にあずかっており、それをまっとうするのが宗教的な責務だとみなして、中世カトリックとはちがい、聖職者だけでなく一般の庶民もじかに聖書にふれることで信仰に導かれると考えました。かれの唱える「万人祭司」説は、一般庶民にも神につながる道があるとして、世俗的な職業に宗教的な意味あいがあると力説した革命的な思想の表明でした。これがルターの功績です。つづくカルヴァンも、労働は神の召命であり、休まずに働いた結果得られる富は、神からの恩恵のしるしだと考えます。富は救済のしるしであり、富めば富むほど、そのしるしは確かなものになる、と考えたのです。しかしそのことが、世俗的な成功と宗教的な救済を結びつけることになったというのが、マックス・ウェーバーの『プロテスタンティズムの倫理と資本主義の精神』の骨子です。

ベンジャミン・フランクリンは『自伝』のなかで、ひとは一日に6時間だけ働けばじゅうぶんだと言い、かれ自身そう考え、そう実行しました。かれは17歳で印刷工になり、43歳で引退し、その後は発明でも有名になり、多方面で器用さを発揮しました。実業界を引退した後、フィラデルフィアで、大学や病院を創設しますが、蓄財することには興味はなかったようです。アメリカという国は、じぶんというのは、じぶんでつくりあげていくもの、と考えて、だれもがそう考え、そうしようとする国です。そういう自己創造の哲学を語る古典が、フランクリンの『自伝』です。（しかし、かれの自伝は、その奔放な発言のせいで何度か発禁になります。）かれが勝者として次々に新しい階段をのぼりつめていく様子は、周囲には敗者たちの屍《しかばね》が累々たる山を築いていくことでした。フランクリンは「勤勉と節約」が富を得る手段だというのですが、それで「徳」が身につくかどうかは考えていません。かれは「時は金なり」と考え、神の召命という清教徒《ピューリタン》の考えの世俗化にはずみをつけました。勤勉や倹約は、やがて神の栄光をたたえ神の意志に沿う方法というよりは、金持になるための処方として推奨されるようになっていきました。

チャップリンの『モダン・タイムス』の主人公、チャーリーは仕事に適応できない貧しい工場労働者です。彼は窃盗で暮らしを立てている少女と出会い、ふたりで家を持つことを夢見て、いろいろな仕事につきますが、不運と失敗ばかりがつづきます。チャーリーが働く工場は、労働者をキカイの部品のようにあつかうきびしい作業場でした。そこで働くかれは、ベルトコンベアに乗って、次つぎに流れるキカイの部品やネジを締める作業をするだけで、かれ自身がキカイの部品かのように動いています。

細分化された単調な作業は、生産の効率をあげるためですが、いかにもつらそうです。じぶんがいま、どこで何をしているのか、そのことにどういう意味があるのかなどは、わからないまま、キカイの前で単純作業だけをするので、つまらない仕事になってしまいます。スマホの時代も、キカイ的な時間処理が生み出す作業の繰り返しは、いびつな情報社会を生み出しています。チャップリンの話は、キカイ化がはじまったころの作業のあり方についてのコメディですが、いまでは決してただのギャグとはいえない、不気味な現実味をおびています。1936(昭和11)年の作品ですが、古びていない、すばらしい風刺作品です。

仕事をするとは、生活の糧を稼ぐことのほかに、それを通して世のなかに役立つこともめざしています。金儲けのほかに、世のためということがあるのです。だれにも向き不向きがありますが、これが世のなかで役に立つ仕事だというものをみつけることは大切です。何かある分野で、きちんとした知識を持つひとは、あることに行き詰まっても、慌てないですみます。本を読み、教養をつんだひとは、たったひとつの選択肢しかない、と考えて慌てることがない。選択肢Aに対して選択肢BやCをみつけられるひとは、Aしかないと思うひとより、ゆとりがあり慌てないですみます。そのひとの遺伝子、親の仕事、生来の文化、倫理的な観念に起因する因子（育ち方）などを、じぶんで選ぶことはできません。だからといって手をこまねいて、安心するのも落胆するのも、人間として生きていくには軽率です。

多くの情報を集めるという行為が、多くの情報を惜しげもなく使い捨てにすることになるなか、じぶんをどうつくりあげていくかについては、いまなお呑気すぎます。ひとが、生まれ、環境、遺伝子などに恵まれるのは、運でありラッキーだといえることです。日本人という平和な国にうまれ、おだやかにこの70数年を過ごして来られたことが、どれだけすばらしい恩恵かを率直に認めて謙虚になり感謝する必要があります。幼少期に虐待を受けていた者は、残忍で卑劣な行為に走ることがあります。じぶんとしてはよかれと思ってしていたことが、予期しない評価を招くこともあるのです。

ソクラテスのことばは正論すぎて、アテネのひとの誤解を招きました。社会において「王」とみなされるほどの人物が、さまざまな局面において、仮面や迷妄を剝がされて、裸になっていくのが、ソポクレスの『オイディプス王』の怖さです。そういうことが、一回的な人生のなかの不気味な原型を示唆しているのです。問題のありかを知ることで、今後どう行動すべきかについては、いくらでも考えるべき選択肢がありま す。ヴィジョンを抱き、夢を見ることは必要です。わたしが紛争渦中の国にではなく、日本という平和な国に生まれたことが、どれだけしあわせなことか、改めて受けた恩恵の大きさを思います。

8　わたしらしさ

そのとき、わたしは、じぶんの耳を疑いました。

〈関西弁の〉〈せやさかいに〉は　理由をあらわす助詞である

そんなことが言えるのか！　中学生になって初めて聞く、関西弁の分析に、ショックのあまり、わたしはかるいめまいさえ覚えました。大学を出たての先生は、威勢のいい、張りのある甲高い声におかしさの籠もったひとでした。それが担任の藤田五十鈴先生。先生の話には意外性があり、生徒からも質問が次つぎに出て来るのです。そんなとき先生はどんな問いも撥ねつけないで、教室へ持参してきた『廣辭林』を目の前でひろげながら、そうか、そういうことか、知らなかった、と言われる方でした。（『広辞苑』の刊行は1955年。）

先生はある日、関西弁を国文法で分析するとこうなる、と明言されたのです。わたしにとっては衝撃《ガバ》でした。そんなことが言える！　わたしは心のなかをぐるぐるかき回されました。翌日三木の大林書店へ行き『廣辭林』を注文。昭和24（1949）年、12歳の新学期は覚醒の瞬間でした。その後、模擬試験をやるといって出された問題も風変わりなものでした。「〈みずから〉と〈おのずから〉を使って、短文を5つ作れ」という問題でした。「きみは3つ書いていたね」と言われたのを覚えています。

そのとき、わたしは、情報というより、考えるきっかけ（occasion）をどかんと与えられたのです。

その後、作文の宿題で、真ん中あたりに関西弁をいれて書いたところ、全体の統一が崩れていると指摘され、それに不満だったので、『毎日中学生新聞』に投書したところ、掲載時の選者からも同じようなコメントを受けました。

先生は、バレーボール部の監督でもあり、当時常勝校だった口吉川中学を破って東播地区を優勝に導いた方。新憲法発布にあわせた、細川中学の新しい校歌の作詞者でもありました。（校歌制定の記念に、音楽担当の平田先生とわたしが演奏した記念レコードがつくられました。細川中学はその後、口吉川中学と合併して星陽中学と改名しています。たぶんあのレコードは行方不明でしょう。）

先生に啓発され、わたしの本を読む目つきが激変します。旺文社の懸賞に応募したところ、いきなり一等の賞品が届いたのもそのころです。賞品はズボンのベルトにつける黒いバックル。Obunsha と印字してあるのが見えるように付けていた中学生でした。こういうことがある、それはこういうことだ、と気づくと、目覚めるのです。そういう驚きは目覚めとか覚醒だけでは言い尽くせません。本を読む、辞書をひく、文を書くとは、そこにないものをことばとして外に出して相手に気づかせることです。それがわかると、そこがターニングポイントになります。わたしがわたしであることを、じぶんではわかっているつもりでも、そういう圧倒的などやしつけに出くわすと、もう他のことはどうでもよくなって、不思議な元気が湧いて来ます。それが「わたしらしさ」の形成になるのなら、そうどやしつけて下さった先生は、ソクラテスのいう「あぶ」になって、わたしの目を開かせて下さったのです。それは知識の詰め込みでなく、質的レベルの高いところで相手をノックダウンすること。これ以降、何人かの会話でいろいろ気づかされました。

わたしがわたしであることには、いろいろなバリエーションがあります。これだけがわたしのあり方だという紋切り型のもので考える必要はありません。わたしはわたしでいい。しかし、他のだれかと較べたときのわたしが、その場でどう対応するのか、そのときの状況の読み取り方次第で、そのときどうするか、わたしのありようが分かれて来ます。じぶんがひとりだとか、ものを知らないからといって、怯《ひる》んだり卑下したりすることはありません。スマホは何でも教えてくれそうですが、スマホの情報は、過去の情報です。未来の情報は、だれにもまだわかりません。そういうことを改めて考えていくのが、心に何かを秘めた、より人間らしい人間の生き方になるのです。

気づいた者は、じぶん以外に気づいた者がいるかどうかなど、気にしなくていい。そう気づいた者はそのまま放置していてはいけないのであり、どこかで声を発する必要があります。それほど事態は重大であり、どうでもいいことではないからです。旧約の預言者はそういう境地のなかで必要なことを発言したひとです。宗教改革のルターもそうでした。そのとき、だれかが「そうだ」とか「いいね」と共鳴してくれたわけでなくても、必要なことは、時をみて、ことばを発していかないといけないのです。

それが結果として、のっぴきならない「歴史」になります。ただし、その感動がわたしひとりの感動なら、公けに記録されることはないので、公的な出来事にはなりません。それでも、そのとき感動したことは事実ですから、私的記憶として、それがあった、と主張することはできます。それがたったひとりの内的な出来事であっても、見えない静かな感動が起きたなら、そのひとの自分史上の大事件として、永続する歴史的な事件になるのです。そのさいかれの体験を、同時代のだれかが証言するかどうかは、重要ではありません。そのとき、かれがどれだけ感動したのかを説明することはむずかしいのですが、その確信があるかぎり、証言してくれる同時代人がいなくても信憑性がないとはいえないのです。

「人間は考える葦である」という警句で有名なパスカルの『パンセ』は未完の著作です。草稿通りに訳すと、どこか間の抜けたものになるので、要点をひろうと、これがパスカルの「わたし」論になります。

〈わたし〉とは憎むべき存在である……きみはそれに覆いをかけるが、だからといって、覆いを取り去ってはいない……わたしがわたしを憎むのは、わたしが不正であり、すべての中心になっているからだとすれば、わたしはわたしを憎みつづけるだろう。……わたしには二つの性質がある。それはじぶんをすべての中心に据える点で不正であり、他者を従属させようと望む点でははた迷惑である（B455）

もしわたしが判断力や記憶力が優れているからといって、愛されるとして、このわたしはたしかに愛されているのか……あるひとの魂の実質をそれがどんな性質でも、抽象的に愛するなどということがあるだろうか。それは不可能だし、不正である。だからひとが愛されることは決してない、愛されるのは性質だけである。もしそうだとしたら、地位や職務のせいで尊敬されるひとを軽蔑してはいけない。だれでも借り物の性質のせいでしか愛されないのだから（B323）

わたしたちは他人の心のなかに形成されるわたしのイメージにあわせて想像上のじぶんを生きることを望み、そのためにみかけを整えようと努力する。たえずひとの目につくじぶんを飾りたて、それを後生大事にまもり、ほんとうのじぶんをなおざりにする……わたしたちは想像上のじぶんなしにはじぶんに満足できない。しばしば一方を他方と取り替える。これこそわたしたちの本来の存在が虚無に等しいことの何よりの証拠である（B147）（『パンセ』岩波文庫）

じぶんにはしっかりしたじぶんがあるつもりでいても、境遇は肉体的にも精神的にも知情意のいずれにおいても、日々変貌しつづけます。じぶんの核になる本質を見極めることは、できそうで、できない。パスカルはじぶんの描くものは、じぶんの本質ではなく、その推移だと言っています。年老いたじぶんに、ひとから愛される価値があると言えるものがあるわけではない。そこにあるのは、愛されたいという欲望にすぎないから、わたしという存在は、憎むべき存在だと言うのです。

わたしがわたしであるとは、わたしがだれか他のひとの前に居ることですが、わたしがそこに居るだけで、お互いに対面的な磁場ができて、心おだやかに落ち着いてなど、いられないということがあります。サルトルはわたしの前にいる「他者」は、わたしを救いのない苦しい「地獄」のような状況に追いやるから、他者はわたしにとってつらい「地獄」になると考えたひとです。他者がそこに居るだけで、お互いにみつめつづける、出口のない地獄になり、そこが天国にもなるとは考えられなかったのです。（拙著『われとわれわれ』第一章参照。）

ひとはたとえ気づいていなくても、いや、気づかないときこそ、絶望している、とキルケゴールは言います。（『死に至る病』）絶望しているじぶんに気づいて、素直にそれを認めて生き方を改めようとするのではなく、じぶんがそういう状態にいると気づきながら、あえてその状態に開きなおって改めようとしないひとも、絶望している。それは「強度の絶望」だと、キルケゴールはいうのです。
絶望しているじぶんに気づいて、誠実に、高みをめざして生きていきたいと、あるべきわたしを設定するのでなく、それがめざす指標にはならず、かえってそこから遠ざかるひとがいる。在るべきじぶんのことを、じぶんはもうとっくに気づいているが、それでいて、なおもいまの日常性に埋没している。こういうわたしのありようを、ハイデガーは、ただの「ひと」（das Mann）と呼んで警告を発しました。
リルケはどこのだれでもない、だれかのちっぽけな死、名前などないのも同然の無差別な死というのが、ひとりの人間としては、どれだけむなしくさびしい死であるかについて、こう語っています。

いまでは559もベッドでひとが死んでいく……こんなに莫大な生産量では一つひとつの死をそんなに念入りに仕上げるわけにはいかない。しかし、そんなことは問題にならない。量が問題なのだ……じぶんひとりだけの死を持ちたいという願いはめったに見られなくなる。もうしばらくすれば、じぶん自身の死などは、じぶん自身の生と同様、稀なものになるだろう……
（『マルテの手記』）

こういうさびしい無意味な死に対して、わたし自身の死を取り戻そうとする、リルケの切なる願いは、悲痛な祈りとして、こういうかたちに結集されています。

施療病院に　死はあるだろう
だが少年のころ聴いた　荘厳な

偉大な死　というのはない
病院にあるのは　ちっぽけな死　ただ無差別な死だけだ
主よ、それぞれの人間に「わたし自身の死」を与えたまえ

いま、ひとは愛からも意味からも切り離されて、ただの名なしのひととして、じぶんらしさを失くしたまま生きている。それはあんまりだ。ひとりの人間のいのちには、何らかの意味がある、そのひとのそのひとらしい死を大切にしていこう、とリルケは考えつづけたのです。

わたしのわたしらしさとして、アイデンティティを確立するのが、青年期の重要な課題だというのがE・H・エリクソンです。(『アイデンティティ』)いまの日本には、受験という通過儀礼があり、望めば女子も教育は対等に受けられるわけですが、ついこのあいだまで、女性だから短大くらいにしておけといわれて、4年制の大学へやってもらえないひとがけっこういたのです。(わたしの同級生や教え子にそういうひとがたくさんいました。)ただいまは不運にも、非正規の社員として働かざるをえないひとが少なくないという問題があります。そういうひとの実状が、コロナのせいで、ますますきびしいものになっていることは、正式なデータにはあらわれにくいゆえ、深刻です。

ネット社会では、コピーとオリジナルの区別があいまいになり、教えるひとと教えられるひとの区別もあいまいです。確固とした権威がどこにあるのかもあいまいです。ケータイがあり、テレワークがあり、場所を越えて、ひるもよるも、居間にも寝室にも、連絡が侵犯してくる時代です。そういえばハーヴァード大

学に居たころ、リースマン教授の秘書は、電子タイプライターから自由になるため、昼休みには駐車場でサンドイッチを食べていました。昼休みの間だけは解放された時間として確保したかったのでしょう。（テレワークの時代、食事時間帯に来る電話から自由になるには、電源切断もやむをえないのでしょう。）

じぶんのことを考えるだけで忙しく、他人《ひと》のことや国家のことまでは、傍観者（観客）であるかのように、ひとごととみなす者が増えており、政治に関心をもたなくてもいいと考えるひとが多いようです。

わたしらしさというのは、わたしがわたしである、ということ。わたしがわたしであるというのは、わかっているようでわかりにくい。わたしは同じように見えて、たえず変貌をとげています。その時代、その国で求められる「わたしらしさ」というのは、いつの時代のどこでも、いつも同じとは限りません。どこかにその時代の、その文化の特徴のようなものがあり、いまから考えると、不思議なほど、だれもがそういう生き方をしていたということがあります。だからといって、いつもふらふらしているわけではない。男らしさ、女らしさ、子どもらしさ、親らしさなどは、基本的には変わらないですが、いつでもどこでも、まったく同じだとみなすのには、少し無理があるということです。

昭和20（1945）年の日本人の平均寿命は男子23・9歳、女子37・5歳でした。（『増補・情報の歴史』）

あの戦争直後の人口分布は、とても異常なものであったのです。わたしの学生時代の平均寿命は、せいぜい50、60歳でした。かつてのひとは、年寄りといっても、いまよりもっと若死でした。いま日本の平均寿命は男性が81・41歳、女性87・45歳です。2060年には男性が84・19歳、女性が90・93歳になるそうです。いまに100歳に耐えうる備えをしておく必要があることになるのでしょう。

日本語は第一人称の「われ」の多いことで、世界に類をみない言語だそうです。日本語で書くときも話すときも、「わたし」と書くか、「おれ」にするか、「うち」にするかで、そのひとの立ち位置が変わります。一人称は使い方次第で、じぶんの階級意識や帰属意識が明確になります。その言い方だけで、へりくだっているのか空威張りした言い方なのか、軽蔑した言い方なのか、それぞれ微妙なるニュアンスをこめることができるのです。一人称の例として、次のようなものがあります。

それに方言によるバラエティが加わると、気が遠くなるほどのものがあることになります。

わたし、わたくし、おいら、あっし、
俺、わし、拙者、あたし、あたい
うち、わて、僕、己、下僕（しもべ）、
私、手前、自分、余、我、吾、我輩

手前は「てめえ」となるとじぶんのはずがいつのまにか、相手（第二人称）になります。「われ」も一人称のはずが、二人称としても使われます。関西では「きみ」というところを「われ」ということがあります。くだけた言いまわしでは、おれ、わて、わい、わし、うち、おいら、あっし、手前、貴様などいろいろな使い方があります。青山南編訳の『パリ・レヴュー・インタヴュー』には、作家たちが文章を書くときの本音が出ていて、面白い会見が目白押しです。たとえばヘミングウェイの作品なら「わたし」と訳すでしょう。アーヴィングなら「ぼく」がいい、ケルアックでは「おれ」にして、品のいい女性のディネーセンの『アフリカの日々』では「わたし」がいい、という具合です。毒舌のドロシー・パーカーなら、「あたし」にして、ゲイのカポーティでは、「ぼくは田舎にいたの」という女ことばでもいい。翻訳も大変です。

わたしがわたしであるというのは、じぶんの実力とか才能のせいだと簡単に思い込むのは、はやとちりというべきでしょう。そのひとが、そういう素質をもって生まれたこと、その国、その地方に生まれたこと、その時代に生まれたことは、そのひとの力というより、どこか運命のようなところがあります。紛争地帯にいる子どもには、おけいこや塾や受験勉強は望むべくもないのです。

わたしは戦前の神戸に生まれ、戦後東京の大学で勉強し、アメリカが世界制覇をはたしていた黄金時代にアメリカへ留学して新婚生活を送ったなどというのは、すべて望外の身に余る恩恵であったと、ひたすら感謝するほかないと思っています。主体性とか自己意識というものを問題にするとき、じぶんにそういうものが備わっているのをじぶんの功績のようにふるまうとしたら、それは恩知らずか傲慢というものです。そこを素通りしないよう、牽制球を投げておきたいと思います。

ふだんは「わたしたち」とか「おれたち」とかいって、「わたし」とは言わないわたしが、「われわれ」というとき、複数の主体というより、ただ名目的な「われわれ」に逃げているだけかもしれません。

工場で働くひと、農業で働くひとには、おれとかわしらが多く、ぼくとかわたしとは言わないでしょう。方言のバラエティはじぶんの住んでいたところ以外はわからないほど多彩です。スキーで出かけていた妙高のバスのなかでは、地元の中高生の女子が、じぶんのことを「おれ」と大きな声でいっていました。

夏目漱石の『坊ちゃん』では、同僚のあだなとして、赤シャツ、うらなり、山嵐などがあり、「あいつ」、「あの野郎」、「かげま」(男娼)など、いろいろ言い換えられていますが、英訳の *Botchan* をみると、Redshirt

や Ikagin などはあるものの、山嵐は堀田（Hotta）、うらなりは古賀（Koga）になり、蔑称は、端的に you とか he になっているため、日本語の原文がかもし出す、微妙な言い回しに込められた、からかい、あてこすり、皮肉などは、あまり出せていないようです。

日本人はお互いに相手（なんじ）を思いやる姿勢をとって、相手におたくとかあなたと言いながら、おたくどうするが先になっていて、肝心のじぶんの立場があいまいです。そういう状態を森有正は「二項結合方式」と呼んで、「なんじ」と「なんじ」の関係はあるが、そこには三人称が出てこないのが日本的な人間関係であり、日本語の特徴だと指摘します。しかし、森は、われ（I）が I を隠したまま、いつのまにか I が狭いわれわれ（we）になって、we が we と言いつつ I になってしまう、日本的な I のしたたかさが巧妙な無責任態勢になること、おたくとおたくの関係が私的で排他的になり、I の関心は狭い we だけに向かって、we 以外のものをかれら（they）とみなして we 以外は存在しないかのように排斥することに目をむけていません。（『経験と思想』）これがわたしの森に対する不満です。おたくどうする？というふうに、互いに相手の出方を確認する二人称が支配的になるため、狭い we 以外のものは居ないかのように、あとはすべて they とみなしてはじいてしまう。そのため、よりひろがりのある we を形成できないスマホ人間の問題点については無頓着な発言になったまま、ノートルダムとか経験をいうことに終始している森の発言は、倫理学者としてのわたしには見逃せない問題点だと思います。

おたくどうする？、おたくは？というふうに、わたしが相手にする相手を意識していて、どちらからも、積極的なじぶんを出してこない。その結果、主体的な「われ」というより、あいまいな「われわれ」ということでごまかすことが多い生き方になるのです。

「われ」でなく、「われわれ」という名の「われ」が支配的で、狭いわれとわれが、いつのまにか狭い「われわれ」に収まって、「われわれ」以外を排除する狭い「われわれ」を生きるとき、「われわれ」以外を「かれら」として突き放し、視界から消し去るのです。we でないものは they となり、「われわれ」にとっての「かれら」的な存在は視界にないとみなし、そこに居ても居ないとみなすので、狭い「われわれ」だけに関心を抱く、視野狭窄的な狭い we を生きてしまう。これがいまのネット社会の問題だ、とわたしは考えています。

「いいね」と言ってくれる「そば友」で構成された we の狭さとかるさが、フェイスブックなどで気兼ねのないおしゃべりの場を提供しているとしても、それだけで終わる人生は、「いいね」を言いあう程度の狭い「われわれ」以外の者を排除していることを忘れていなければいいのですが。we でない者のなかに含まれているひととして、弱者、障がい者、妊婦、老人らには、あまり目がいかないまま、いまはじぶんには関心がないため、同情しない、共感しない、気にしない、という生き方になるのが社会構成としてどうなのかという問題です。

ネット社会にはそういうひとが優勢な社会になっていて、じぶんの関心のある狭い we 以外は、すべて they とみなして排除するため、we 以外は居ないかのようにあつかわれているのが深刻な問題だとわたしは指摘しています。（拙著『われとわれわれ』（1974年）、『iモード社会の「われとわれわれ」』（2002年）、『情報化社会の倫理的想像力』（2019年））

1976年、サバティカルでハーヴァードに1年滞在しました。そのとき、エズラ・ヴォーゲル教授はサバティカルあけで、新しい著作を熱く講義されていました。それが『ジャパンアズナンバーワン』です。わたしはかれの発言にいたく刺激されつつも、その邦訳は固辞し、それよりじぶんの著作を書くと宣言し、日本の経済成長や貿易摩擦の根源にあるものを解明して、日本的な「時間」意識こそが問題の根源だと指摘しました。ヴォーゲル教授やハーヴェイ・コックス教授の院生のゼミで発題したのがTime as Japanese Civil Religionです。(*Look Japan*, 1979年9月号、10月号に掲載)

わたしの論旨は、日本人が古来単一の時間線上でせめぎあい、もたれあい、画一的・没個性的に働きつづけている時間地獄が、生活、教育、ビジネスなどで独特のライフスタイルを形成している。それがチャンスと時間の一回性であり、ターンをあてにする思想であり、不連続への怖れ、同時的行為の強調である、というもの。これは和辻哲郎がドイツ留学の成果として『風土』を書かれたのを意識して、「時間」から日本を捉えたつもりです。これが『時間意識の構造・日本的活力の根源』(PHP研究所、1979年)になり、1984年のサンパウロ大学のシンポジウムの発題につながり、のちに『日本人の時間意識・国際化社会への道を開く日本人論』(三笠書房、知的生きかた文庫、1987年)になりました。

わたしとしてはヴォーゲルのいう、日本的な品質管理、義務教育の水準、犯罪の少なさが日本の活力の説明としては不充分であり、他の要素も考えるべきだとして、「市民宗教としての時間」論をハーヴァード大では神学部のコロキウムや社会人講座でも講演し、説明をかさねたのです。そのとき、議論の相手をしてくれたのが、グレン・フクシマであり、メリー・ホワイトらの当時の若手でした。帰国後は日本基督教学会のシンポジウムでも発題しています。(「市民宗教の対決・日本におけるキリスト教倫理の課題」『日本の神学』29、1990年9月)

わたしにとって「わたし」という存在は、よくはわからない未知の存在です。じぶんのことは、ほかのだれよりも知っているはずのわたしでさえ、だれかが「あんたは、たぶんこういうひとだね」と説明してくれるのがうれしいのです。これはからだの具合が悪くて医者へいったとき、ただの風邪です、といってもらうと、ほっとして帰って来るのに似ているのかもしれません。からだのことなら、医師がなにか言ってくれますが、じぶんの精神状態になると、だれに聞けばいいかわからないので、だれかが、あなたはこういうひとだ、といってくれるのを待っているのかもしれません。

アメリカ人は日本人以上に精神科医のところへ行って、有料で規則的に会話をしてもらい、じぶんというのを確かめて帰って来るひとがけっこういます。わたしのクラスメイトに、いつかの「せやさかいに」の話をしても、だれも覚えていません。だれか他にも気づいたひとがいたかもしれないけれど、あのとき、わたしは感動した、あれこそがわたしを形成する分岐点（起点）だった。そのことを、わたしの体験としてそう主張していい。

わたしはほかのだれかに似ているかもしれないが、決定的にほかのだれとも違う状況に直面するとき面食らってどうしたらいいのかわからなくなる。その単独の体験が、以後のじぶんの「じぶんらしさ」を形成する契機になる。だからといって、他にわたしとはまったく別の感動をしたひとがいても、もちろんかまわない。問題はそのとき、そう思った。そのことをいま語りたいという、私的証言をしてみたいわたしがいるということです。他に感動した者がいたかどうかはわかりませんが、わたしがそう確信するかぎり、そのことがあったかなかったかはどうでもいい。わたしは、見た。わたしにそう言える自信があるかぎり、わたしは見たのであり、気づいたことにまちがいはない。そう信じ、そう証言するだけです。

そういうのっぴきならない出来事が、人生にはいくつかあって、それがそのひとの存在の分岐点になります。そのとき気づかなかった者はわからないままですから、わからないものはわからないままです。

ただそのとき、じぶんのために声をあげ、共鳴し、賛同する者がたとえいなくても、わたしの心にのこる事件は、わたしのなかに強烈な記憶として在りつづける。これが内的歴史の大事なポイントです。

わたしがそれを体験した、それはじっさいにあった、というひとがいるとき、後代の者が、その証言の信憑性に関心を抱かないこともあるでしょう。ただでさえ目の前にうろうろする画像が溢れている時代です。よほどのことがないと、多くはかき消されてしまいます。証言者がいつも歓迎され、証言を評価されるということはありません。ただじぶんとしては、こういうことがあった。それが真実だと証言するだけです。その証言を保証し確認してくれるものが同時代にあらわれるかどうかはわかりません。それが事実だったかどうかは、後世の判断に委ねればいい。もしそれが、実際にあったのなら、あったと言うだけでいい。

もし、なかったのなら、なかったと言うだけです。ただし、現実になかったこと、わたしの知らなかったことを、あったと証言される場合、わたしは不利な立場に立たされます。同じときにそこにいても、違うものを見、違う印象を受けることがあります。わたしについて、不利な証言をされると困ってしまいます。ここで確認しておきたいのは、そのときわたしがそう思ったということであり、それがじっさいにあったことなら、それが単独の人間に起きた、ということでかまわない。わたしは、それを見た。そう思った。そう証言する他ない。わたしとしては、それが、あったというほかない。同時代のだれかが、認証してくれるかどうかはどうにもできないこと。もともとそういう証言には客観的信憑性はないのです。

イエール大学に着いて最初に注意を受けたのは、掲示板を注視すること。掲示板の不注意で生じるミスはきみの責任だよと釘をさされました。バックネル大のオリエンテーションでは、この町では金曜日はアルコールも肉も買えないから、と言いながら、川向こうの町ではアルコールも肉も手に入る、というので何だか子どもじみたゲームの感じがしました。州や町によって決まりが違うため、場所を変えれば、いかようにも好きなことができる。ルールは決めているが抜け穴も用意してある。それが多元主義をいうアメリカ的なプラグマティズムだとわかり、拍子抜けがしました。

これがアメリカの正義であり自由だというのは、極端なこと（たとえば禁酒法）をやっても、それですませられるのだと納得しました。民法も交通法規も州により違うから、弁護士も警官も慎重ですが、抜け穴を知っている。離婚したあと、どの州へいけばはやく再婚できるか、義理の娘と結婚できるのは何州かなど。車の左折、右折についても州によって決まりが違うから、他州のくるまだと、取り締まらずに放置するのです。

これがキリスト教国アメリカの合理性だとわかり、だまし絵をみているような感じでした。大統領の発言はおかしいと言いながら、数にものをいわせて、投票総数が決め手となるため、批判されながらその強引さが認められる仕組みが通ってしまう。トランプの生き方は西部劇と同じであり、アメリカ的発想は自国ファーストであり、先住民やメキシコ人を征服するのは、かれらの正義なのです。

じぶんがじぶんであるために、だれかの「思想」をただ受け入れ理解するだけでなく、じぶんの想いを「私想」として持ちつづけ検討することが必要です。じぶんがじぶんになるために欠かせないポイントとして、わたしはこうするが、そういうことはしない、という見識を持つことは必要です。そう考えて『倫理私想』という本を書きました。それがだれかから教わったことであっても、じぶんの想いとして受けとめ直したうえで、じぶんのことばで語るのは、ただの受け売りとかおうむ返しとは違います。

それらはわたしの「私想」であり「詞藻」ですが、受け売りとは違います。成りたいじぶんに成りたい。じぶんがじぶんでありたいと思うなら、じぶんのことばでじぶんの考えることを述べることは大切です。そんなのは当然だというひともいるでしょう。そういう努力を営々とやって来て、そのことで生きて来た方が、いまも求道と模索をつづけておられること（たとえば伝統藝や手作りの作業）をまのあたりにしますと、仕事をもち職業につくことは、ただごとではないとわかります。ありきたりの仕事をやるのでなく、じぶんがみつけたじぶんらしいやり方で微調整する仕事というのは、ないわけではありません。ひとと同じ仕事をやっているように見えて、じぶんなりにアレンジしている、そういうつもりのひと（中小企業の職人さんや伝統芸の方）がいろいろ創意と工夫をかさねておられるその意気のあるところを見逃してはなりません。

倫理的に生きるとは、ひとりの人間が、大人として、男として、父親として、元教師として、文化を超えた生き方を自在にこなしながら自由に羽ばたいて生きていくことです。本人の工夫の仕方次第で、無限に近いほど、可能性はいろいろあります。それぞれの持ち場で、じぶんの必要だと思うものを拾い上げて、それを根絶やしすることのないよう、ささやかでいいから、じぶんの身辺でそういう生き方を維持していくのは、未来につながる大切な事業です。

それはたとえひとりでも、それに気づきやりつづける者がいるなら、そのまま消えていくことはありません。伝統を維持しながら共存していくことで、お互いがお互いの伝統をまもっていくことができるのです。新しいじぶん探しは、じぶんのまわりとの関わりのなか、社会とか環境にも配慮しながら、じぶんを新しい工夫と挑戦で日々たたかいつづけるひとが初めてなしうる「わたし」の完成になります。
ルイス・キャロルの『鏡の国のアリス』では、チェスの女王がアリスの手を取って「もっと早く、もっとはやく」と走りつづけますが、まわりの木はその位置を少しも変えていないのに気づきます。

どんなに速く走っても　何かを通り越すということは全くない
アリスはへとへとになり、ふらふらになって
地面に座りました
ずっとこの木の下にいたんだわ！
何もかも前と（そっくり）同じじゃないの！

アリスが必死になって走りまわっているのに、まわりの景色が変わっていないというのは、ランニングマシーンの上にいて、ダイエットのために走り続けるようなものなのでしょうか。じぶんのやりたいことをしているといっても、それをすることが、ただのわがままであるかもしれません。世のなかが変わっても、じぶんが変わるわけではありません。じぶんが変わっても、世界が変わるわけではない。まわりが読むものは、じぶんも一応目を通しておく程度のことなら、じぶんを変えるほどの力はないでしょう。
「ひとりでいたい」ということと、だれかと「つながっていたい」ことを可能にする媒体として個室《シングルルーム》でのメールは、欠かせません。わたしが、わたしひとりになる「孤独」に耐えられるほど強靱ではないので、

たとえば何気ないメールで気を紛らわせていないと落ち着かない。しかし、夜も昼も、外でも家でも、連絡をとりあっていると、落ちついた時間をとることがむずかしくなっていきます。

ひとはほんとうは、何をしても、だれに会っても、ひとりぼっちなのです。ふだんは何となく、だれかといっしょにいたりすると、ひとりだなどとは思いませんが、肝心の何かがあるときには、わたしはひとりの人間になってしまいます。そのとき慌てないですむためには、ふだんから少しはまわりと違う、じぶんらしい生き方をしておくことです。

フィリパ・ピアスの『トムは真夜中の庭で』は、子ども向きのような顔をしながら、むずかしい時間論を展開しています。物語は、古時計の文字盤のなかの「もう時間がない」という句を謎に、夜中の13時の音を聞いてから始まります。「もう時間がない」ということばで示される、この世を超えた時間のなかに入ったトムは、庭園のなかの、無限の時間のなかで、じぶんの生き方を存分に発揮します。しかし、庭園から二階のベッドに戻ると、おじやおばに代表される、人間関係、家庭や母親に代表される無理解などにふたたび束縛されてしまうのです。

トムが物語のなかで体験する13時以降の庭園の時間は、現実の時間とは別のファンタジーの時間でした。ハティのいるファンタジーの庭は、昼間からそこにある、ふつうの庭のように見えて、そうではなかったのです。真夜中にトムが庭を探検するとき、13時になれば見える、新しいファンタジーの庭がそこに展開されていたのです。こちらの時間とは別に、庭のなかの時間がそこでは動いていたのです。ひとはそれぞれじぶん独自の時間をもって生きています。ほんとうはだれの時間も、ある大きな時間のなかの、ごく小さな部分にすぎないのです。13時が過ぎてから、トムが庭を歩いても、庭には足跡など何もつきません。トムにはまるで重さがないかのように、また他のひとには、トムは見えないままのようです。

じぶんにはよく見えているのに、相手には見えないままの時間があります。庭のなかでは、ホールにあるいつもの大時計の針も進んでいません。トムはまるでドラえもんか「透明人間」であるかのように、ドアを自由に通り抜けて庭へ出ることができました。パジャマ姿で足のスリッパが片足だけのトムが、そこにいるのに、だれも気づかないままでした。そこは冬なのに、さむくは感じないですみました。

蝶は毛虫の時期を経て、美しく羽ばたいていきます。理屈ではわかっていても、〈ちょうちょ〉は好きだと言いながら、毛虫は鳥肌が立つほど嫌いだというひとがいます。緑の木々はこのうえもなくすてきだと言いながら、枯れ葉を食べ、枯れ葉を土に還元し、森林を守って過ごす、みみずのことなど、だれも知ろうとしません。わたしたちはけっこう身勝手なのです。子どもから大人になり、成熟していくのは、年齢だけの問題ではありません。そこには、ある時期を経て、それまでにない、質的に新しい何かが加わって初めて、大人というものになっていきます。たぶんそこに何らかの「通過儀礼」が存在するのです。


けさ、起きてみると雪が降っていました。雪がふると寒いというひとは多いでしょう。

わたしは雪を見ると元気になります。

なぜ雪は白いのでしょう。あさはやく、白一色のゲレンデに出かけるときの、いつもわたしの心をよぎる素朴な疑問です。雪がやわらかく降りてくる、白くやさしく降りてくる、しかもまわりをダイヤモンド色に輝かせながら降りてくる。その様子を見ていると、自然界の造物主の存在を、思わずイメージしてしまいます。なぜ雪は白いのでしょう。途中の塵《ちり》などで汚れてしまうことなく、降りてくるときは、いつも白いすがたで地上におりてくるそれは、神秘的です。ボストン郊外にいたときは、雪が降るたびに、いつもあさの雪かきに精を出していました。家の前で雪に足をとられてだれかが転ぶと、訴えられるというので、どの家も家の前の歩道の雪かきは、朝晩の欠かせない作業だったのです。

宮沢賢治の作品には、方言を用いた表現が、郷土色豊かな幻想に充ちあふれています。これを岩手出身の友人に、方言通りに読み上げてもらったことがあります。その声色まで東北弁で言えるひとの声をうまく聴き取ることができれば、もっと魅力ある文章になるでしょう。これが宮沢賢治の『風の又三郎』です。

どっどど　どどうど　どどうど　どどう
青いくるみも吹きとばせ
すっぱいくゎりんもふきとばせ
どっどど　どどうど　どどうど　どどう

兄賢治のよき理解者だった妹とし子は、24歳の若さで亡くなります。結核でした。妹を悼む詩では、「あめゆきをとってきて下さい」が「あめゆじゅとてちてけんじゃ」になっています。賢治の『無声慟哭』は、いとしい妹への思いを、なじみのある方言で、哀切に表現しています。

けふのうちに　とほくへいつてしまふわたくしのいもうとよ
みぞれがふつておもてはへんにあかるいのだ

（あめゆじゆとてちてけんじや）

蒼鉛《さうえん》いろの暗い雲から　みぞれはびちよびちよ沈んでくる

ああとし子……

どうかきれいな頬をして

あたらしく天にうまれてくれ

歌謡曲や演歌の歌詞を字句通りに受け取るひとなどいないというひとは多いでしょう。それにしても、何気なく聴いていると、その古さ、マンネリぶりには唖然とします。それを若いひともカラオケなどでうたうというのをどう解釈すればいいのでしょうか。たぶん、その雰囲気がことばを超えて魅了するのでしょう。ミナトヨコハマからお台場へと舞台は移ったかと思えば、青山、表参道、新宿、池袋、御堂筋はいまも健在なのでしょうか。そこでは、ゆめはいまもよる開く、うその花であり、おんなの夢は「着てはもらえないセーターを編む」女の時代から、あまり変わったようには見えません。

リオ・デ・ジャネイロの夜の席で、紹介された日本のうたは *Sukiyaki*（「上を向いて歩こう」）でした。バンコックのスナックでは、*Kampaoi*（「乾杯」）がうたわれていました。日本人の心をあらわすうたはと聞かれて、これだといえるうたがわからないのに気づきました。竹山道雄の『ビルマの竪琴』では、「埴生《はにゅう》の宿」や「庭の千草」がBGMとして、くりかえし響いています。*Home Sweet Home* は、イギリス兵にも、なつかしい曲です。

ある日のこと、日英双方の兵士らが声をそろえて歌っている光景があります。水島上等兵が奏でる竪琴は、心にしみとおるものがあります。心のなかにひびくなつかしいメロディは、異国で聞くと余計になつかしいものです。「わたし」という存在を脳の記憶に限定して考えるひともいるようですが、たとえｉＰＳ細胞が脳を作れるようになっても、それだけで「わたし」になるとは思いません。人間が人間をどこまでも操作できると、うそぶく傲慢不遜な科学者には、警戒してかかる必要があります。

14歳だった頃のわたしは、いまもわたしのなかにいるようですが、わたしはいま84歳です。14歳のわたしも84歳のわたしも、ほんとうのわたしです。ある時期まで両親を尺度として生きていた子どももやがて、じぶんや会社を尺度とみなして、ひとりのおとなとしての責任を負う自己になります。しかし、わたしがもし神を尺度とするなら、無限のアクセントがわたしより上におかれることになります。自己をはかる尺度は、つねに自己が何に対する自己であるかというところにあると、キルケゴールは見ています。(『死に至る病』)

ドイツに留学した友人は、ある日、部屋の水道の蛇口が壊《こわ》れたので、「蛇口が壊れている」といって出かけたが、帰ってみたところ直っていなかったので、文句を言ったところ、あなたは「壊れた」とは言ったが、「修理してくれ」とは言わなかった、「修理代」をだれが支払うかを決めていないから修理は未定と言われたそうです。蛇口が壊れたというだけでは修理しない。修理代をだれが支払うかを決めないと何もしない、というのは日本ではないことです。日本では「われ」のなかに、「われわれ」という共同的なものが潜在していますが、修理代の支払い者が決まらないと次へすすめられない国があるのです。いま現役で活躍する選手はいきなり、いまの選手《ひと》になれたわけではありません。中高時代は監督の家に居候をさせてもらい、監督夫妻に支えてもらっていたひともいます。家族やコーチにはずいぶんお世話になっているわけで、ひとりの選手の背後には、多くのひとのものすごいエネルギーが使われています。いまのかれが決していきなり、いまのかれになれたわけではありません。

じぶんのことをしっかりやっているというひとは、じぶんのことだけに没頭しているひとでしょう。だれかに何かをしてもらうと、潔癖なまでにお返しをするひとがいます。しかし、何気ないときに、受けた厚意の大半はそのままになっています。

入院していていろいろお世話になる患者でも、若い看護師の悩みを聞いてあげて、こうしてみたらと助言のできる患者もいます。身体面では弱っていても、精神面で安定している年長者は、駆け込んでくるナースを慰めることができるのです。現役でやっている仕事のほかに、いつもどこかで一歩何か踏み込むひとがいて、そういうひとは何かボランティアになることもうまくできるようです。子育てをしながら仕事もし、気づいたことがあれば、さっさと何かひとつはやれるという、すごいひともいます。

どちらも、じぶんのことをじぶんでやるだけでなく、じぶんプラスアルファを持ちこたえながら生きているという意味では、じぶんに何か付加価値を加えているひとといっていいでしょう。社会的な観点からいえば、現役でないひとは仕事をしていないとみられますが、介護を受けながらもだれかに助言できるひとは、何もかもお世話になっているわけではなく、少しは何かをしていることになります。現役の芸人には、付き人や助手がいて、身の回りを助けています。トレーナーや整体師がつきそう選手も、関係者の支えなしに選手活動は成り立ちません。医師にはナースが、監督にはコーチが、学生寮では寮母さんの手料理が、選手の日々の活躍を陰で支えていることを見落としてはなりません。

わたしのわたしらしさなど、どこにもない、というひとはいるでしょう。それは外からすぐに見えるわけではありません。だれもが持っているこころは、じぶんにも見えないものがあります。たいていは、じぶんでもわからないまま、それでも取り替えにくい内面として何かがあるのです。石垣りんの詩や河野裕子の歌は、何でもないふつうのことをうたっているのに、それが個性的なそのひとらしさになっている例といっていいでしょう。外からの可視性はあまりなくて、見えにくいかもしれないが、そのひとが奥に何かを秘めて生きて居る。それを伝えようとして書いているのが、作家や詩人らの苦心の作品です。

コロナのせいでリモートが増えてから、自宅にじぶんの居場所がないひとにはご苦労があるようです。子どもの部屋はあるが、じぶん用の部屋のない父親は、家族の居間がじぶんの居場所になるわけですが、じぶん専用の空間がトイレくらいしかない父親は、自宅でテレワークをしていて腰痛になるひとがいるとか。じぶん専用の場所がないのは居心地が悪いものです。旅先でひろくて見晴らしのいい部屋に泊まっても、それがいつもの机や椅子でないとおちつかない。

ある動物実験のとき、いつもの古めかしい小屋から新しい部屋に移したところ、マウスの様子がおかしくなり、いつものように期待通りの発がん剤の効果があらわれなかったという話があります。マウスにもなじみのある建物の方がおちつくらしいのです。(中井久夫『徴候・記憶・外傷』)何でもない、いつものテーブルや椅子が、おさまりのいい場所にあって、じぶんをいつものじぶんにしてくれる、それほどありがたいことはないのです。

高校まで関西弁を使っていたわたしが、上京して大学生になってから標準語になったのは、ある意味でそこにささやかなアイデンティティの変容が生じたのかもしれません。そのさい、わたしは、関西弁を使えるわたしを表には出しませんが、味覚については我慢しかねることがあります。

先日、「きつねうどん」を出すのに、関西風の味か関東風の味かを選ばせる学食が首都圏にあることを知り、そういうやさしさもあるのだとうれしくなりました。なじみのある生き方は、方言や味覚において、じぶんに染みついた身体知となっていて、ほんとうはなくなってなどいないのです。ただそれを背後に隠し持ちながら、わたしは教師として50年ほど講義をつづけて来ました。国際結婚をしたひと、移住や移民でちがう言語をあやつるひとは、心のなかでは幼児期に使っていた数の数え方をいまもつづけているのでしょう。数カ国語が話せるというシュバイツァーは、数を数えるときは、幼児期のやり方で数えるといっています。

わたしたちはいま、生まれるときも死ぬときも、たいていは医療施設にいることになっているため、そのひとの誕生と死亡を家族は知らないままということが多くなりました。むかしは産婆さんが自宅に来てくれて出産するのがめずらしくなかったのです。わたしは弟が生まれるとき、隣の部屋で祖母や産婆さんが対応している気配を感じる経験をしています。ひとが生まれるときの、最初の産声を隣の部屋で聞いています。

産声を聞くというような体験は、もうだれにも実体験のない時代になっています。つらいことがあり、それに耐えられないからといって、アルコールに依存したり薬物に依存するひとがいますが、それは酔っているあいだだけ、くすりの効いているあいだしか効果はないのです。やがて元のつらいじぶんに戻るので、くすりもアルコールも救いにはなりません。

わたしの前にひろがる知の巨大な山には、とてもその頂きに達することなど望めないので、はやばやと諦めてしまいたくなりますが、だからといって、怖《お》じけることも怯むこともありません。じぶんだけがだめだと決めつけるのは、はやとちりです。限界を感じてこれ以上は無理だと思っても、すこしだけ挑戦の仕方を工夫してみると、意外なところで新しい視界が開けて来ます。

だめでもいいから、少し踏みこたえてみるとき、想像力も働かせて工夫してみるとき、世界がひらけて来ることがあります。あのひとはわたしに気がないらしいと邪推して、はやばやと身を引くのも、知らん顔をして別れてしまうのも、じぶんにとって正直な態度とは言えません。あっさりしようとしすぎるから、草食系などと言われてしまうのです。

好きなら好きだと言いつづける粘り強さも、ときには必要です。諦めたわけではないが、もうそれでいいやと、匙を投げてけりをつけて先へすすんでいけば、傷つくこともなく楽でしょうが、それでは人間としてのわたしはどこか、単調で紋切型の凡人で終わります。わたしがわたしらしさを引き出すためには、少しは冒険をし相手に賭ける勇気が必要です。

ケータイがなくなったとかケータイを見られたというだけで、自殺未遂をするというのは、それくらいのことしか考えていない、選択肢の狭さが絶望の原因になっています。世のなかには、それ以外の可能性はいろいろある、と考えて、あまり落ち込まないことです。諦めるのがはやいひとは、抵抗力がつかず、持久力のないひよわな人間にしかなれません。それくらいでめげるな、とじぶんに言い聞かせていかないと、とても情報戦争を生き残ることはできないです。

何気なく入って来る情報への共感や反感、知らないひとと接するのが不器用なひとは、考えてみると、どこかで無意識のうちに、これまでのじぶんの身体知に関連した感情がそこに蠢《うごめ》いているのだとわかります。おそらくそれらは、親の口調や教師の話しぶり、友だちとのつきあいなどに感化されて、身についたこころの不具合と関連したことであり、背後にそのひとの自分史が潜んでいるから、つらくて耐えがたくなってしまうのです。しかし信頼できる医師や教師との対話によって、日々微調整していけば、いつもの不安や苦悩が解除されます。そう気づいたのがフロイトの仕事です。

フロイトは父親の再婚で、父が41歳、母が21歳のときの子ですが、幼児期のあそび友だちは、1歳年上の甥（兄の子）でした。家族関係の多様性をフロイトは幼児期から身をもって感じ取っていたのです。

じぶんの中心は、じぶんとはかぎりません。じぶんのなかには、いつもじぶんの知らないじぶんがいて、じぶんというのは決してひとつではない。それを「無意識」だといって理論化したのがフロイトの功績です。じぶんのなかにあって、ほんとうはそうではないとわかっていても、じぶんは不幸だと思ってしまうのは、欲が深いからであり、そこそこ幸せでいられるなら、幸せだと思えるひとが幸せになれるのです。

いまは見えていない幸せまでも不幸だと思ってしまう。同じ現実の状況のなかにいても、同じように幸福だと感じられるとはかぎりません。またたれも同じように不幸だと決まっているわけでもないのです。

詮無いことを悔いて落ち込むよりも、あかるい未来を想像して前向きになれるなら、じぶんが幸せになれるだけでなく、まわりのひとも幸せにすることができます。じぶんがいま抱えている悩みが、あるとき、じぶんひとりのものではないとわかるとき、その悩みはじぶんひとりのものでなく、思春期の者ならだれもが抱く共通の悩みだとわかるとき、こころのなかの霧があかるく晴れて来ます。

すてきな読み物がまわりにいくらでもあるのに、その気にならないと、話題の本とか粗製濫造の情報に目がいってしまって、無教養の押し売りを安易に受け入れてしまうのは、宣伝効果のせいもありますが、わたしという存在が、まだ14歳にもなっていないひとが多すぎるからでしょう。

これが一押しだよ、これ、おもしろいよ、というだけで、広告通り、いいようにふりまわされているのです。仲間とつるむだけでなく、じぶんひとりで過去のひととも対話することで、じぶんの向きを変えていくには、そう容易には嚙み砕けない本とも取り組む必要があります。

漠然と考えていることがあるというのは、貴重なことです。

その先をどう考えればいいのか。納得できるいい答えがみつからないとき、読書して先人の発想から学ぶことは大いにすすめたいやり方です。そうするのが、わたしらしい、わたしの生き方になるので、じぶんのしたいことをするというのは、ただのわがままとは同じではありません。そうしたいとは思うが、いまはそうしない。そこまではできないが、ここまでならやってみる、というふうに、ときには自制しながら、またときにはあえて踏み込んでいくということがないまぜになったわたしが、わたしらしく生きていくことになるのです。

やりたい仕事というのが、地位向上のためなのか、能力発揮をめざすからなのか、自己実現のためなのか、ただのわがままなのか、いろいろ検討する必要があります。じぶんがほんとうにやりたいことは何なのか。それが、はやくからわかるわけではありません。じぶんがじぶんらしく生きていくことが、はやくから決定されているわけではありません。やらなければならないことを、ひとつずつこなしていく。修行中の身を考えて、与えられた課題（作業）に専念するのがいいのです。

わたしがわたしであることを意識するのは、もうずっと前からあったことでしょうが、それを意識して俎上にのせるのは、ずっと後からのことです。

わたしたち日本人にとって大きな転換点であった幕末の激変期は、それまで幕府と藩を中心としてなりたっていた体制、そして武士や農民の身分の区別がすべてちゃらになる一大転換期でした。それは特定の身分のある者にかぎらず、国民のだれにとっても、うかうかしていられない大事件だったのです。260年にわたる鎖国状態の終焉は、（中国がそうなったように）列強の餌食にされかねないという切迫感もあったわけですが、若い少数のエリートらの活躍によって成功した革命でした。

突如あらわれた黒船の来襲に慌てふためいた徳川幕府は、それ以降、ひたすら文明開化への道を驀進《ばくしん》していきます。しばらくは攘夷か開国かでもめますが、それでも革命をなしとげて、なんとか西欧文明を本格的に取り込もうとする姿勢は激動する変化のなかの試行錯誤のようなものでしたが、そこには日清、日露の勝利という明るい未来の展望もあり、列強に勝利する体験を味わうことで、いつのまにか世界のなかの日本だというアイデンティティが芽生えていったのです。

そのようすは、いま想像する以上のエネルギーに充ちあふれていました。欧米に向かって、たてつづけに公的使節をおくり、その文明のシステムを学び取ろうとしました。西南戦争などの動揺や混乱もありました。岩倉具視や伊藤博文の使節団は、大挙して長期間にわたってアメリカへ出向いた使節団ですが、ながい船旅のあと、ようやく辿り着いたアメリカで、天皇の委任状がない、と叱責され、委任状を請いに太平洋をまた戻り帰国した、という失敗で面子が丸つぶれになったことは忘れてはなりません。

われわれは、天皇に信頼され委託された、使節団の者だ、といくら言い張っても、書面がないとだめだとして、取りに戻らされたのです。こういう外交上の失態は、国際外交の恥部ですが、非契約社会の緩やかさと契約社会のとりひきの違いをわかっていなかったと思い知らされる出来事でした。(『岩倉使節団「米欧回覧実記」』)いまの日本社会でも、運転免許証を持たないひと(たとえば養老孟司)は、健康保険証を見せないと、わたしが本人ですと言うだけでは、銀行などでは信用してもらえないということも忘れてはならない側面です。

福澤諭吉はいちはやく欧米に出かけて彼の地の実態に目をひらかれたひとです。かれの『学問のすすめ』はたとえ貧しくても学問はできる、麦飯をくらい味噌汁をすすっていても学問はできる、いまの日本にはそうすることが急務だ、と述べて人びとを励ましました。だれもが真剣に学ぶことが必要だとして、国民のだれもが参加するよう促そうとしたのです。当時まだ人口3300万人くらいの時期なのに、累計340万部もの読者を得たといいますから、『学問のすすめ』はものすごく国民の啓発に役だったというべきでしょう。

家父長制度や男尊女卑の身分制のなか、古い因習からの解放をめざす合理精神は、生まれ落ちた境遇から抜け出そうと必死になって、多くの庶民が「学ぶ」ことの必要を自覚し、かれの本を庶民のベストセラーにしたのです。この本を読んで上京したいと思うひとが増えたというのもわかる気がします。福澤の励ましで国民の精神にスイッチが入り、かれの激励にそそのかされて、国民の多くがただの観客にならずに、じぶんたちも参加してみようと思わせた功績は単独人の働きとして、あの時期の大変な業績とみるべきでしょう。

9　みまもる

もともと本などあまり読まないというひとに、印象にのこる本を聞いたところ、「そりゃ、『走れメロス』ですよ」と言われてしまいました。太宰治を読んだといっても、マンガですよ、というひとが多いのですが、短篇の『走れメロス』は文庫本で20ページくらいです。「メロスはかっこいい、あれはおすすめです」と威勢のいい声は、久しぶりに聞く、うれしい読書コメントでした。

舞台は古代ギリシャのシラクサという町。

絶対君主だった王は、じぶんが気に入らないと一日に何人も殺すという暴君。メロスは妹の結婚式の準備のため、40キロ離れた村から辿りついた町で、王の悪い噂を聞くと、そんな施政者《ひと》は殺すべきだと城に乗り込み、あっけなく捕まる勇ましいひとです。

メロスは当然、死刑を言い渡されますが、妹の結婚式に出たいと交渉し、親友のセリヌンティウスが人質になり、3日の猶予をもらいます。いそいで故郷に帰り、妹の結婚式を無事済ませたあと、殺されるとわかっていて、城にむかって走ります。友人を救い出すため、こう考えて、走りつづけます。

わたしは殺される　しかし　わたしは　走らなければならない

村を出て野を横切り、森をくぐり抜けて、隣り村に着いたころ、雨も止み、日は高く昇り暑くなっています。しかし前日の豪雨のため、川は氾濫し濁流がおどり狂っています。その川に飛び込み、のた打ちまわる波を相手に、対岸の木に必死でしがみつきます。わたしには待っているひとがいる。いまはそのために走るのだ！　めざす街が見えて来たとき、セリヌンティウスの弟子のフィロストラトスが出て来ます。もう走るのはおやめ下さい、先生はもう刑場に連れて行かれました、かくなるうえは、ごじぶんのお命をお大切になさって下さい。先生は刑場に引き出されるとき、王がいくら揶揄《からか》っても「メロスは来る」と答えて、待ち続けておられました、というのです。これに対して、メロスは、

わたしは　信じられているから走るのだ

これはまにあう、まにあわないの問題ではありません。メロスは、なにかもっと恐ろしく大きいもののために走っているのです。ついて来い、フィロストラトス！と叫んで、メロスは走りつづけます。

みまもるというのは、そのことに注意し、心を砕き、相手をみつめつづけることです。いちはやくじぶんからやけを起こして、はやばやと見切りをつけたりしないということです。みまもる、気をつける、というのは、だれかの面倒を見ること、だれかを気づかうことです。そのひとを気づかうというのは、育児にも教育にも、友情にも介護にもあてはまることです。

俳句や詩歌の鑑賞では注意しないと、そこに込められた複雑な背景や深い意味を汲み取れないまま、うっかり読み飛ばすことがままあります。後になって、どうして気づかなかったのか、と思うことがあります。前に

読んだ本には、しっかり線まで引いてあるのに、いま見てもその内容が読み取れないことがよくあります。

そのためには、ぎりぎりまで、みつめる対象に注意をはらいつづける必要があります。みまもるというのは、ひとをケアし、介護することと深く関わっています。みまもるという作業は、ひろく大きく捉えるマクロな視点だけではわからないことがいろいろあります。目のとどく限り遠くまで見つめながらも、すぐ近くにいる、相手をおだやかにみつめつづけるというミクロな視点も必要です。みまもるとは、ケアするために挑戦し、つなぎ直し、つなぎとめ、支えつづけ、堪え忍ぶなど、そこから派生することばがいろいろ生まれて来る膨《ふく》らみのあるキーワードです。

わたしはみまもるということばを、狭く限定することなく、ひろく教育や育児や介護にもあてはめて使っていくつもりです。そのとき、挑戦する challenge、繫ぎなおす reconnect、耐える endure、支える support、確かめる ensure などの語彙が、みまもりという作業に関連する語彙として浮かびあがって来ます。みまもるためには、確かめ、確認するという動作も、やさしい心づかいのなかに入って来ます。

人生には、いまは枠の外にいるから関わりがないように見えるひとが、意外なとき関わりをもつことがあります。写真に喩えて言えば、広角レンズだけでなく、望遠レンズも接写レンズも使い分けて見るのでないと見えてこない、微妙な光景があるということです。岬に立つ灯台は、だれもが眠るよるのあいだは、ずっとそのまま、陽が昇るまで、航海する船に光を届けつづけます。(いつか下田の海へ出かけたとき、下の娘が「うみはよるもやっているの」と聞いたので、びっくりしたことがあります。)

育児や教育や介護は、そのとき一度だけの所作で終わる作業ではありません。その後も息の長い作業がつづきます。そのため、みまもることは、見るという一瞬の行為で終わるというより、それを見つづけみまもるためには、ある程度の時間的継続がからんだ作業になります。

みまもるには、短気になりあっさり手放してしまわない、忍耐強いやさしさが必要です。そのためには、ケアをつづける、見つめつづける、世話をしつづける、という継続性が大切になります。そこまで考えていない、とてもそんなことは想像していない、というとき、意外なことが、意外なときに起こるのです。そうなる可能性のある通路をだれかが残していたのかもしれないし、それが運命だったとも言えるのでしょうか。もう以前から、わたしはだれかにみまもられていたのではないか、と思うことがありました。


真冬のニューイングランドの雪は、さらさらした雪でなく、重いどか雪です。そのため、道路はどか雪で足をとられそうになります。夕方はマイナス10何度にもなりますから、雪道の登り坂は新雪の下の氷もあるので、歩行は難渋します。わたしたちは週末になると、1週分の買い物を愛用の自転車（ローレー Raleigh、イエールでは人気の自転車）の後部荷台にのせて押しながら歩いていました。

もう薄暗くて視界はきかない。足元の重い雪はもう10センチを超えています。そのとき、すうっとわたしたちに近づいて来た車が止まったかと思うと、

こんな天気では　とても無理だよ

といって、わたしたちのスーパーの買物（バナナの空き箱）を引き取って、わたしたちのアパートの玄関まで運んで下さった方がおられたのです。それがポール・マイネア教授夫妻の車です。多くの車が黙って坂道

を登っていくなか、それがわたしたちだとどうしておわかりになったのかはいまもってわかりません。

しかし、こうして雪道の自転車の荷物は、院生夫婦の学生寮《ディサイプルズハウス》の玄関まで届けられたのです。その日わたしは、黒いコサック帽を深くかぶっていました。これはたまたま起きた、ありえない話のひとつでしょう。しかし、そういうことがあった、とわたしは報告しておきたいのです。そういう意外なことがどれだけ助けになったかは、ことばにできません。マイネア先生ご夫妻は、以前からわたしたちの行動をどこかで見かけておられたのでしょう。同じスーパーマーケットにおられたのかもしれません。日本人留学生夫婦の、週末の買物の帰りであり、キャンパスに近い院生用の夫婦寮にいることをご存じだったのです。

これは冬のイエール大学近辺の、うす暗い夕刻の道路沿いで起きた、小さな出来事です。一瞬のことでした。雪に足を取られそうになっていた東洋系の院生夫婦が、だれであるかを見抜き、それを見かねて、荷物を自転車から拾いあげて、わたしたちの学生寮《ディサイプルズハウス》まで届けて下さったのです。（イエールキャンパスの雪の情景は『ニューヘヴンの冬』の表紙になっています。）（家内に聞いてみると、こういうことは、1度でなく、2度か3度あったそうです。）

その後、この愛用の自転車は鎖を切ってだれかが盗っていきました。それを知って同じ寮のボブ・イゼル夫婦が2台もっていたうちの一台を譲ってくれたのが真っ赤なフォードのファルコンです。（その後この車で、タングルウッドの音楽祭へ行きました。ヴィオラの今井信子さんがいっしょでした。）

わたしは専門の違うマイネア教授の講義を受講していないので、先生の学生ではなかったのです。ただ、男子寮《ブレイナードハウス》にいた最初の年、夕食後に体育館で卓球をしていたときのお仲間でした。（アメリカ人はテニスも卓球も、シングルで勝負をし、ダブルスをしたがりません。）マイネア教授ご夫妻の令息がフルブライトで京都大に留学中だったことは、最近知りました。さらに後日、1988年アマースト大学の「内村鑑三セミナー」で招待講演の司会役が令息のリチャード・H・マイネア教授（マサチューセッツ大学教授）でした。かれには *Victor's Justice*『勝者の裁き：戦争裁判・戦争責任とは何か』という本があります。（アマースト大学での講演は、Essays on Uchimura Kanzo, Michigan Paper1に収録されています。）

じぶんのできることを、いまできるところまでやっている。そこまでやれれば、充分です。そういうやり方の仕事でなら、苦情が出ることはありません。じぶんの知らないひとのことなど構う必要はない、そうする義理がないなら、余計なことをして責任がふりかかるようなことはしないでおこう、というひとが多いのです。しかし、あるとき、それがじぶんには可能であり、それをすれば相手が助かるとわかるとき、じぶんからあえて一歩踏み出して、踏み込んだことをするのが、みまもることです。

それをめだたないように、そっとするひとと、おおげさなかたちで大見得をきってとやるひとという違いはありますが。それはそのひとに賦与されている力の出し具合であり、ひとはそうすることもできますが、そうしないでいることもできます。そうする義務はないが、いまじぶんはそこまでやってみる、というふうに、義務と厚意のあいまいな境界領域でこちらからの厚意ということでやるのが、わたしのいうみまもりです。（いまでは、施設などでは、介護する、看取るというふうに、プロの仕事として身体的介護、臨死状態のひとも看取りなどが加わります。）

高齢者や患者のケアをするナースやヘルパーさんには、じぶんの分担する仕事の範囲が決まっていて、それがルーティーンの作業枠になっています。だからそこまではするがそれ以上はしなくてもいい、大枠は決まっている、と言っていいのです。とくに時間的、体力的に限界を感じるなか、そうすれば相手がよろこぶとわかっていてそっと踏み出すことは、そのひとの厚意であり義務ではありません。

ちょっとでも、してもらったことはうれしい。しかし、してもらって当然というひともいますから、感謝は期待しないことです。ケアの本質は、じぶんが相手に何をするかではありません。それをするとき、大きくものをいうのは、ケアする側に何が起きているかということ。何かができるとか、できたということではない。それをするとき、何もわからずにするのと何かがわかってするのでは、その中身（ＱＯＬ）が違います。

じぶんはいま、何かをただやっているだけだという者に、ケアという作業はできていないのです。無機質の動作なら、キカイでもある程度は可能です。ホームセンターに展示してある電動マッサージ器は命令通りに動いてはくれますが、つぼにあたる期待通りのマッサージにはなりません。ボタンを押せばプログラム通りに動きますが、期待通りにはいかないので、はがゆい思いをさせられる。やればいいのでしょうというケアは、そういうケアの仕方です。ただ動いているだけだと、そのひとにとって、そこそこ、もう少し上というふうに、期待したところには手が届かないケアになります。これは欲張った要求でしょうが、それこそがケアされるひとの期待に添えるケアになるのです。

その一瞬、何かが見える。介護や保育の現場で重要なのは、そのときその一瞬を見逃さないで、さっと見抜ける目があるかどうかです。注意する、気配りする、目を放さないなど、用語はいろいろですが、どこまでコミットするかが肝心であり、オミットするのは簡単です。ケアにはどこまでコミットするかというケアラー（ケアする人）の覚悟が求められます。ケアは、だれかをしずかにみまもることですが、みまもるためには、じぶんが見張りをつづける必要があります。ケアには、ただみまもることに尽きない、時間と神経と忍耐が必要な作業です。キカイやロボットが進歩して、さらに優秀なロボットが登場するでしょうが、本を配達するのとはちがい、人間のケアにはていねいな気配りが必要になります。

わたしは総武線をつかって、都心から逆方向の西千葉まで10数年、千葉大で倫理学とゼミを担当していました。人文学部、医学部、薬学部、園芸学部など、多彩なクラスの反応がすばらしいので、行くのが愉しみだったのです。(新学期によくストがあるころは、前日構内に泊まったりもしました。女子寮の夕べの講演にも行きました。) あさのラッシュ時は霞ヶ関までの混雑がうそのように、そこから先は車内が空白になるのです。それがおもしろくて、けっこう車内の読書もできました。なによりも車内が空白になるその一瞬の変貌が愉快で、ものを考えるのにいい体験になりました。

ある年の受講生に耳の不自由な学生がいました。付き添いのひとときちんと前のほうに着席し、手話で受講していました。かれと付き添いの手話担当のひとは、遅れて来ることがなかったのです。手話のひとが手振りで説明すると、手の動きのせいであたりに少し風が起き、声も出る感じになるので、こちらも緊張します。手の動きだけで、周囲の雰囲気がどこか変貌するのです。それが1年つづきました。

教室の学生も、ごくふつうにして、よく協力してくれました。講義の山場になると、通訳の身振りにわずかなとまどいがあるときは、板書をしていました。たとえば、こういう文言のときです。

あるから　あるのではない　感じるから　ある

写真には　撮ってくれたひとがいる

他人の思想を　じぶんの私想にしていこう

Add days to life というより　*Add life to days* をめざして生きる

わたしのいなかには、遠くからもよく見える、大きな一本松がありました。細川村垂穂の国有林のなかにあったのです。だれもが心のなかで、あの一本松というふうに目印にしていた、大きな松でした。わたしは中高が自転車通学だったので、帰るときはいつもそれを目印にし自転車にのっている感じでした。だからといって、何か特別な松であったわけではありません。ただ見ていただけの松の木ですが、ある日それがなくなったと気づいてから、ないことにもの足りなさを感じています。

もう以前のように、明るいうちに帰省することがなくなり、夜おそく帰省していたせいか、松の木がなくなったことは、ずっと後になって、中学の同窓会に出るために帰省したときにわかったのです。いまごろ知ったのか、と言われて、知らなかった時期のあったことを知り、残念な気がしています。

それがそこにあるというのは、じぶんがそれを見ているということの他に、相手もこちらを見ているということがあるように思います。じぶんがみまもっているつもりでいますが、じぶんも相手からみまもられているという面があるということです。

わたしのいなかに、とくに目印になるようなものは何もなく、その松くらいでした。

いつかその松をみるため、国有林に入っていき、幼なじみらとじかにさわりに出かけて、両手をひろげてみて、たしか2、3人がやっととどくほどの大きさだと確かめたことがあります。わたしの心のなかでは、もうずっとこちらに向かって見まもってくれている松だと、勝手にそう思い込んでいました。わたしのなかでは、心の支えのような木として、ずっとそこにあるはずの存在でした。そのあたりが、いま話題のテーマパーク、ネスタリゾート神戸になっているのです。

子どもから目を放さないのも、年寄りをケアするのも、みまもることです。昼間の見回りなら警備ということになり、よるの見回りなら夜警ということになりますが、いずれもみまもるという仕事に関係しています。灯台守というのは、あかりをたやさないために、その灯台をみまもるひとです。

ギリシャ正教でイコンというのは、こちらから向こうを見るだけでなく、向こうからこちらを見ているという、まなざしの相互性を意識しており、ただのイコンではありません。その点、日本では佛像をみるとき、こちらから見ているだけで、むこうから見られているとか見られ続けているという視線をあまり言わないのではないでしょうか。(弥勒菩薩はやさしくほほえみかけているとは言いますが、もうずっと見まもってくれている、というふうには言わないのではないでしょうか。)

もともと「みまもる」というのは、じぶんが相手を見ていることですが、だれかを見ているわたしもまた、だれかに見られている存在だという意味で、まなざしの相互性を意識する必要があるのです。

わたしがだれかに見られている。見えないところでだれかにみまもられている、と思うのは、若い頃は気づかなかったことです。いま年をとったせいか、じぶんがこれまでいろいろみまもられて来た存在だったと感じることが多いのです。そのさい、まなざしをマイナスで捉えるひともいますが、プラスの面も感じてそれを感謝する心をわたしは大切にしたいのです。ただ感謝するというより、そのことの意味をしっかり評価するという意味で、英語の appreciate という語があっていると思っています。

そう考えるとき、ネックになるのがサルトルのまなざしに対する頑なな態度です。サルトルというひとは、だれかに見られるということ、だれかのまなざしにさらされるということを、いつもするどく感じ取ったひとですが、それをいつもマイナスの意味しか帯びないものだと見ているところが偏狭だと思います。

まなざしというのはたしかにやっかいなものです。しかし、まなざしをいつも地獄だとみるサルトルの立場はプラスだとみなす体験がなかったからだろうといって済ませてはいけない問題だとわたしは考えています。ドラマや映画などで、きれいな映像に気を取られていると、見逃してしまう情景がいろいろあります。そこにあらわれた情景は、そこにあるものがすべてではありません。つげ義春のマンガはそういう意味では、そこにある情景を描きながら、そこにないものも、いろいろ想像させる力をもっています。

わたしが石原裕次郎のモノクロ映画を見るときは、じぶんの青春を重ねて見ることがあり、そこにないものもいろいろ見ることができます。映像には、そこに見えるもののほかに、背後に潜伏する映像がいろいろあります。わたしたちは裏方としてあえて黒子役に徹して身を隠しつつ、そのことに関わっているひとがいることを忘れてはなりません。

生きるというのは、いつもだれかとの可視的かつ不可視的な関わりにおいて生きることです。それはじぶんがだれかをみまもるだけでなく、だれかにみまもられてもいるという相互性を意識してはじめてわかることです。子どもというのは、ある時期までは親にみまもられて育つ存在であり、親はたえずわが子をみまもっていく存在です。親が子どもをみまもるのはあたりまえだということに変わりはありませんが、その親を子どもがみまもるのが、介護や看護ですが、それらは一回的な行為ではすまない、継続性が必要な作業ですから、介護というのはたいへんな作業になります。だれかのケアというのは、たえまなく目配りをして目を逸らさずにつづけることです。家族を施設に委託して入所させる制度が普及するにつれて、親身のケアはかは、そう容易には他人事とは見なせない問題になるのです。

期待薄になっていきます。高齢者がふえ、介助や介護が日常化すると、だれがだれを介護する（みまもる）

娘に対する母親のみまもりが過剰になると、わが子を過度に束縛することになり、結果として、その気がなくてもわが子を金縛りにしてしまいかねません。よかれと思ってしている母親の思い入れが、過干渉になり、娘としてはしんどい束縛だったという告白が生まれるわけです。小島慶子の『解縛』のほかに、母と娘の葛藤を描いた作品として、水村美苗『母の遺産』、赤坂真理の『東京プリズン』、中沢けいの『海を感じる時』も、その知性がなみのものでない娘たちにはつらかったようです。

高齢者がふえ少子化した社会では、だれがだれをどこまで、どうみまもるのがいいのか。相手が記憶障がいになり、認知症になっても、感情やプライドがのこっているひとに対しては、やたらと命令口調で怒らないようにするつもりでいないと、いい関係を維持していくのがむずかしいようです。

有吉佐和子の『恍惚の人』では、ひとがひとでなくなるという問題を提起するつもりだったのが、事態は先へすすんでしまったようです。じぶんは何かをしないといけない、それをみつめるまなざしがどこかにあってほしい。それがないと、行く末は孤独死になってしまう……。もともとひとは孤独ですが、みじめな孤独死は避けたいのです。そうならないように気配りをしあう仕組みがちゃんとしたかたちで設けられていないところでは、たしかに生き地獄に近いものになりかねないのです。

老いたひとへの身体的なケアだけでなく、若いひととの心のケアについても、いろいろ考えておきたい要素があります。保育士も、母親も、教師も、先輩も、友だちも、どこかでじぶんがだれかをみまもるということだけでなく、じぶんもまた、だれかにみまもられるというまなざしが必要な存在であることを意識することは、ケアとかみまもりをより相互性のある、みのり豊かなものにしていくことができます。

今後は、少子高齢化の実態をよりくわしく知っておくために、中高生が老人ホームや特養を訪ねまわり、老いというものの実態をわきまえることを単位取得の必須条件にしていくことはもっと強調すべきでしょう。祖父母と同居したことがないため、老いの抱えるアクチュアルな現実を知らない者には、どこかで老いの現実にじかに触れて、その実態を知っておくことは大人になるためには欠かせないのです。

アメリカ東部にある、コネティカット・ホスピスには、天井から青空が見える、「泣き部屋」(crying room)という部屋を用意しています。いろいろ心をこめて尽くしたが、亡くなっていったひとのことを偲んで、しばらくひとりになってそこへ行ける空間をホスピスのなかに用意しています。そういう空間が家族やスタッフのために、みまもりの余韻を嚙みしめる場所として、用意してあるのは心にくい気配りというべきでしょう。その部屋は上が明るい天窓になっています。(その天窓の写真を拙著『ビューティフル・デス』の表紙に使っています。)コネティカット・ホスピスはけっこう大きな施設で、亡くなる患者が年に300人以上はいるというから、毎日のように、だれかが亡くなるわけです。そういう状況のなか、スタッフらが「燃え尽き症候群」にならないよう、消耗しかけたひとがしばしくつろげる場所を用意しているのは、やさしい心くばりです。

東ロンドン郊外の聖クリストファー・ホスピスは、シシリー・ソンダース女史の創設されたホスピスとして有名なホスピスです。そこでには外部のひとに一日研修の制度があり、わたしも参加させて頂きました。

門外漢をいきなりホスピスのなかに招き入れて体験させるというのはすごい試みです。その日一日ごいっしょさせて頂いた、あるドクターとは、お茶のときもごいっしょでした。紅茶やビスケットをひとにすすめながら何も召し上がらないので、あなたもいかがですか、とおすすめしたところ、さらっと

（いまは）ラマダーン（の最中）ですから

と言われたのには、驚きました。イスラムのひとは、ラマダーンのあいだは、日の出から日没まで飲食を絶たれるのです。あらかじめ飲食の席は外しておられるものと思っていましたから、紅茶やビスケットをひとにすすめながら、ごじぶんは何も口にされないドクターがおられたのです。

別室で休まれる選択肢もあったのでしょうが、ずっとごいっしょでした。

そういうイスラム系の勤務医がおられたことをわたしは報告しておきたいのです。

同じその日に、もうひとつ、印象にのこる出来事がありました。あさのスタッフミーティングで、この方は、あと数日がやまだと聞かされていた末期の肺ガンの方がおられたのです。しかし、通りがかりにふと喫煙室を見てみると、そのかれが、葉巻をもくもくと吸っているのです。よく見ると、だれかが傍にいて、いっしょに葉巻を吸っているのです。傍におられる方は、どういう方ですか、と聞いてみたところ、

（あのかたは）ボランティアです

と言われて、これにも驚きました。末期のがん患者だから、ベッドの傍でなぐさめのことばをいう、というわけではない。好きな葉巻をいっしょに吸おう、と訪ねて来たひとがいる！　わたしが以前訪問した日本のホスピスでは、庭の草むしりや廊下の桟《さん》の掃除がボランティアの仕事だと聞いていましたので、末期がんの友を訪ねて葉巻を吸うひとがいる、それもボランティアだ、と教えられ、驚いたのです。ロンドン大学に滞在していたとき、わたしはエイズのホスピスも訪ねました。ホスピスとは、あと少しでも生きる日を延ばそうとするのでなく、残された日の中身（Quality of life, QOL）をより充実したものにしていこう、というところです。生きる時間の長さでなく、より人間らしく生きられる生きる中身を高めようとするところです。それをまとめていうと、Add *days* to life より、Add *life* to days ということになるのです。

香港バプテスト大学で、国際生命倫理学会の研究発表をしたときも、周辺のホスピスを訪問しました。深《しん》圳《せん》（厳密にいうと中国）にある英国風のホスピスは、近代的な設備が完備していて、まったく何もいうことなしのすばらしいところでした。ところが香港の旧市街にある、昔ながらの老人ホームは、まったく別の雰囲気のところでした。昔風のつくりの大きな部屋のなかに、老人たちがだれもが壁にもたれかかって座っているのです。かれらは昼間は壁に向かって座るそうですが、夕方近くになると、入口に向かって座りなおすのだそうです。入口のドアを開けておいて、家族のだれかが来るのを、だれもが黙って待っているのですが、だれも訪ねて来ないのだそうです。しかしそれでも、夕方になると、だれもが入口の方に向き直って座ると聞きました。献身的にみまもるひとには、いろいろなご苦労があります。

ケアするひとをケアすること（carer の care）を考えることも必要です。ナースやヘルパー、自宅でケアをしている老老介護のひとなど、働きづめのひとをだれかが、どこかでねぎらい、休ませてあげることは必要です。ベトナム戦争のとき、米軍は兵士らを前線から後方へ送りこみ、世界各地の大都市で、一定期間、休ませる“rear with beer”（ビールのある後方）制度を設けていました。大岡昇平には、食糧もビールもなかったのです。親身になって関わって来たひとにずっと対応するひとが感じる有形無形の疲弊感は、肉体的な疲れだけでなく全人的な疲弊ですから、ストレスが長くなると、重い疲弊感の蓄積を無視することはできません。

精魂込めて、対応したことで生じる、つかれやつらさは、そのひとの対応が深いほど疲弊も大きいのです。だれもがどこかで少しは息抜きができるよう、それとなく支えあい、いたわりあうということは、この先ますます、こまやかな工夫が必要になることでしょう。

ここでわたしは森有正のことを思い出しています。1950年、戦後初の留学生としてフランスに出かけてパリに滞在しつづけた森有正にとり、近くで見るノートルダム寺院は、ヨーロッパを象徴する伽藍だとか有名な風物ではなく、じぶんのなかで、重要な関わりのある何かに変貌していきました。（『遠ざかるノートル・ダム』、『集成』3ほか）かれはノートルダム寺院とのふれあいの歴史を、じぶんのなかに染みこんで、ものになったもの、というふうに、かれ独自の「経験」という概念の中核に据えて考えつづけています。たとえばかれにとって、「ノートルダム」という語彙は、かれがそこを起点にして思索を深める起点であるとともに、そこがかれの思索の集結していくポイントでもあったのです。

しかし、じぶんがいくら長くパリに居るからといっても、異国人のじぶんがフランスに居て日本をなつかしく思う心は、記憶の重層的な想起として、「経験」を深めながら、かれ自身の記憶の推敲として、かれのなかに少しずつ沈殿させていくのに限界がある、と考えたようです。晩年のかれは、ICUへの招聘が決まり、日本に定住すると決めていたようですが、病魔に襲われ、パリで客死します。パリにいて日本を思い、ノートルダムを見ながらじぶんを通り抜けた「経験」を沈殿させながら、人生に大切なものは経験しかない、と確信しつつ、結局はパリから抜け出せないまま亡くなったのは象徴的というほかない感じです。

ロンドン市内にある、目立たないが由緒ある古書店を訪ねたときのことです。見た目にはごくふつうの店なのに、入ってみると奥が深くて、どこまでどうなっているのか、皆目見当がつかない。ある本の古い版が見たいので来ましたというと、大きな鍵を取り出して、奥まった部屋からさらに別の部屋へ案内されたのです。するとそこは、名前の知られた数世紀前の初版本ばかりを揃えている貴重な古書の書棚だったのです。

しかも、どうぞごゆっくり、とわたしをひとりにしてくれる信頼感！　わたしがある著者名をいうと、てきぱき答えながら、奥まった書棚へ案内してくれたのです。たぶんもうここで終わりだろうと思っていたら、さらに奥まった地下のある部屋には、たしか『マグナカルタ』の原本も見かけました。数百年前の初版本ばかりの棚の前に立つとき、思わずからだが硬直しました。世のなかには、名前だけ知っている本の、本当の初版本や特別に装丁された本をこれほど蒐集している店があるというのは驚異です。こういう古書をひそかに所有し保存する文化のみまもり手がいるということに、イギリスの持つ底力を感じました。

いのちの種をまく仕事というのは、来るべき未来に向かって、希望の種をまく作業です。ひととの関わりのなかで、種を蒔くという作業は、その収穫まで繋がることがあまりないので、教育という作業は、種を蒔くだけになり、その結果まで知りうることはあまりありません。農業なら種をまいたひとが手入れをし、収穫物を見届けられる愉しみがありますが、ひとを育てる教育では、そのひとの成長を見届けることのできる教師はあまりいません。小中高の教師も、大学の教師も、たいていは1、2年の関係です。とくに大学ではだいたい1科目だけの担当ですから、教え子の進路や引退の前後まで見届けられる者は限られています。「結婚して50年になります」という連絡を受けているわたしは、教師冥利に尽きるというべきでしょう。

ヘルマン・ヘッセの『車輪の下で』では、ハンス・ギーベンラートが、14歳で神学校に入るために、校長も牧師も、近隣のひとも、かれの受験を注目する狭いまなざし社会のなかにいます。少年はじぶんの自由になる時間などまったくない状態で追い込まれるようにして進学していきます。同じような状況のなかの仲間がいない緊張した雰囲気のなか、村中の期待を一身に集めて、がんばりつづけるのは、荷の重いことでした。

かれが学校で学んだのはラテン語のほかは虚偽癖だったというのはさみしい話です。かれは好きな釣りも諦めて、ひたすらラテン語文法の暗記につとめます。学校と教師のため、じぶんが運命という「車輪」の下敷きになるような圧迫感があったのです。期待されすぎる重荷のなか、はりきって神学校に入学しますが、勉強より友情によろこびを見出すうちに、授業には関心がなくなり、やがて神経症になり帰郷してしまいます。

運命に悶え苦しむハンスには、もはや希望らしいものは何も見えないまま、さいごは自殺するのです。だれもが期待しすぎたのち、バカ扱いにしたので、かれには居場所がなくなったのです。葬儀に出たひとりがいう、「みんながあの子を殺したのだ」というのは、かなしいせりふです。

もう年だから、時間がないから、という発想は、いのちを賜物とみなす生き方とはなじまない生き方です。成長するとは中身も変わるということであり、みかけだけが老いるのではありません。成長とは、変化と継続を総合したものです。老いるということも、ただいのちの継続延長と見なすのでなく、連続するもののなかに不連続なもの、変貌するもののなかに、不変なものが加わることが必要です。そういう目で一人ひとりを見ていくことが、一人ひとりの成長をみまもることになります。

特養に居るひとで、食事のたびに軍歌が口に出て来るひと、なにかあれば小銭を勘定しているひとが居るそうです。そういうひとは、それぞれむかしのことを思い出すたびに、軍歌経験や商いの終わりの清算を思い出しているのでしょう。きびしくつらかった過去のある日を、いまも反芻しているのだと共感する心があるかないかで、そのひとに対するまなざしが変わって来ます。高齢者の一人ひとりをそのひとに即して見ていく視点は、そのひとに対するまなざしをやわらげる効果があります。

死について話すとき、しばしばじぶんとは関わりのない、他人の死、3人称の死を語ることが多いのです。平均寿命とか事故死の数値なら、だれでも簡単に口にできます。高齢化や寿命のことを他人事のようにいうとき、そのひとはじぶんや家族のことと結びつけて考えないときが多いのです。それを身内のこととして、いま障がい者として苦しみを抱えて生きるひとが、真剣に交わす対話には重い意味がこめられています。

簸田《えびら》鶴子・千葉敦子の『いのちの手紙』は、脳性マヒと乳ガンという症状を抱えた患者である2人の、きびしいが深い、いのちをめぐる往復書簡です。そこにはありきたりのことばではなく、知性をもつひとが、本音をさらけだしながら、お互いをいたわりあって語りあうところがすごいと思ってしまいます。こういう対話です。

人間の尊厳は失明し寝たきりになっても、思想の「発表」ができないから失墜するといったものではなく、むしろそこからが本番なのです。……五体健全者の、時として、否、最も大切な場でもらす、無謀で無責任な本心……同情も理解も、すべて付け焼き刃、身体の不自由な者は保護されて結構だ、ぐらいにしか考えていない、自分たち苦労して働いている者がその保護者じゃないかという意識……

「明朗な心と、清新な感覚と、素直で清らかな情熱を老年まで保つ女性は、若く見える」ということばがあります。これは男性についても、あてはまるのでしょう。せみが鳴くのも、蛍がひかるのも、異性を求めての行動だそうです。動物の世界では、オスの方がきれいに着飾るのは、異性を求める本能に忠実でないと、子孫を残せなくなるからだそうです。ライオンや猿は、じぶんの遺伝子を持つわが子をじぶんの死後に残すため、すでにいる他のオスとの子どもをあえて殺してしまうそうです。

他人の子であるその子を殺してから、じぶんの子どもを産ませるというから、利己的もいいところです。そういう現象は猿だけでなく、「かっこう」にもあって、かっこうという鳥は、托卵というやり方で、わが子を残すのだそうです。巣のなかに前からあった卵を蹴飛ばして、じぶんたちの卵をあたためさせるというから、じぶんたち以外は徹底して排除するわけです。(日高敏隆『利己としての死』)

これは石原慎太郎の『弟』に出てくる話です。かれが、いまにも死のうとする弟裕次郎に対して、

裕さん、もういい
もう　死んでもいいんだよ

ということばは、なかなか言えない、凄いせりふです。ふつうは「まだ行かないで」、「がんばって」と連呼するひとが多いなか、あえて、もういいよ、と言いきるところはすごいと思います。

わたしはこれまで世界各地のホスピスを訪問して、回診される医師に同伴させて頂いたりして、患者さんのそばへ行かせて頂く機会が何度かありました。いまもう死ぬという家族に接しておられる医師や看護師の働きの実態を垣間見る機会があり、精神的な重圧ぶりを垣間見させて頂くことがありました。年に300人以上を看取られるホスピスでは、「燃え尽き症候群」になって休暇をとられる方もおられます。

井上靖の『わが母の記』は、80歳になったころから、認知のすすむ母を描いた連作の小品です。

少しずつ老いがすすむ母を、息子としてやさしいまなざしで描いています。作者は幼少のころ、老境にさしかかった祖父の愛人と伊豆の湯ヶ島で暮らしたことがあり、いま老いゆく母は、じぶんを幼ないころに捨てたひとだという意識が根底にあり、複雑な思いをしているようです。それでも老いゆくにつれてすすむ母の認知の現実を、息子の目からていねいに描きながら、みまもっているまなざしがやさしいのです。

老いた母の記憶は、手近なところから消しゴムで消していくようにも見えますが、それでいて、むかしだれかからもらった香典の金額を記した香典手帳は大切にしているのだそうです。

老いるということは、ほんとうはもう健康とは言えないが、病気だというのでもないところがあり、その境界があいまいです。しかし、何でもないことまで、すべてあいまいになっていくように見えて、そういうふうに割り切ることができなくなっていく、茫洋とした微妙な状況をていねいに描いています。おそらく本人は感じているが、言わないだけのことは、いろいろあるのでしょう。そういう母にふりまわされる家族の抱えている、言いようのないが思いがさらりとしたタッチで描かれています。

先日、河合塾の生徒から一通の手紙を受けとりました。そこの受験誌に載せた「いのちの限界」というわたしの文章を見ての感想でした。かれによると、わたしはまだ若いが、

(じっさいは) もう死んでいるのかもしれない
じぶんは　若いが、じぶんには　希望など何もない
もう限界だ　と思っている

というのです。これまでいつも、よくできると、言われ続けて来た麻布高出身のじぶんは、まわりからはよくできると言われて来たが、いまはじぶんよりできる者がいくらでもいる、じぶんが凄いと言われて来たのに、いまのじぶんは結局だめなやつなんだと思うと、がっかりして落ち込んでしまうというのです。できるといわれ天狗だったじぶんが、できる集団に放り込まれたショックは、想像以上のものがあり、じぶんはそこまで行けないという壁が、目の前にたちはだかっていて、行き詰まりだというのです。

深沢七郎の『楢山節考』は、70歳になれば、年寄りは山に捨てる(葬る)「楢山まいり」という村のしきたりのある棄老の村を描いた物語です。村は貧しくていつも人数分の食べ物があるわけではないので、だれかが亡くなれば後添えをどうするか、歳をとったらどう消えていくかが、村での暗黙のとりきめになっている、食物の乏しかったむらを描いた物語。食べるものがなかったというのは、そう遠いころのことではありません。(『次郎物語』の世界も、背景にそういう事情がからんでいます。) おりんはことし69歳。亭主は20

年前に死去。ひとり息子の辰平の嫁は、栗拾いをしていて谷底に落ちて死んだので、残された4人の孫の面倒や、辰平の後妻探しのことを考えています。

むらではもう楢山に行く年齢だといわれそうなので、来年までには、息子の嫁をみつけたい、と真剣に焦っています。もう年なのに、まだ歯が達者なのは、食料の乏しい村では恥ずかしいことゆえ、ある日、おりんは、石臼のかどに歯をぶつけて2本の歯をとるのに成功します。歯も抜けたきれいな年寄りとして、おりんは、楢山まいりに行きたい、と念じています。村は山地で平地が少ないので、収穫の多い粟《あわ》、稗《ひえ》、とうもろこしなどが常食でした。白米は「白萩様《しらはぎ》」と呼ばれる貴重な食べもので、村では楢山詣りのときか病人でないと食べられないもの。村では「30過ぎてもおそくはねえぞ、ひとりふえれば倍になる」と言われるように、晩婚を奨励したほど、ひとり増えた分だけ食料が要ると恐れていたのです。

食べ物が足りないため、曾孫《ひまご》を見るまで生きているのは嘲笑の的であり、そのためおりんは「楢山まいり」をいそがなくてはと時期を早める決心をします。人間の尊厳を許さないこの世界では、棄老も集団制裁も、地域の習俗として伝統に支配されたムラ社会として、自然化された自己調整が成立していたのです。おりんは伝統のしきたり（規律）にじぶんを合致させることで、生存の意義を味わうムラびととしてじぶんを受け止めています。

老いた母を山へ行かせるのをためらっていた辰平も、息子のけさ吉が隣家の娘と通じて妊《みごも》らせたことがわかり、じぶんも引退を迫られていることを認識します。その日、辰平は、張り裂けんばかりの思いで、母をおぶって楢山に捨てに行くことにします。母を背負って行く山行きの道中は、かれはあちらこちらに死骸や白骨や不気味な鳥たちに囲まれます。楢山行は、貧しい地方のむかしからの慣例であり、おりんには個人的な死の準備として、村びとにとっては、お決まりの通過儀礼でした。山へ行くときは、だれにも気づかれないように出かけること、声を出してものを言わないこと、後ろを振り向かないことが、山行の作法でした。しかし山から下りるとき、やわらかく包むかのように雪が降って来たとき、辰平は思わず「おっかあ、雪が降ってきたよう」と声を出します。まがまがしい烏の黒い色と対照的に、死の清浄と聖性の象徴として、山道にはしずかに雪が降りつもっています。

芥川龍之介が『杜子春』のなかで、投げかけた問いは、「汝は仙人となって、地にある愛（すなわち人の心）を捨てるか、地にある愛（人の心）に生きることを選ぶか」ということです。この問いが、繰り返し問われつづけます。杜子春は、仙人になることを志し、そのために数かずの試練をなめます。しかし、かれの前に、なつかしい母親の姿があらわれ、その母親が苦しむ姿を見せつけられ、その母への愛ゆえに、思わず「お母さん」と声をかけてしまいます。かれは仙人になるより、人間らしく生きることを選びます。このとき芥川は「杜子春」に、「地にある愛」、すなわち人の心を選ばせたのです。

キルケゴールが『おそれとおののき』でとりあげた旧約聖書のアブラハムは、愛するわが子を捧げよという命令にさいして、最後まで沈黙をまもることでその信仰を証明できたのですが、杜子春の場合は、結局母親の姿を見かけておもわず声を出してしまい、仙人にはなりそこねるのです。杜子春は、試練の末に、仙人になるよりも、人間として生きる道を選んだため、仙人になる道は断念することになります。

エリック・シーガルの『ラヴ・ストーリー——ある愛の詩』は、ハーヴァード大学が舞台です。アメリカ東部のアイビーリーグのキャンパス・ライフをさりげなく描くタッチには、大学生活の日常が、生きいきとなつかしく描かれています。大学図書館のなかで落ちあう男女の学生、キャンパスを闊歩する学生の姿は、わたしもかつてそこに居たことがあるだけに、タイム・マシーンに乗っているような感じです。

主人公のオリバー・バレット4世は、資産家の一人息子で成績優秀なホッケーの選手。恋人のジェニー・キャブラリは、小さな菓子屋の一人娘。オリバーの父は、結婚は卒業まで待てと言うのですが、二人はじぶんたちの意志で結婚します。しかし、オリバーの就職も決まったふたりの生活に悲劇が訪れます。彼女は、白血病とわかり、死が近いとわかるのです。オリバーは、クリスマスにはパリに行こう、とジェニーに言います。しかしジェニーは、

わたしが欲しいのは……あなたよ　時間よ

あなたはわたしに、時間はくれられないのよね、と言っています。ふたりが24歳になった日、ジェニーが白血病とわかり、余命がいくばくもないとわかり、闘病生活がはじまります。この作品は「愛とは決して後悔しないこと」（Love means never having to say you're sorry）というせりふが有名になりました。

ソーントン・ワイルダーの『わが町』の舞台は、アメリカ、ニューハンプシャー州の小さないなか町。大きなドラマは何もない平凡な物語ですが、同じ村で出会ったジョージとエミリーに男の子が生まれます。しかし、二度目のお産がうまくいかず、エミリーは亡くなります。

若いエミリーは、死後の向こう側から、もう一度戻って、生涯でたった一日だけ、同じ日に戻ることができると言われ、12歳の誕生日を選びます。まるでマジックミラーを見ているように、あちらからこの世のわ

たしたちを眺めることができたのです。じぶんが生きていた12歳のじぶんをながめ、それまで知らなかったじぶんが見えて、エミリーは悲鳴に近い嘆きの声をあげています。

あたし、いまのいままで全然気がつかなかったけど
生きてる人間て、なんて安らぎのない
なんて……なんて先の見えない人たちなんでしょう……
パパもママもあの若さに、あの美しさ……
全然わからなかったわ
あんなふうに時が過ぎていくのに
あたしたち、気がつかなかったのね

エミリーが少女に戻って、母の一日の暮らしぶりを見せてもらうシーンは圧倒的です。『わが町』はたった三幕のドラマですが、生きること、死ぬことの意味を考えさせるのに、うってつけのドラマです。途中で讃美歌「神によりていつくしめる」がBGMとして流れます。みんなと居られる時間はほんとうにわずかで、切なくて見ていられない、と、エミリーは死んで初めて気づくのです。

がんの末期になって、もうだめだ、これで死ぬのか、というまわのきわに、多くのひとが示すという末期がんの患者の反応をつぶさに観察した精神科医のキューブラー・ロスは『死ぬ瞬間』のなかで、たいていの患者が最期になって示す反応にあるいくつかのタイプを分析しています。

そのひとが、あなたは近く死にますよ、と宣告をされたとき、どう反応するかが、こうなるというのです。最初は「うそ！」とはげしく「否認」します。やがてどうしてこのわたしが、と「怒り」はじめ、どうあがいてもだめだとなると、何かとひきかえに治してほしいと「取り引き」をはじめる。それでもだめだと、落ち込んで「抑鬱」になる。最期にはやむをえないと「受容」する、という5段階になるそうです。

あまり冷徹すぎる分析なので文句をいう筋合いではないのですが、近隣住民とのあつれきが生じたせいか、最期にはエイズ診療所を焼かれたりするはめにおちいったと聞いています。

ひとはだれも、死ぬことから逃れられません。じぶんの死をなくすことは、医師にもできません。医師は病の治療を心がけますが、死をなくすことはできません。だれかの死を救うことのできるひとなど、どこにもいないのですが、それでも、死ぬとき、そのひとの悲しみを軽くし、そのひとのこれまでの生がどれだけ有意義だったかを思い出させ、よかったねと確認してあげることは可能です。もうじぶんは助からない、もう死ぬのだというひとに、うそをついて励ますより、またただキカイにつなぎとめて延命をはかるより、残された時間をより有意義に過ごせるよう、医療担当者にすべてを委せてしまわないで、家族として仲間として、人間として、死に際のひとに協力することで、のこされた時間を大切にし、そのひとの生をまっとうする必要があるのです。

そういう役割の担い手になるひとを、わたしは「助死者」（「たましいの看取り手」（Seelsorger＝助死者））と呼んでいます。人間が人間らしく死ぬことができるよう、死の手助けをする「たましいの看取り手」となるひとがそばにいてくれれば、少しは気が楽になり、死んでいくこと、死後のことも落ち着いて考えられるようになるでしょう。

ひとは死という現象をめぐって、実存のもっとも奥深いところにある、絶対的な自由ということに対面するはめにおちいります。

ひとはみずからの「自由」によって、ときには赤ん坊を落としてしまうとか身投げをしたりする可能性があり、それを止めるものなど何もない不安を抱えて生きています。そのとき、じぶんはそうはしない、と何ものにも束縛されないみずからの選択によって、そうすることをしないでいる自由を持つことは可能です。じぶんはそれをすることもできるが、そうはしない。それが人間の持つ自由であり、人間の人間らしさです。しかし、その自由は峻厳な事実として生きていく上での怖い重荷でもあります。そういう自由に対して、わたしたちは不安や恐怖のような感情に襲われます。だからキルケゴールは不安を「自由のめまい」だといっています。(『不安の概念』)

自由のせいでめまいを感じるほど、あやふやなところもあるのですが、それをすることもできるが、それをしないでいる自由もある。それをする(作為)こともできるが、それをしない(不作為)こともできると き、あえてそうするひとと、そうはしないひとがいます。それは自由をどう受けとるかによって違って来ます。サルトルは他者のまなざしがそこにあることを、いつもつらさからだけ捉えたひとです。かれは他者を「地獄」という悲観的な見方でしか捉えることができなかったひとですが、そうでない世界の可能性を信じるひともいます。じぶんの世界を見る目が狭いと息苦しくなりますが、サルトルのように悲観的にならずに、まなざしをプラスに向けて、支えあって生きていこうとする可能性もある、とわたしは考えています。

他者のまなざしは地獄とはかぎらない。そのひとのまなざしがじぶんたちに注がれている、と確信できることで、ともに苦しんでくれるひとがいる。じぶんには仲間がいるのだ、と知ることで、苦しみが和らげられ、生きるよろこびを見いだせる方向はあります。

水俣病で苦しむひとの姿を書き残した石牟礼道子の『苦海浄土――わが水俣病』は、長男が入院した病院で水俣という奇病の存在を知り、衝撃を受け、患者たちの力になりたいと願いつつ書きとめられた作品です。「悶えてなりとも加勢《かせ》せんば」（何もできないけれど、せめて一緒にもだえて、哀しんで、力になりたいという強い気持）というのです。そこからまた新たな繋がりがいろいろ生まれ、貴重な報告となっています。

ハンセン病（ライ病）に罹《かか》っていたひとの身体が、次第に朽ちていくのを目撃したとき、あなたは、いったいどういう反応をするでしょう。「らい」の施設で働いた小川正子の『小島の春』を読んだとき、わたしはずいぶん驚きました。

神谷美恵子というひとは、らいの人たちを見たとき、わたしはそんなたいへんな病気にならなくてよかった、というのではなく、

なぜ私たちでなくて　あなたが？
あなたは　代って下さったのだ
代って　人としてあらゆるものを奪われ
地獄の責苦を　悩みぬいて下さったのだ

と、そう思ったと書いておられます。あのひとたちは、あのように病んで死んでいく、そのことをじぶんは負い目のように心に刺さった棘として受けとめようとして、後にそのひとたちの施設で職員として働かれた

というのですから、ただごとではありません。神谷さんは、のちに〈らい〉（ハンセン病）のひとのため、施設の医師になられました。

兵庫県芦屋から岡山県長島愛生園まで、片道5時間をかけて非常勤で通われ、のちには長島愛生園の精神科医長として、「らい園」で精神科医になられますが、そこで働くことが「生きがい」だと言っておられます。彼女の本を読むとき、至誠の迫力の持つ、インパクトを感じさせられます。（『生きがいについて』『銀の匙』の後半にこういう文章があります。

蚕が老いて繭になり、繭がほどけて蝶になり、蝶が卵をうむのをみて私の智識は完成した。それはまことに不可思議の謎の環《わ》であった。私は常にかような子供らしい驚嘆をもって自分の周囲を眺めたいと思う。人びとは多くのことを見馴れるにつけただそれが見馴れたことであるというばかりにそのまま見すごしてしまうのであるけれども、思えば年ごとの春に萌《も》えだす木の芽は年ごとにあらたに我らを驚かすべきであったであろう、それはもし知らないというならば、我々はこの小さな繭につつまれたほどのわずかのことすらも知らないのであるゆえに

わたしが昭和30（1955）年に18歳で大学入学のため上京したこと、昭和37（1962）年に留学のため渡米したことは、わたしのなかでは、静かな長い時間の凝縮がそこにある、という感じがしています。アメリカではいろいろ教わり、いろいろ交渉しました。話が通じると、認めてもらえました。

アメリカ人は踏み込んでひとに親切をするタイプで、おせっかいと紙一重ですが、善意に解釈すると、か

れらは親切だということです。わたしは好奇心が強いので「シャザム」のようなつもりで、いろいろ検索することがありますが、アメリカ人は根っからのお人好しです。

わたしは限られた時間のなかで、信じられないほど言い尽くせない厚意を受けたため、受けた出会いの衝撃を咀嚼するのに、その後ながい歳月を必要としました。それはわたし自身のことに見えて、それだけではなかったのだと思います。英語の appreciate はそれを評価するという意味の、感謝することだとC・S・ルイスがいうのと同じ意味で、心からありがたく評価する意味に使いたいのです。(『四つの愛』)

わたしが出かけたころ、アメリカへ行くというのは、一生に一度の大冒険のようなもので、令和のいまからは想像もできないほどのインパクトのある事件でした。ひとりの宣教師が隔週にわが家の日曜学校に来て、英語で聖書の話をして、だまってまた帰っていくということがあたりまえだったというのは、決して、あたりまえではないことだったのです。しかし、そういうことがわが家の当たり前でした。

村のひとたちの好奇心とそのまなざしはものすごいものがありました。それを受けとめるのにも相当のエネルギーが必要だったのです。わたしのアメリカ留学は東海道新幹線ができる前、羽田にモノレールができる前であり、海外への渡航がまだ認可されていない時でした。自費での渡航はできない時代でした。フルブライト留学生制度は戦後アメリカが日本の知的層に食い込み尽力してくれたことのなかで、最大の功績だったのでしょう。わたしのフルブライト同期生のAは精工舎(服部セイコー)の仲間がバス2台で羽田空港に見送りに来ていたそうです。わたしの家族や仲間も、見送りに来てくれました。文字通り多くのひとの注目と犠牲を強いながら、まるでだれかの身代わりであるようなかたちで行かせてもらったのです。じぶんにはそれだけの責務があるというような感慨がありました。アメリカから帰国したとき、三木市長(昔卒業式の来賓だった細川村の僧侶）が待っていたかのように、都心で食事に招待して下さったのは驚きでした。わたしの気づかないところで、みまもって頂いていたのだと背後にある視線を感じました。

カミュの『ペスト』は、アルジェリアのオランという都市《まち》全体が「ペスト」という災厄でパニックになったようすを描いた作品です。医療活動に励む医師リューやボランティアの保健隊を率いるタルーの動きを描くカミュには、『異邦人』のムルソーとは違い、相手を突き放すような視線はありません。母親が死んだときも涙を流さず、ひとをあやめたのに太陽のせいだといって言い逃れをしたムルソーとは違い、リューたちは街のなかで献身的に働きます。当初、教会で突き放すような説教をしていたパヌルー神父も事態の真相を確認して、説教ではもはや「あなたがた」と一般論で呼びかけるのをやめ、事態が深刻化するにつれ、じぶんも積極的に関与し始めてからは「わたしたちは」という口調で説教しています。

『ペスト』には、そういう異変が救いになっています。ペストの蔓延とともに、パヌルー神父も保健隊の仲間として加わり、ともに戦うべくその前線に身を置いて献身的に働きますが、かれもやがてペストで死んでいきます。こうしたすべてを黙ってみまもるかのように、医師リューは、のこされた者の責務として、戦いをどこまでもつづけていくほかない、と覚悟を新たにして働きつづけます。

ペストといういのちの勝負でかちえたものは、何が起きたかという認識であり、そのことをしっかり記憶することだというリューは、ペストのことを忘れてはならない、大切なことをしっかり記憶していこうとして、事態を見極める記録が重要だと考えるようになります。ペストという災厄のさなかにあって、人間のなかには、注目すべきものがいくつも顔を出して来ます。

そのため、じぶんがそこで見極めたことを忘れてはならない、ということは、コロナで罹災したひとの数だけを日々報告するしか能のない日本のマスメディアとは異質です。

ひとはじぶんがそのとき、ほんとうに出くわして、そのとき見たこと、感じたこと、学んだことを記憶して、それを後世に伝える義務があります。それこそが事態に直面して、いろいろ体験した者がそれでも、生きて残る者の責務だと『ペスト』は言うのです。『ペスト』は物語の最期で、厄災のなかでたたかいつづけたひとびとに、重要な変貌が起きています。パヌルー神父は、この災禍はあなたがたに責任があるとは言わず、「わたしたち」を襲うペストと市民の側に寄り添って、街の活動隊とともに活動します。新聞記者のランベールも、パリにいる恋人に会うべく街を出る画策を講じていましたが、いよいよ逃げ出せそうになったとき「わたしは、ここに残る」と決断します。これは個人の幸福から連帯的な幸福へと視点の移行があったからです。

そのことを見るだけだと、何事にもコミットしないまま、呑気な戯言《たわごと》を言っておられますが、本気で現実に関わるとき、わたしに関係がないとか、わたしは別だと、逃げるわけにはいかなくなります。

真理はそれを本気で見る者のなかにしか存在しません。ペストによって、医師も記者も神父も、これまでにない生気が湧いて来て、みごとな活躍をしています。あれだけ働いていけたら本望だといっていいのでしょう。そこには見るべきものを見る目があります。より高くのぼり、より奥へと進むほど、何もかもが大きくなっていく、というのは真理のようです。

Ⅳ　つたえる

10　幼年

幼年というのは秘密の花園です。幼年はそこからわたしが成長してきた起点ですから、うかつに無視してはならない、貴重な資産の宝庫です。それは着古してもういらない古着ではなく、いまも着続けているなじみの上着のようなもの。見た目はおとなでも、中身はあの頃のままのわたし。そのことをふだん忙しくしているため、忘れたり無視したりしています。わたしはかつてのわたしを引き継いでおり、幼年という記憶の引き継ぎは次の世代にいたるまで、ささやかな種まきとして、受け継いでいく必要があります。幼年はそう容易に、わたしから抜け出したりしません。

おとなになったから、もう子どもではないというだけで、幼年とおさらばしたわけではないのです。できあいの幼年などありません。幼年はわたしがみつめる強さに比例して生まれて来るもの。いま知っているだけではない、奥の深い記憶が潜んでいます。幼年はやさしく、きびしく、わたしにそれらを受諾するよう、攻め立てて来ます。幼年はなつかしさだけではありません。意外な力をいまなお保持していて、心外な誤解を突きつけたりもするので、やっかいです。幼年は、幼年時代にはなかったもの。何も考えないまま、むかしのことはいまも覚えている、というひとは、お伽話の幼年しか知らないひとです。

わたしたちはじぶんが気づかないままやり過ごして来た幼年に、いつか対処しなければなりません。

やりすごしたことは、だれにも残っていています。そのなかのいくつかが、いま幼年として見えかかっているが、見えているようで、見えない。幼年とは過去のすべて（「原幼年」）をさすのではありません。じぶんが幼年として覚えていること、いまも関わりのあることは、わたしの選びとった幼年であり、幼年の一部です。

大半の幼年は、もう消え去っていて、見えません。これまでやった、かるいお稽古などは、幼年のなかには入らないまま消えています。わたしにいま、見える幼年、いまわかる幼年が、わたしの受けとめる、未来に繋がる、わたしの幼年です。いまわかり、いま見える幼年は、いまのじぶんにとって、現実の記憶として、選ばれていまここに在る幼年です。それはもうとっくに過ぎ去った過去ではなく、いまなおわたしの現在として、いまここに在る幼年です。幼年をそう捉え直すと、いまわたしが受けとめている幼年は、どうでもいい幼年でなく、いつかだれかに伝える必要のある重要な記憶になります。

いちど消えた幼年は、ふだん見えないだけで、見えない時期がたとえ何十年前でも、機会さえあれば、見えて来ます。かつてのことが心の奥深くに貯蔵されていたのです。あのころ幸せだったのに、その幸せを幸せとも知らずに過ごしていた恩知らずの時期があります。幸せになろうともしなかったし、幸せであるとも知らないまま、無邪気に過ごした時期があります。そう気づくわたしに、幸せなときはもう通り過ぎています。それらすべてが、わたしの幼年に在ったのです。

左右の頬を指でたたいてメロディを奏でる「骨オルガン」は、むかし子どもたちに聴かせていたことがあります。三毛の美雨は、わからないらしく、きょとんとしていますが、じぶんのわかるメロディをピアノで弾いてやると、機嫌がいいときは、足元へ寄って来て、にゃ〜お〜とうたってくれるねこです。ねこには記憶がない、というひとがいるそうですが、そんなことはありません。

わたしがこんなことを考えるようになったのは、子どもたちが家を出て行ってからです。夕食後、かれらがまだテレビの前にいたころ、わたしはしばらくいっしょに見てから、二階の書斎にあがっていくことにしていました。幼児期の記憶は、ある特定の時間や場所に依存する度合いが強く、遺伝子のように埋め込まれたものでも定式化できる知性でもなく、文化や言語の多様性に応じてあらわれる多様性がありますから、一律には説明できない微妙で脆弱な原初的な記憶です。

おそらく幼年というのは、そのひとの原初的な知性とでもいうべきものと密接に関わっているでしょう。語るべき古い話なら、だれにもいろいろあるはずです。そういうことはふだんは黙っているだけで、気づかないのではなく、言わないだけです。漱石を読んでいて気になるのは「自分はその時誰と住んでいたのだろう」ということばです。『道草』にはちぐはぐな人間関係がいろいろ出て来ますが、これは幸せな幼年時代を過ごしたひとのことばではないですね。幼年を回顧するのに、そのときじぶんはだれと住んでいたのかなどを考えるのは、さみしい幼年です。一度消えたが、きっかけがあって見えて来るのが幼年だといっても、その幼年が見えて来ないひともいます。

じぶんにはずっと前から覚えている幼年がある、と言い張るひとは、じぶんが記憶している程度のことを幼年のすべてだと勘違いしているひとです。後から見える幼年が、じぶんの記憶する幼年より、はるかに豊かなものであることを知らないひとです。幼年とは、消えているようで消えていない、思い出せそうで思い出せないものですが、思い出すと、いろいろ出て来る地雷です。体験すれば忘れないはずだというのは甘い考えです。けっこう忘れています。それでもきっかけがあれば、思い出す幼年は、怖ろしい怪物です。

戦後すぐ、母方の祖母が疎開で姫路の夢前川《ゆめさき》の傍に居たとき、小3年のときです。耳の不自由な青年を二階に下宿させていた祖母は、手話など何もできないのに、ごく自然にしゃべり、手も使ってやりとりをしていました。そのやりとりが自然なのに驚いたのを覚えています。その日、従兄弟らと映画を見に行こうと姫路市内へ出かけたのですが、それは十字架上のイエスさながら、身体を荒縄で縛られ泥沼を歩行する、キリシタン殉教の26聖人ものでした。スクリーンの左手にピアノがあり、「美しき天然」の生演奏があるなか、モノクロ映画のせりふは、舞台の傍の弁士の生出演でした。

せっかく祖母に会いに行ったのに、また姫路の街中まで出かけたのに、そんな哀しい映画でなくてもよかったのでしょうが、たまたま見た映画がそういう重いものでした。「隠れキリシタン」のこともキリシタンの迫害のことも何も知らなかったので、ただただ驚きました。こんなにひどい仕打ちを受けながら、それでも信仰をまもり死んだひとがいた、と教えられたのです。

機械語だけで幼年の記憶をことばにしようとしても、それが方言とか昔のしぐさにからんでくると、じぶんのからだに染みついた身体知として説明するのはむずかしいでしょう。『ブレードランナー』では、レプリカント（ロボット）は何でも知っていることになっていますが、幼年の記憶がないことで、じぶんを卑下しています。後から移植された人工的な記憶があっても、それらはあわくもどかしく、恥ずかしげで切実な昔の話にはならないのです。

記憶は情報として埋め込まれればいいものではありません。じぶんのなかにある原記憶は、たやすくことばにすることがむずかしいが、いまも蠢《うごめ》いているもの。それはうろ覚えの記憶ゆえ、自然言語として伝えるのがむずかしい。ことばにしにくく、ことばにしてもわかってもらえないものです。

わたしが幼児期を過ごした神戸市須磨区の家には、庭にいちじくの木がありました。いちじくとは何の関係もないのに、いちじくを見ると、空襲で焼けてしまった神戸の家を思い出します。あのころ近所のひとの朝のラジオ体操を、父は軍服姿で脚絆《きゃはん》を巻いて台の上で指導していました。国民学校（小学校）のわたしの担任の酒井優先生も、教室では軍服すがたで軍靴でした。板張りの教室に靴音ががんがん反響するのには威圧感がありました。校庭で一列に並んで分列行進というのもやりました。旗を持って学年の先頭を歩かされました。そのころ練習した習字の課題は「クニマモレ」と「カチヌケ」で、新聞紙で練習しました。校舎は空襲をおそれて、外側を真っ黒に塗ったので黒い校舎になりました。さいわい空襲を免れたので校舎はそのままありました。阪神大震災のときは、校庭が被災者の入浴場になりました。

わたしのなかには、いまも「子ども」がいます。「おとなはみんな子どもだった」というのはいいとしても、だからといって、おとなが子どもの心をすっかり忘れ去ったかのように受けとってしまうのはまちがいです。『星の王子さま』は子どもの子どもらしさを強調するために、おとながもう子どもでないかのような印象を与えるので、注意して読む必要があります。おとなと子どもを二分しがちなのは『星の王子さま』の誤解されやすいところです。

親はわが子に接することで、忘れかけていたじぶんの子ども時代を思い出します。年をとったからといって、子どもらしさをすべてなくすわけではありません。おとなはいまも子どもです。子どものうえに、おとなという洋服を重ねて着ているのです。

幼年は決してただの過去ではありません。というより、まだ過去になっていない、幼年があるということです。いま覚えている過去のことは、過去のことではなく、現在のことなのです。

思い出す過去は、いまも覚えている過去であり、それは現在の記憶です。ほんとうに過ぎ去ったことは思い出せません。幼児期のことをいまも覚えているというひとは、じぶんの覚えていることが過去のすべてだと錯覚しているだけで、もっと他のこともあるのに、それらは忘却したため、なかったことにしているか気づかないでいるのです。忘れたつもりだがいまも覚えていること、過去のつもりだがいまもじぶんのなかに残っていることは、じぶんを支える、じぶんのパワースポットです。

多くのひとは、幼年を単純に通り過ぎた世界、もう過ぎ去って覚えていない、手の届かない世界だと思い込んでいます。いろいろ覚えているというひとは、がらくたばかりの記録を記憶だと勘違いしていて、心に残る記憶が稀薄なひとのようです。子どもには全体像を俯瞰できるほどの知性はないので、そのときわかったと思ったことも、わかったことにはならない、ささやかな知的地図でしかないのです。

だれもがなつかしさを覚えて思い出す情景は、そのときのままではありません。覚えていることの大半は、あったこととの一部であり、後になってから思い出す、いまのじぶんの記憶です。いろいろあったなかで、忘れずに残して来た記憶は、あの日のことを、いま解釈し直した、あの日のことです。

思い出すとは受け取り直すことであり、ただ思い出せばいいのではありません。それを改めて受け入れ(accept)許す(allow)ことです。あのときのことを、受け入れ、納得し、ゆるしを求めることです。受容するとは許容することであり、宗教的にいう贖罪《しょくざい》(罪のつぐない)ということです。

あのときそうしてしまった、そういうことになった、だけでなく、そういう方向に導かれてそうした、ということであり、いままでそのことに気づかなかった、わたしの無知、怠慢、傲慢を詫びなければならないのです。過ぎたことのすべてが、ただなつかしいわけではありません。

幼年時代を思い出して解釈するというのは、ある意味では贅沢で高尚な作業だといっていいでしょう。それは時間にも気持にも、ある程度のゆとりがあって、おだやかに過ぎし日のことを思い出すことができるということだからです。うれしかったこと、愉しかったことだけでなく、つらかったこと、怖かったこと、恨めしかったこと、悔しかったことなどが、ないまぜになった幼年は、ある意味において、トラウマの連続でもあり、それをそのままつまみ出して「ほうら、これだよ」とことばにできるとは限りません。またそうする必要もありません。むしろそういう出来事のただなかに、わたしの幼年時代があるわけではない。そのとき、まだ幼年はない、というのがあたっているのです。

幼年とは、もはや幼児でなくなった者が、ふりむいて気づくもの、ふりむいて初めてみつけるものです。それに気づいたときには、もう手遅れであり、何も取り戻せない、過ぎ去ったものになっているのです。

すべてのものがまだ名前を持たず、永遠にただ一度だけ現われるだけで、
もろもろの姿の測り知れない回帰に気づくことなく過ごしているあいだ、
わたしたちはこれまで、どれほどしあわせだったことだろう
（カロッサ『幼年時代』）

幼年は思い出せそうで思い出せないという、はがゆさのあるもの。そのかぎりにおいて、手に入れにくい

ものを神話的に捉えようとする行為かもしれません。幼年は妖しげなかたちで過去に見えながらも、わたしのなかの現在的なものとして、幼年は記憶の中枢にあります。幼年を過ぎ去った過去についての記録とみなし、ただの情報のように扱うのはまちがいです。幼年はどんなにぼやけていても、根強くわたしのなかに残りつづける生きた記憶です。それはわたしの一部として、いまのわたしのなかに存在している記憶です。それはたとえうまく言えなくても、そうなのだと確認する必要のある、わたしの一部です。わたしのなかには、あの日の、あのときの情景が、いまも残りつづけるかぎり、ただの過去とみなすことはできません。むしろ、もはや繰り返すことのできない、貴重な出来事として、大切にとっておくべき記憶です。

幼年とは自分史のなかの神話的な物語であり、いまなお大人になってもつづく不思議な力の源泉です。何かを新しく始めようとするとき、かつてのじぶんにいまも左右されるわたしの現実に気づくことがありますが、それを原体験とみなして確認しているじぶんがいるはずです。わたしはこうだった、わたしはこうでしかない、ということとともに、あのときこういうことができた、じぶんはそうしたかったなどと、可能性や方向性が、いくつかの選択肢として見えて来るとき、その選択肢に気づくわたしは、新たな想像力を得て意外な力を発揮することができます。

幼年は前から気になりながらも、容易には姿をあらわさない、永遠のフラストレーションでもあるのですが、未完のあこがれを充実させるチャンスでもあります。幼年には覚えているようで覚えていないあいまいさがあり、過去のようでいて現在であるため、人生の初期段階でだれかから受けとめていたあいまいなものが、いまなお、じぶんのなかに、大きくのしかかっているのです。

戦時中、弟の純がなくなったとき、わたしは4歳でした。棺のなかできれいに飾られているかれは、死んだというより、大切にしていたキャラメルを「入れてあげなさい」といわれて、入れさせられたことが悔しくて、弟の死よりキャラメルの方をよく覚えています。わたしはひとが亡くなることなど何もわからないま、天国に行ったのよ、と言われて、きれいに飾ってもらえていいなあ、と思っていました。忘れたように見えながら、そのひとの存在の根幹にある幼児体験は、そのひとの記憶の核になっています。

心の奥にあるものは見えないので、ふだんは気づきません。いまの現実とはかけ離れているが、そういうことがあった、そういうことだった、といま納得したことが、忘れていない過去としてそこにある。それが幼年です。幼年は、気づいたときにはもう手遅れな思い出とでもいうべきものであり、じぶんには何か作為があるわけではなく、悔しいとか、残念ということがない。

幼年はもう、どうもがいても、もはや繰り返すとかやりなおすことはできないものです。幼年ということで、そのひとの原体験のような原記憶を、心のなかで維持しつづけていく姿勢は、ながい人類のあゆみのなかで、智恵として身について来たことなのでしょう。

そのひとと会ったときのこと、それを始めたきっかけになる初期のことは、意外なほど心に残るもので、ひとは繰り返しそこに戻ろうとします。わたしは大学2年から通っていた、丸の内の無教会の集会で、塚本虎二先生はしばしば、内村鑑三先生は、こうおっしゃった、とつい先日のように話されていました。まだ生きておられるかのように、身近かな存在として話されるのが不思議なくらいでした。日曜の午後の少数の懇親会のとき、最近こんな葉書が来ている、といって、矢内原忠雄や南原繁の来信を回覧して下さったのには赤鉛筆で線が引いてあったのを覚えています。

内村の死は1930年ですから、1950年代後半はまだ没後20数年ですから、そう遠い日の話ではないのですが、大学生のわたしにとって、内村鑑三はもうすでに歴史上の人物でしたので、塚本先生が内村を身近かなひととして話されることに、不思議な違和感がありました。考えてみると、わたしがこの本に書いているシェラーさんとの出会いは、70年前のことなのに、鮮明な記憶があるから、不思議といえば不思議です。

14歳のあなたがいま感じる幼年は、おそらく子どものころのことでしょう。そうしてそれらはまだ、記憶として後まで残るほど重い記憶になることではないのかもしれません。ここでわたしが問題にしている幼年とは、樹木の年輪のように、深く刻印される記憶ですから、容易には無視できない、したたかで手におえない、やっかいな財産です。ときには拭《ぬぐ》いさることのできない、だれかへの重い負債でもある、やっかいさの伴なう幼年です。

幼年とは、そのひとが小さいとき、感じていたじぶんのことをストレートに指して言っているのではありません。もっと根源的な力で、どこかあらがいがたく迫ってくるものがわたしを羽交い締めにするようなものかもしれない。そんなひどいことばでも使わないと、説明しきれない、はげしさ、ものすごさがあります。幼年とは、もうここにはない、遠いはるかな記憶であり、それでいて、わたしの魂のなかに生きつづけるなつかしいふるさとです。幼年は牧歌的な意味あいをおびて、想像もしなかったような国がかつてあったという神話であり、もう存在しないのに、いまも存在するかのように、強引に引きずっていく力を帯びたものです。

見えないから無視することもできますが、ないというわけにはいかない、やっかいさがあるゆえ、それは、ある、ものとして、いまのわたしを束縛するのです。幼年はなつかしいメロディに接したとき、ふと目にしたなじみの道具を見たときなど、そこにないものが、見えて来るから不思議です。目の前のさざ波は、いまいるじぶんをいつのまにか、いまはもうないところへ誘《いざな》ってくれるタイムマシーンになります。

わたしたちはじぶんが実際に体験したことであっても、じぶんが覚えているわたしの幼年（自己記憶）と他者が覚えているわたしの幼年（他者記憶）が同じとは限らないことがわかるとき、当惑することがあります。たいていは親（母親）が記憶しているわたしの幼年が、わたしの幼年の出来事として定着するのです。（少子高齢化のせいで、伯父伯母や兄妹がいない場合）、そういう意味では、親のデータベースがわたしの幼年のデータベースになります。

じぶん以外のひとの記憶が、じぶんの記憶になるとは限りません。あのときはこうだったと言われても、記憶にないことは納得できないものです。むかしの知人友人が覚えているわたしの幼年は、わたしの知らないわたしであり、わたしの幼年に組み込まれていない時間であり、それがプラスの記憶だと神話になりますが、マイナスだとつらい誤解になります。自他の記憶のずれを、後から操作することはできません。

じぶんにはそういう記憶がないのに、あのときはこうだった、と言われても納得できない時間を相手が所有していることは、いつあらわれるかわからない地雷のような時間です。わたしについての他者の記憶は、郷里の仲間のなかにはいまも潜んでいて、いつ飛び出してくるかわからない不気味さがあります。

じぶんでもある程度は覚えているといっても、そのとき気づかなかったことは、わたしのなかでは、なかったことであり、気づかなかったことをいま持ち出されても、わたしの幼年として登録することを躊躇します。しかし、そのとき、きょうだいは気づいていた、クラスの友人は見ていた、ということがある。もちろん、その逆もあって、わたしが覚えているのに、相手はまったく意識していないから、そんなことはなかったと否定されることもあります。(藤田先生の「せやさかいに」はクラスのだれも覚えていません。)

そういうあやうさがありますが、そのあやうさが、いつまでもつきまとうのが幼年です。何も気づかないまま、そういう時期を通りすぎてしまった。幼年とはそういう無防備で無意識な時代です。そのつけが、まだだれにも終わっていない、という不気味さは、この先ずっとつづくのです。

『ブレードランナー』に出て来るレプリカントは、精巧に出来た人間に見えるため、ロボットという気はまったくないのですが、寿命4年という期限つきの存在であり、成人として出荷され、幼児の記憶は人為的に埋め込まれた存在です。(映画『ブレードランナー』は1982年公開、原作はフィリップ・K・ディックの『アンドロイドは電気羊の夢を見るか?』。)

レプリカントは、人間そっくりに見えますが、人間とちがい、残忍な場面や悲惨な場面に出くわしても、心を動かされたり嫌悪感を抱くことがないまま、非情な態度がとれるのです。感情がまったくないので、いくら幼年という情報がインプットされても、かなしいとかうれしいと思うことはありません。そういえば、鉄腕アトムは、たしか料理の味がわからない、絵画に感動できないことに悩んでいました。やはりひとではなく、ロボットというべきものです。レプリカントは地球に潜入して、じぶんの生存期限をのばしてくれるよう制作者(創造主)に要求しますが、かれらはどれほど精巧に作られていても、ひとが当然のように持っている「幼年」の記憶がないのです。なつかしく切ない、という感情のこもった記憶というのがありません。

人生というのは、だれも予行演習などしたことがなく、すべてぶっつけ本番のことばかりを経験しているのです。年をとると、だれもが子どものころにもどっていく傾向があるようです。ただ子どもには、先の可能性が豊かにあって成長していく愉しみがありますが、老人には、もうわずかしか先の可能性がなく、あとは劣化をどう遅らせるかということしかありません。しかしそれでも、これしかない、とあっさり諦めるのではなく、まだこれだけある、ここまではできる、と思っていろいろ工夫して挑戦していくひとには、思いがけないほど、豊かな老いの多様性が出現してくるようです。

ルナールの『にんじん』の母親は、子どもがきらいな性分だったのか、子どもを育てるのが苦手なひとだったのか、子どもの育て方がうまくないひとの見本のような感じがします。（どうやら頭に病気があったひとのようです。）漱石は51歳の父、42歳の母の子として生まれ、里子に出され、出戻ったあと、養子に行かされたこともあり、幼児期のことは記憶したくないことが多く、いやなことを忘れようとしたひとのようです。『坊ちゃん』に出て来る、お清のような女性には、ついぞ出会うことはなかったのです。嫂《あによめ》の登世にあこがれていた、と江藤淳は『漱石とその時代』に書いていますが、じっさいの妻は悪妻だったといわれています。漱石の作品には、すてきな出会いのある女性の話は出て来ません。鶴見俊輔は、晩年にいたるまで、幾度となく母親の悪口を書きつづけていますが、そうしたくなるほど、幼年期の記憶が幸せでなかったのであり、それに母の存在がからんでいたのでしょう。

それがじぶんのなつかしい時間として、思い出して納得できる時間のあるひとはしあわせですが、いじめられ虐待に近いあつかいを受けた経験の消えないひとは、心にのこる傷が癒えることがありません。下村湖人の『次郎物語』は「愛の飢餓と食の飢餓」を意識して書かれた少年の物語だと作者は言っています。ひもじさは、ふつうのひもじさの他に、じぶんだけがおやつを貰えなかったときのひもじさもあると言っています。かれが生涯のさいごになっても、ながい物語に仕上げようとして書き継いでいった執念には、それだけ哀切なものがあったのでしょう。食べものが足りないがゆえに、すげなくあつかわれて家族のぬくもりを知らないまま成人した者の、哀切きわまる少年期の回想は、それだけのあつい思いが背景にあるのだろう想像するほかありません。

そこにおだやかな母親が出てこないで、下女や乳母が出て来る時代は、子だくさんで飯米が足りなかった時代です。母親代わりの祖母や乳母や下女に、ひとたび疎まれたり溺愛されたりすると、彼女らの仕打ちが人生をどれだけ翻弄するかが問わず語りに出ているように思います。

芹沢光治良の『人間の運命』は天理教の熱心な信者だった父親が、信仰のために財産のすべてを棄てるという苦渋の決断が前提にあります。親の信仰との関係において、家族が苦渋に充ちた体験をする物語です。物語としての構成はわかっても、背後にある、執筆の動機となった作者の苦悩がにじみ出ている作品として、最後の最後まで筆者がひきずっている積年の思いを書いたものであるだけに、著者畢生《ひっせい》の大河小説というだけでは言い尽くせないものがあるようです。

『人間の運命』という作品は、下村湖人の『次郎物語』同様、その作品に生涯を賭けて集中する作者の、執念が老年期にも消えないことを証明する作品だと評価されるべきでしょう。(いつかメキシコ大使館で講演したあと、大使公邸での晩餐は、芹沢光治良の令嬢が大使夫人としてもてなして下さったのでした。横川の釜飯の器にもられた特製デザートとともに、忘れられない語らいがあったのは、わたしにとって記念すべきひとときでした。)

幼年というのは、ただの記憶ではありません。じぶんのなかにいまなら納得できるものがあり、了解でき、感謝していることがあって落ち着けるひとには、おだやかな老いが約束されています。しかし、いわく言いがたい鬱屈した思いがいまもあり、了解できず和解できないものがあるひとには、この先も生きていくことがつらく、かなしさがつきまとうことになります。そういうことがあった、ということが、未処理のまま残されていて、それがいつどこであらわれるかわからない。うろ覚えだが、そういう不気味なものが、この先、あらわれるかもしれないのが幼年です。

幼年はそういう未来が強迫性をおびたかたちで予期せぬ地雷としていつ現れるかわからないものです。体験しても記憶にない幼年は、じっさいに体験していても気づかないかぎり、なかったのです。あのとき、こうだった、とだれか（親しい者）が言ったとしても、そのときじぶんが気づかなかったことを、いま言われても思い出すことはできません。しかし身近かにいた者が知っている（という）わたしの時間を、いまごろこうだったと言われても、わたしは当惑するだけです。

じぶんが気づかなかった過去のことを、あとから調整することはできません。幼年とはそういう困惑が待ち構えている不気味な時間です。記憶として残っていてもいいはずの出来事も、そのとき気づかなかったことを、わたしはじぶんの記憶として確認することはできません。記憶にならなかったわたしの幼年は、わたしの記憶の外にある、わたしの知らないわたしの幼年ということになります。

わたしはいまもじぶんのことならなんでも覚えているというひとがいます。幼年時代のことをすべて覚えているというひとは、じぶんの気づかなかった時間がじぶんの幼年として、じぶん以外のだれかに記憶されていて、ある日、そのこともお前の幼年だぞと迫って来る怖さを知らないひとであり、そんなことはないと言い張るひとは、だいじなことにまだ気づかないひとです。

たとえばいま、きれいな公園を散歩しているとき、向こうの山並みにかかる夕陽をみるとき、海のさざなみを聞きつけるとき、なつかしい方言が不意に聴こえて来たとき、それまで想像したこともない記憶が甦って来るのは、心のなかにある、見えない貯蔵庫のなかが反響したということでしょう。

むかし持っていたA3サイズの『キンダーブック』という雑誌には、蛙もにわとりも、子どもと同じくらいの大きさに描かれており、蟻や蟬も子どものからだより大きく、蝶も虫籠より大きく描かれていました。絵のなかでは、とんぼのかたちも、子どもより大きく、くわがたも、子どもくらいの大きさでした。

1932（昭和7）年の第一次上海事変で戦死し英雄とされた3人を描いた『肉弾三勇士』という本は残っていません。カタカナばかりの表紙の本で、黄色いハードカバーのぶあつい本を愛読していましたが、わたしはきょうだいが多くて、だれもが読んだこともあって、たぶんぼろぼろになったまま、どこへいったのか行方不明です。

記憶として蓄えられたものは思い出せますが、蓄えられるところまでいかなかったものは思い出せません。『のらくろ』のマンガも、どこかへいってしまいました。もともとマンガは、あまり「時間」の経過を感じさせないところがあり、主人公は成長しないままで、無時間的に日常生活が出て来るだけのものは、時間の経過があっても、よほど劇的な箇所でないかぎり、歴史を感じないままになります。

読むには読んだが通り過ぎただけの本、核となる記憶にならない本は、消えていきます。

読み飛ばせる、かるい読みものには、時間（歴史）を意識させる要素が乏しいのです。絵本もマンガも少年ものも、本とはいうがハーレクイーンもの（西村京太郎もそうでしょう）と同じで、後にのこるものとして意識するほどの本ではなかったのです。佐藤紅緑や海野十三や山中峯太郎のものなどは、読んだけれど、あまり感動したとは言えなかったのでしょう。江戸川乱歩などは、トリックがわかれば、なあんだというだけで、感動するほどではありません。

ジュール・ヴェルヌの『十五少年漂流記』を読んだのは、わが家のオルガンの前に座ったままでした。よる遅くまで、はらはらしながら読みおわったことを覚えています。14、5歳くらいの少年ばかりで、孤島にたどり着いたはいいが、これからどうやって生きのびていけばいいのか。国籍のちがう少年たちで、だれかがリーダーとして指揮をとらなくてはならない。これから孤島の暮らしをどう取りしきっていくのか。だれがみんなをまとめていくのか。なかなか頑固な者もいて、すんなりとはいかない少年の集団です。どきどきしながら読みました。毛色の変わったわがままな少年たちを、だれがどう統率するのかと、指導権を発揮する主人公の活躍ぶりに、なかなか目がはなせなかったのです。ゴードンやブリアンなど、十数人が入りまじり、グループの統率をしていく過程のなかで、くりひろげられるドラマには感動しました。

ぼくたちは、いっしょにかたまっていなければだめだ
もしだれかがじぶん勝手にふるまえば、ぼくらは助からない

ぼくの役割はみんなをひとつに溶けあうようにすることだ、というあたりは、頼もしく興奮していました。あの夏のよる、蚊帳に入らないまま、オルガンの前の椅子に座って、ほのぐらくなってからも薄あかりのまま、ブリアンのことが気になって、読みふけりました。うまくいかない仲間の統率のことで、苦労する

少年の姿が印象的でした。『ロビンソン・クルーソー』では、孤独な暮らしのなかにフライデーがひとり登場するだけなので、十五少年の方がおもしろいと感じたのです。最初読んだときは、黒人の少年だけには、リーダーを選ぶ選挙権のない決まりになっているのをおかしいとは気づきませんでした。

ドストエフスキーの『罪と罰』は、二階の階段の上の踊り場で読み始めたのですが、そこに座り込んで読みふけったとき、しばらく身動きできずに呆然としていました。その日、そこで読み終わるつもりがなかったので、踊り場にしゃがみこんだまま読みふけったのです。風景とか余分なことが出て来ないまま、ぐいぐい攻めてくる文体は、たまらないものでした。そういう体験こそが読書の醍醐味です。いつかドストエフスキーの映画を見ようとしたとき、そこへユル・ブリンナーの大写しの頭部があらわれたので、映画を見るのはやめました。リアルな読書体験が先行する場合、映画では興ざめすることが多い。『ナルニア国ものがたり』も『星の王子さま』も、映画では見たくはありません。

物語に紆余曲折はありますが、『罪と罰』のあらすじは簡単です。読者は犯人がだれかを始めから知っていますが、作品のなかでは、みつかりそうになりながらも、まだみつかっていない。もうみつかるのではないか、もう自白するのではないか。そういう切迫感がたまらない。読者は真相を始めから知っていますが、登場人物には知らされないまま物語が進行するので、ラスコリニコフが彷徨《さまよ》いあるくとき、読者はかれがこの先どうするのか、いつ告白するのかと、どきどきしながら読むのです。主人公がいつじぶんの罪を告白するのか、それをじらされて待つ、どきどき感が読むあいだつづく高揚感がたまらない。

途中から登場するソーニャに、かれは聖書の「ラザロの復活」の話を読んでもらいます。ソーニャの登場で、ラスコリニコフは罪の告白を意識するようになります。考えてみると、人生というのは、傍から見れば、結果などもうわかっているようなものなのに、じぶんだけはまだよくはわからないまま、じぶんが気づくまでは、知らされないまま、生きているようなところがあるのかもしれません。

『罪と罰』には、キリスト教との関係がいろいろ出て来ますが、小林秀雄も江川卓も、キリスト教についてはふれていないのは不自然というべきでしょう。これは若き日に和辻哲郎が書いた『キルケゴール』が、キルケゴールのいう「逆説」や「絶望」についてまったくふれていないのと同じように、どこか違和感があります。(『罪と罰』については『われとわれわれ』の第5章を参照。)

いまわたしにつよく見えているのは、わたしのなかのわたしを構成する核をなすものです。そのさい強く感じるものは、14歳のときに感じるものと同じに見えるとしても、おそらく同じものではないのでしょう。わたしが人生の終着地点を意識しはじめるとき、物差しが固まって来て、見えて来るものがあります。

幼年時代に、幼年という意識はありません。わたしがわたしである、という事実があるだけで、わたしに幼年期があったとか、幼年時代がなつかしい、というのは後になってからのことです。年をとるとともに見えて来る幼年は、もう遠い過去のことなのに、それが意外に近くに見えるので、はたして遠い過去のことなのかどうかわからない。それは大人が気づく幼年であり、老人がもつ幼年ということになるのだ、とわたしは考えています。

幼年とはそのひとが受けた躾として、癖として、染みついたことば(方言)として、そのひとの人格形成の基礎にかかわるものであり、それはそのひとの生涯にわたってつづく原風景のようなものです。わたしが心のなかで数をかぞえるのは、小さいときのやり方そのままです。太陽系の惑星を「水金地火木土天海冥」

と暗記したことはいまもそのままです。「あそこ」とか「こっち」というときの言い方にあるくせは、なかなか変えにくいものです。

わたしはいくつになっても、子ども時代の風景を棄てないまま、創作活動の核にしている。それは多くのひとにも通じることだろう、というベルイマン監督のことばがわたしのなかに谺《こだま》しています。(『ベルイマン自伝』)幼年ということばを、古い意味で使うのはもう死語に近いのかもしれません。はやくから塾に送り込まれ、おけいこにも通い、はやい時期から幼児期という呑気な時間をなくしている子が多いのです。先日電車のなかでわたしの横にいたちいさな子が、スマホで動物の絵を見ているのを見かけました。子ども用の動物図鑑だとか。聞いてみると、1歳未満だといっていました。

よくできると言われる子は、ものわかりのいい子というイメージにあわせて、いつでも何でもさっとわかる子になっていて、知らないことなどもう何もないほど、知り尽くしている。そういう子は、はやばやと幼児期を通りすぎています。そのため、知らないだれかと知りあいになり、仲よくするなどという余計なことをしない、無駄のない生き方をしつづけています。そういう子にとって、幼年というのは、もはや神話の領域にしかないのかもしれません。はやくから、こまちゃくれた物知りになって、園児のころからスマホなど知り尽くしている世代には、いま在る現実とのふれあいより、いまそこにはない幻実についての物知りが増えています。

心のなかにある記憶という貯蔵庫には、まだ稔っていないが、おだやかに育ちつつある記憶が未完成でいまも蠢いています。そのものすごさは、パソコンのメモリーでは計れないため、いつもそこにあるとか、そこにはない、というふうには言えないもどかしさがあります。だからといって、ないわけではない。少なくとも、休火山のように、しばらくはお休みをしていても、いつ甦るかわからない不気味さがあります。

イエールの指導教授宅に招かれたとき、ゆでたての玉蜀黍《とうもろこし》をいただいたのですが、これって齧《かじ》りつかないとおいしくないでしょ、こういうのは親しいひとにお出しするのですよ、と言われました。また別の教授宅では、これは母の味のミートソースだとすすめられたのですが、ご家族といっしょに、なじみの食事を何気ない会話のなかでいただくことの幸せを感じました。とうもろこしは採れたてで畑の香りが残っており、ミートソースは子どものころの味なんだろうということで、いかにもアメリカ人らしい、素朴なもてなしだとうれしく思いました。

無知が武器になるのは幼年です。はじめて目に見えるものは、すべてすばらしく見えます。不安も焦燥感もないまま、それがすべてだったときがありました。親やせんせいがすばらしく見えていた時期がありました。小さいときはたいていは母親の目で見ていました。子どもが大人たちを尊敬する時期は世界がまだ狭く身近かな範囲で生きているあいだだけのことです。たいていはそのまま、そうだろうと判断して受け入れていました。そこにあるのが秩序だとか規律だということが気にならないまま、親は親として、せんせいはせんせいとして、そういう事態を決まりとして受け取ることのできる時期があるのです。

家のなかでは父や母が絶対であり、保育園や幼稚園ではせんせいが絶対だった時期にいい思い出のあるひととは、しあわせなひとです。母親やようちえんのせんせい、しょうがっこう（国民学校といっていました）の先生が、ある時期までは、母性的な存在として、心のなかに居つづけてくれたひとは、しあわせなひとです。

（国民学校1年とき、産休の小塚せんせいを、おみまいにいったことを覚えています。そのとき、せんせいは起き上がって「きょうはありがとう」と言って下さったのです。いっしょに行ったのは、林くんと広瀬さんでした。)

不登校や学校ぎらいの子は、きっといつか、学校でいやなことがあったのです。だれも話しかけてくれなかったとか、せんせいがじぶんを無視したとか。そういうことがあって、学校に行っても愉しくなかったのです。学校にあがるまでの時期を、神話の時期とみるなら、その神話の時期を小説家たちはすこし誇張して書くようですが、その気持はわかります。あのころの、大切な宝ものを神話化するのは、あのころの持つ、なつかしさやときめきの心を引き延ばしておきたいからでしょう。

わたしの両親は神戸生田教会に通っていました。竹田老先生、若先生の大ファンでした。空襲でなくなる前の教会堂とその横の牧師館をわたしは覚えています。礼拝のあと、父が事務手伝いをしているあいだ、講壇にあがって、よく老先生の説教のものまねをしていたそうです。新幹線の新神戸駅の傍の布引の滝の近くにあった神戸生田教会の教会堂は、神戸の空襲で灰燼に帰しました。クリスマスの祝会のとき、壇上で恒例の聖句の暗誦をやりました。わたしがやったのは旧約聖書の詩篇127篇です。わたしのあと、弟は「神は愛なり」とひとことだったので、恥ずかしそうにちょこんと礼をして引き下がっていました。

ヱホバ、家をたて給《たま》ふにあらずば
建つる者の勤労は空《むな》しく
ヱホバ、城をまもり給ふにあらずば

衛士《えじ》のさめをるは徒労《むなしきこと》なり

ずっと後に知ったことですが、この聖句は、1963年11月にケネディ大統領の暗殺されたその日の、演説草稿に引用されている聖句だったようです。口髭のよく似あう竹田俊造老先生は、低いしわがれた声で説教をされる方でした。若い羔一《こういち》先生は、プリンストン神学大からご帰国されたばかりとかで、もちろん英語が堪能な方でした。そのころ「プリンストン」が、アイビーリーグの名前だと知るわけはなく、長万部《おしゃまんべ》と同じくらい、知らないが記憶にのこる名称だったのです。

そのころ、どこかの温泉旅館に居たときのことです。部屋から見える中庭の池のなかにいる、なにかをみつけたとき、母がその赤いものを指さして、

あれが　ひごいよ

と言ってくれた声が、なぜかいまも、耳にのこっています。和風旅館の縁側の籐椅子か何かに座っていたときのことだったのかもしれません。そのとき母は、庭先の池をながめながら、澄んだ水のなかを泳いでいる〈さかな〉をさして、そう言ったのです。わたしはそのとき、そうなんだ、と思い、そう覚えました。

その宿の外観とか建物のたたずまいなどは、何も覚えていません。

地名とか人名がまだわかっていないころのことですから、おとなが言ったことをただ覚えただけです。それをだれかに説明しようとしても、ことばとしてうまく言えないまま、時がたっていけば、ほんとうの

ことも、記録されず記憶されないままなら、まるでにせものの記憶であるかのように放置され消えてしまうのでしょう。

幼年時代というのには、ことばにうまくできない、もどかしさがいつもついてまわります。しかし、それはまぎれもない事実であり、それはわたしのなかでは身体的な感覚として残っています。そのときそうだったと証言するしかありません。それが老いてから、本気で言いのこす必要のあることだと考えます。たしかこのとき、なにか真剣な会が開かれていたようです。ひごいのいた池は、有馬温泉のなかの和風旅館の一室で、神戸生田教会の夏期修養会のときだったようです。わたしのなかには、〈ひごい〉という発音が、幼児期のある日、耳にしたことばとして、ずっとわたしのなかに響いています。

何か思いがけない事件に出くわしたとき、ひとはその本性をあらわします。やさしく見えていたあのひとが意地悪だとわかったとき、気弱だと思っていたひとが芯の強いひとだとわかったときは驚いてしまいます。何かの原風景になるほどの重みのある情景は、それが何かはわからないまま、ことばにできなくても、どこか強い印象が心にのこるものです。おそらくそういうふうにして、いつかどこかで、魅力ある会話や不思議な出会いのきっかけが起きているのでしょう。

そういう何気ないちょっとした会話や機会が、現実に起こる体験の先取りのようになっていて、不意に訪れる不安や無知の挑戦を何気なくするりと乗り越えてしまえるきっかけになるのは、幼児期の何でもない体験のはたす意外な効能かもしれない、とわたしは思っています。

その本を読み始めたら、思わずじぶんの思いを代弁してくれている、と心が揺《ゆ》さぶられ、すがすがしい気持になる本があります。それはまるで手品師に煽《あお》られてふるえる紙の蝶のように、思わず心が舞いあがります。子どものころの思いを持ち続けて、いかにもうまく、まるでじぶんの代わりに代弁してくれるように書いてくれる作家がいるのです。

星の王子も、ピーター・パンも、アリスも、アン・シャーリーもブリアンも、スカーレットも、宮本武蔵も、だれかを見守りながら、どこかでだれかのために、何かを代弁してくれている。そう思って読んでいたのです。たとえ未完成でも、たとえ未熟なままでも、じぶんの見方、考え方がみつかるまでは、個人差がありますから、わかるところまでわかれば、それで十分。それでいいのです。

フロイトは個人の過去に近づくことが、精神の健康に必要だと考えていたようです。個人の過去を構成しなおし、成人の行動に対する影響を確定しようとしました。かれは、子ども時代の記憶は主観的に覚えており、本質的なものは忘れ去られているようでも、何らかのかたちで覆い隠され、主体が接近しにくいだけだといっています。

子ども時代からの記憶などというのがあるのかという疑問が生じるのはもっともかもしれない。子ども時代についての記憶、それだけしかわたしたちにはないのかもしれない。子ども時代の記憶は、わたしたちの子ども時代をじっさいの通りに示しているのではなく、後になってその記憶が再生したときに子ども時代がどう見えたかを示している。子ども時代の記憶は、ひとがよくいうのと違い、記憶が再生されるときに浮かび上がってくるのではない。子ども時代の記憶は、そのときに形成される。そうして、多くの動機が、歴史的な正確さにはおかまいなしに、記憶そのものの選択だけでなく、それらの記憶の形成にも関わっている

（「隠蔽記憶について」『著作集6』）

それは神戸の裏にある、鷹取山に登ったときのことでした。山頂からひょいひょいと石段を小走りで飛び降りていくうちに、じぶんひとりが夢中で先に走り降りるのが愉しくて、それをつづけてしまったのです。ふと気がつくと、もう夕暮れ近くになっており、後から来るはずの父の姿が見つかりません。そのとき、あ、はぐれてしまった、とわたしは一瞬立ちすくんでしまいました。

どうしよう……。気を取り直して元の道を戻っていくと、父は分かれ道に腕組みをして、黙って立ってくれていたのです。そのとき、どれほどほっとしたことか。

迷子になってしまった、と心のなかでべそをかいていたときの恐怖に似た思いは、いま思い出しても、胸がいたむほどです。遠いむかしのことですが、そのとき感じた怖さは、ほんとうに、ぞっとするような怖さでした。時を経ても消えない根源的な恐怖のようなものでした。

幼年時代にそなえていた、あのみずみずしさや、屈託のない気持、愛への渇望、信仰の力などは、いつの日かふたたび戻ってくるのでしょうか。純真な快活さと、限りない愛への渇望という二つの最上の美徳が、生活における唯一の欲求だったあのころよりもよい時代など、はたしてありうるのでしょうか。あの熱心な祈りはどこへ行ったのでしょう

（カロッサ『幼年時代』）

カロッサもいうように、子どものころは、ひとの厚意も悪意なども、ほとんど気づかないまま、平然として通り過ぎていました。そんなことはない、わたしはいまも覚えていますよ、と言い張るひとがいます。そ

ういうひとは、いま覚えていることがすべてだと勘違いしているだけで、じぶんが覚えていない、もっといろいろなことを気づかないままのじぶんだったということがわかっていない子どもなんですよ。

幼年というのはいろいろ通りすぎてみないとわからない、といってみても、あまりぴんと来ないひとはいます。太陽が上がったことがわかるのは、太陽を見てわかるのではなく、太陽の光によって他のものが見えるようになるから、というほかないでしょう。眠っているとき、じぶんが眠っていることはわかりません。ひとは目覚めてはじめて、眠っていたことが認識できるのです。

子どもの本というとき、どこか独特のイメージがあって、子ども用の特別な本だと思い込んでいるひとがいます。子どもの本は、子どもが子どものときに読む本だと決めているひとがいますが、それは誤解です。子ども向きの本を、子どものときに読む機会がなかったら、そのひとは一生、そういう本を読まないままになるでしょう。じぶんが大人だから、子どもの本など、もう読まない、というのなら、『星の王子さま』も『モモ』も、ほかにどんなにいい本も、親しむチャンスがないままになってしまいます。

『モモ』が大型箱入本で出版されたとき、わたしは「倫理学」や「西洋思想史」の指定図書にしました。すると、「子ども用」の本を指定図書にするのですか、と問い質してくる司書がいて、これはりっぱな時間論ですよ、と説明したものです。子ども用とあるから、子ども用の本だとしか思えないまま、そういう正義感をふりかざす司書がいたのです。（わたしの『モモ』論は『ファンタジーの発想』第2章にあります。）アメリカ帰りのわたしは、教授会のとき、ボタンダウンのピンクのYシャツを着ている、と物議をかもしたことがあります。指定図書という制度がまだ知られていなかったせいもあり、図書館で同じ本を何冊も貸し出し不能にするのはおかしい、と言い張る司書にも説得をつづけたものです。

そういえば、『ナルニア国ものがたり』（1950～56、邦訳1966）も『星の王子さま』（1943、邦訳1953）も、わたしの子どものころは、まだこの世に存在していなかったのです。いま簡単に読めるのがどれだけありがたいことかをよく意識してください。いまはあの本もこの本も、ネットで簡単に手に入るありがたい時代です。それに馴れっこになってしまい、ありがたさがわからなくなって、『蟹工船』は知っている、マンガで見たよ、などと言っています。いい本が身近なところにあることのありがたみは、人生のある時期を過ぎてからの方が、よりよくわかるのかもしれません。

幼年はその人にとって「刷り込み」の原型です。その人にとって幼年は、心のなかに鳴り響く持続低音として、ながく静かな影響を与えます。そのとき、そうだと思ったことは、後からいくら努力しても変更することはむずかしい。心のなかのことばづかい、数の数え方、味覚の好み、温度差についての感じ取り方など、いろいろです。幼年は、老いとともに、より鮮明に見えて来るようです。見え方がより鮮明になります。じぶんには通り過ぎた幼年がある。ただし、そういう時期があったと思い出すことのできるひとは、何も気づかないひとより、何らかの重荷を背負うことになります。何かを新しく感じるひとは、よろこびとともに、それに伴なう責任のようなものを背負って生きていくことになります。

何かに気づくとは、何かを発見することであり、そういうひとは、新しく気づいたことをじぶんのなかに持ちこたえて生きることになります。そのぶん、心のなかが重くなります。それを感じないまま通り過ぎた時期があったのです。それに気づくひとは、もう幼年ではないのです。

そういうことから、何気なく通り過ぎた幼年が、そのひとにとっては、たとえ後ろ向きに見えても、そのひとには貴重な精神的な財産になるわけです。そこまで遡《さかのぼ》って感謝し恩義を感じるひとは、それを未来にどう活かすかを考えていくひとです。それはもう脱ぎすてたはずの、終わった過去だとしても、何も残らないわけではない。幼年はじぶんの向こうにあるものとして、ながめたりみつめたりするものではありません。むしろ、じぶんのなかにあって、いまも生きたマグマとして蠢いているため、じぶんが切実に関わっていこうとするとき、やっかいなものになります。

思い出は思い出すひとにとってだけ、思い出になる。忘れたひとのことは、じぶんが思い出すまではわからないままです。幼年時代は、ただなつかしいのではありません。ある種の躾は、幼児虐待にもなりますから、傷跡《トラウマ》として残るつらい思い出にもなります。何も気づかないというひとは、ただ通り過ぎて来たひとで、気づかなかった時間は、じぶんが気づかない時間であり、なかったことにして忘れている時間です。しかし、かつてじぶんにそういうことがあった、とわかるとき、じぶんがどれだけひとの世話になったか、あのときどれだけもの知らずだったかがわかります。

いまそうわかることによって、これまで気づかなかった時間が新しく増え、思い出が増えることは、わたしの内的自分史に豊かさが増すことになります。いまのわたしがどうしてそうなったのかが少し見えて来ると、じぶんの過去が複数のねじれのある時間だったとわかり、そのことで過去をより充実させたかたちで把握できるようになります。それが人間として膨らみのある成長と成熟を可能にします。何も気づかず何もなかった、といって済ませていられた時期があった。いま新たに目覚めたわたしは、わたしを改めて再構成していけばいいのです。

何も知らないまま通り過ぎただけの人生にしないでいられただけ、あなたはじぶんの人生をより多様化し、多角化していくことができるのです。それが幼年を考えるということの意味になります。

小さいころ、親切にしてもらったことは、いろいろあるはずです。ただその多くをこれまで気づかないいま、やりすごして来たのです。あのときの、あのひとに感謝すべきだと思うことなど、何もなく通り過ぎてしまっていたのです。そういうことをやわらかい感性で書き留めている本は、おとなが失くしかけたものを思い出させてくれます。

いざ眠ろうとするとき、ふだんそれとなく行なっている、そのひと独自の就眠儀式は、だれにも身に覚えがあるでしょう。だれかのまぼろしの声がいまも聞こえて来るひとには、見えないものが、けっこういまも見えて来るように感じられます。ときにはそれが夢のなかでつづくこともあります。わたしにいま見えるものは、そこにはないはずのものも、見えているのです。そう考えてみると、いつのまにか、聞こえないはずのものも聞こえて来る。そうやってひとは繰り返し同じ夢を見るように、昼間の暮らしのなかにも、ひそかに繰り返す内的な対話があり、そこにはこれまで見えなかった幼年がそこかしこに顔を出すのであり、それがいろいろなことを教えてくれるのです。

記憶は、もしそれが間違っているとしても、本人にとって純粋に保存されたままの状態の方が貴重であり、たとえ他人がそれを正確ならしめたところで、何ほどの効用があるのだろうか……。子供が遠ざかりつつあるのは彼の住んでいた故郷からだけでなく、彼が生きて来た幼年という時間のすべてからであり、彼は驚嘆の眼を大きく見開き、新しく視野にはいって来る一切のものを見失なうまいと決心して、時々刻々に感動しながら、未来は常に測り知れない驚きに充ちて現在に滲透して来ることを無意識のう

ちに知りつつあった
（福永武彦『幼年』）

福永武彦の幼年論には、母の声が根底にある「幻聴」として描かれています。かれには、それがまぼろしの母の声として、向こう岸からひときわ強く聴こえる声として心の奥ふかくに残っているようです。それは対岸から聴こえて来る、声だけの母ですが、いまも見え隠れしていて、何かがあるようで、やはり何もない、というあいまいな不在感になっています。それは消えていきそうだが、そう簡単には消えていかない。

かれの文には、学校時代のことが出て来ません。父親とかわしていたはずの博多弁も、あまり出て来ません。かれにとっては、生みの母が早く亡くなったことが、何よりも大きな問題であり、その大切な何かが抜けてしまった幼年時代ということで、その不在感がそのままかれの幼年に反映しているのでしょう。じぶんが気づいて覚えていることがほんとうにわずかしかないせいなのか、それらをていねいにひとつずつ拾いあげながら、他のことはそっと伏せたまま、強引にじぶんだけの幼年論を書きあげたのです。

トルストイの母親は、彼が2歳のときに亡くなっていますが、母がいまも生きて元気な母であってほしいと願ったのでしょう、元気ですてきな母の姿を懸命につくりだして描いています。いまはもうそういうことなど、ありえないのですが、そうあってほしいと願う心そのままに、いろいろ想像して『幼年時代』を美しく描いています。

ママの声は甘く快くわたしの耳を愛撫する。わたしはねむけで霧のかかった目でママをみつめる。しかも、二分もたつと子どもらしい眠りがまぶたを仲よくあわせてしまう。そのとき、だれかのやさしい手が、いやそれはだれかわかる、ママだ。わたしは眠ったままそれをにぎりしめて唇におしあてる。ママの手がわたしをゆすぶり、くすぐる

軍人だった父を1歳のときに亡くしたサルトルは、自伝のなかで、子どものころ、わたしは祖父の書斎をあそび場にしていた。わたしは他のことなど何もしていない。祖父の書斎で、もっぱら書物に囲まれながら、書物人間として育った人間だ、と誇らかに宣言しています。(『言葉』)

わたしは土をほじくり返したり、
鳥の巣を狙ったりしたことは一度もない
植物の採集をしたり、小鳥に石を投げたこともない
本こそが、わたしの小鳥であり、巣であり、家畜であり
家畜小屋であり、畑であった

サルトルは3歳のとき右目をほぼ失明し、強度の斜視になります。7歳のとき、改めてじぶんの醜さに気づいたと言っており、背の低いちびの転校生は、しばしばいじめにあい、それ以降は、ほらを吹き、ものを書いていこうという意欲が高まったそうです。そのころから、かれはひとが想像する以上に、他者のまなざしを鋭敏に感知するひとになっていきました。母親はかれを連れて実家に戻りますが、その母がよそものあつかいにされて不遇だったこともあり、居心地はよくなかったのです。そこへ母の再婚があり、いきなり

見知らぬひとが父として登場します。斜視であることで、かれはじぶんが他人に「どう見られているか」をずっと考えさせられる、つらいきびしい現実を生きたようです。こういうトラウマが背後にあったことは、鶴見俊輔がいつまでたっても、母親から「いい子だね」と言ってもらえずに、ずっと「悪い子」だと言われつづけて傷ついたという、かれの幼年期を思い出させます。

『古代への情熱』に出てくる少年シュリーマンは、古代のトロイアの城とはどんなところだったかと古代遺跡をかれのなかで膨らませつづけました。クリスマスプレゼントの『イリアス』を読んで、三千年も前の、どこにあるかわからない街を発掘してみよう、と決心しました。かれの父は牧師で資産はなかったので、貿易商会に勤めつつ、驚異的な語学力で10数カ国語を勉強し、外国貿易の仕事につきます。

24歳のとき、印度藍《あい》の仕事が当たって金持になり、41歳で仕事をやめ、世界一周の旅に出ます。のちにパリで古代ギリシャの研究をし、小アジアの各地を調査し、ダーダネルス海峡に近いアナトリアのヒッサリクの丘こそ、トロイアの遺跡だと考え、1870年から73年にかけて発掘し、そこがトロイアの遺跡だと実証し世界に衝撃を与えます。かれは、いまさら発掘ですか、と笑われながら発掘をつづけ、城跡や宝物を次つぎと掘り当てます。その後もトロイア遺跡の発掘をつづけて、エーゲ文明が見えて来たのです。

11　いじめ

いじめは、取り上げにくいテーマです。できれば避けて通りたいのですが、そうはいきません。しかし、考えてみると、りんごや梨、桃やぶとうの栽培には枝や葉を取り去り、日当たりのいいものだけをのこす、剪定《せんてい》や選別という作業をしています。メロンになると、ひとつの弦《つる》に1個だけ残すことでいいものがつくれると聞いています。稲や麦をつくるのには間をあけて植え、不要なものを間引く作業をつづけます。いいものを残すために、少数のものを残していい作物を収穫するのです。盆栽になると、自然の摂理としての時空を無理矢理押さえ込み、日夜反自然的なかたちで時空の圧縮につとめます。生け花は、きれいな花も残酷なまでに切り捨て、派手な刈り込みをして初めてみごとな生け花になります。俳句や短歌は、限られた語句に多くの思索を凝縮させようとして、削除と推敲を重ねています。これらはすべてある種のいじめ現象でしょう。

いじめは人間社会のどこにでもある普遍的な現象として、なくなることはないのでしょう。それを他人事のように説明して、いけないことです、やめましょう、といっても、それは気休めにしかなりません。いじめは教師のあいだでも、似たことがあることを生徒は気づいています。テレビをみるとき、このタレントはぶすだ、胸がないなどと品定めをしますし、きれいだが色気がない、髪がうすくて老けてみえる、歯並びが悪い、最近離婚したらしいとか、けちをつける理由はいろいろあって、テレビに出るひとが、いつも何気ないかたちで品定めされるのも、ある種の選別作用であり、いじめと無関係ではありません。

剪定作業には、平等とか一律という発想はありません。いいものを残すために、劣悪なもの、いびつなものをはじき出して、いいものを創り出そうとする操作は、端的に選別作用そのものです。盆栽となると、明らかに自然界への果敢な介入ということになるでしょう。自然に対し公然といじめをしているのです。生け花や盆栽は、自然が本来そうであろうとする意向を、人為的に省いたり縮めたりすることで、自然界にはない操作によって新しいものを生み出そうとする選別作業になります。

見た目をよくするために、枝振りが変なものも、藝術品に変わりそうなら、取捨選択して、そこにうつくしい藝術品を残そうとするのです。野球部の監督はいいチームをつくりいい選手を育てるために、進学校の教師は偏差値のいい生徒を輩出するために、訓練と選別作業を強化することは欠かせない精進になっています。災害時の緊急救助のさいは、限られた時間にだれとだれを優先して救助するかは避けられない決断です。いわゆる状況判断《トリアージュ》(triage)とは、だれかを先にしてだれかを後まわしにせざるをえないつらい選別操作です。

美人コンテストや主役の選出のためには、そのなかからたったひとりを選ぶために、何千何万というひとを動員することもあります。裾野にある予備選別は見えにくいので気づきにくいのですが、そういう操作を経て、ひとりのスターが生まれます。タレントとしてもてはやされるまでには、想像以上のふるい分けがなされています。雑誌の表紙やグラビアにひとりが登場するためには、準備段階でどれほど多くのひとを切り捨てているか、想像以上のものがあります。

およそ文化とか文学、天才教育などというのは、厳しい選別作業があって成り立つものです。だれもを平等にあつかい、だれをもハッピーにできる選別作業など存在しません。全体から見て均整のとれたもの、チームとして、学校として、後世に遺したいものに限定するのが、生き残りの最善策になるからです。

一律に平等にしようとするとき、そこに残るものは、だれも相手にしない、つまらないものになります。衆愚主義といわれる民主主義は、建前としての平等は尊重しますが、本音では優秀さに加担して、よりよいものを残そうとして来た歴史があることは、見過ごすことのできない事実です。

何かをのこすための選別行為には、きびしい現場の判断が必要になります。かつて北朝鮮の指導者は、稲作作業に密植を指示して稲作をだめにしました。作物はある一定の空間と時間の間隔をおくため、北山杉は間をあけるため伐採しています。トマトやじゃがいもは連作ができず、輪作が必要です。

同じ文章にしても、そこにあるあまたのもののなかから、いいものを選び出して推敲をかさねることで、ひきたつものに変貌させるのが推敲です。「閑かさや岩にしみ入る蟬の声」という句に結晶させたのは芭蕉の力業です。４００字で40枚くらいにおさえ、松島のくだりでは一句も残していない芭蕉は、あちこちに虚構の舞台を設けて、読者を攪乱する荒技を為しとげています。かれの俳句の世界は、規模こそ小さいが大胆不敵であり、その志を無視することなど、とうていできません。

島々の数を尽《つく》して、欹《そばだつ》ものは天を指《ゆびさし》、ふすものは波に匍匐《はらばう》。あるは二重《ふたえ》にかさなり、三重《みえ》に畳みて、左にわかれ、右につらなる。負《おえ》るあり、抱《いだけ》るあり、児孫《じそん》愛すがごとし……其気色窅然《そのけしきようぜん》として、美人の顔《かんばせ》を粧《よそお》う

（『おくのほそ道』）

こういう大胆さをやりとげるのが芸のすごさです。だれもが同じことをこなせるわけではありません。選手もタレントも、張りのある生き方ができるときだけ、すばらしい活躍ができるのです。いつもだれにも同じことをやらせるのには無理があります。それぞれのよさを、うまくみつけて、それを引きたてていくのが監督や指導者の役割です。そのひとに合った得意なものをみつけようとしないで、クラスの全員を学芸会の劇に出すのにには無理があります。歌うのはうまいが、絵が下手な子もいます。教室いっぱいに全員の絵を貼り出すのは、参観日はいいとしても、ふだんはそこまでしなくていいでしょう。公文式では○を取りやすくしていますが、あれはよいしょのしすぎです。日能研では栄冠コースというのがあります。

いい子を公然と褒めるのが塾であり、藝の世界です。公立校の平等主義では、わが子がのびないと知っているので、親はわが子を私立に行かせ、塾や予備校に行かせるのです。そこでは積極的な選別作業をしないと、子どもの力を伸ばせないことをだれもが知っています。

あきらかに不得手な者ははずし、当人の得意分野をみつけて他のことに振り向けていくのが望ましい指導法でしょう。だれにもいつも同じやり方をやらせようとしないでいい。みんなで仲よくを型通りに演じてみせる番組は面白くない。愉しくやっていきたいのなら、下手なひとははぶいていいのです。卒業式のあいさつを細かく分けて、だれもが一言ずつしゃべるとか、主役のいない劇をやるのは、やっている当人たちも、何をやっているのかわからなくて、つまらない。以前戸塚ヨットスクールというのが、やりすぎて失敗したようですが、だれかが問題児や落ちこぼれていく者をあえて拾い上げる試みもいろいろ工夫される必要があります。いつもとは違う選択肢がここにもあると、いまある選択肢以外にも可能性を見出す柔軟さが必要です。進学希望者をすべて普通高へ送り込むのでなく、工業高校や商業高校、農業高校などもふやすことは代替案になります。

親の仕事を継ぐつもりでいたが、よくできたので、青学の国際政経学部で学んだあと、地元に戻ってから、地元の工業高校に入って親の鉄鋼業を継いだ者がわたしのゼミにいました。

特別にきれいなひと、めちゃくちゃできるひとには、焼き餅をやきません。足を引っ張ろうとすることもない。長嶋監督や美空ひばりには、感嘆するひとはいても、ひがむひとは、まずいないでしょう。特別できるひとは、あこがれられて神話のひとになります。わたしが国民学校（小学校）2年の担任の先生は、なりたての可愛い方で、子どもでもちょっかいを出したくなるほどすてきでした。せんせいが教室へ入るのを狙《ねら》って黒板拭きをドアに挟んでおいて、せんせいが転ぶのを見てよろこんだのです。転んだとき、せんせいのパンツが見えたといって、せんせいを泣かせてしまいました。

壺井栄の『二十四の瞳』では、新任のおなご先生が、自転車で学校を行き来する姿を村のだれもがあこがれています。高峰秀子（先生役）の12人の子どもたちは、先生が大好きでした。せんせいにちょっかいを出したくなって、落とし穴をつくりますが、アキレス腱を切って先生が来られなくなるとは想像もしていませんでした。これは子どもたちの先生への好意のあらわし方だったのです。

いじめは、放っておくとじぶんが負けそうな相手とか、張りあうつもりで身近かな者にするのです。じぶんより格下の者をいびり、おとしめ、鬱憤を晴らそうとする。そういうことの繰り返しが悪循環になり、いじめがなかなか終わらない。わたしの小中の同級生に知的障がいのあるTくんがいました。かれは授業中は黙ってしずかにしていましたが、掃除とか運動のときは、率先して動きまわっていました。かれをからかったりいじめたりする者はいませんでした。同じ集落には、農作業は何でもできるが、やはり知的障がいのある男性がいました。かれ（しょいさん）は、おだやかで、勤勉に農作業のできるひととして家族も村のひとも、それなりに鄭重にあつかい、話しかければ通じるひとでした。欲を出さずにじぶんがその役を演じるとき、まわりはだれも加害者になることなどなかった例になるかもしれません。

たとえば『アルジャーノンに花束を』では、

ぼくわ　かしこくなりたい……
ぼくの年わ　*32*さいで
らい月に　たんじょお日がくる

というふうに、手間のかかる相手だとわかるような語り口で訳しています。変なことばづかいでのろまなひとだと、ふだんせわしなく生きているため、ついうざいと思っていじめたりする者が出て来るのでしょう。研究社は『ハックルベリー・フィンの冒険』を『ハックルベリー・フィンの冒けん』という表題で出しています。*This book was made* とか *There was things* とまちがった英語で話しかけて来られると、This book was written とか There were things でなくちゃならないのが、わからない者だとなると、いらいらし、からかったりいじめたりしてしまう。これは、子どもだけでなく、ご近所の主婦同士でも、学校の教師の間でも、会社の仲間のなかにも、見られる現象のようです。

高校野球の選手宣誓は、ひとりでやっています。みんなの前で朗読をしたり、あいさつをさせるのは代表としてだれかを選ぶのがいい。声のいい子にさせてみんなで聞く方が、聞いていて気持いい。早く走れる子を褒めてどこが悪いのでしょう。（このごろ運動会では、騎馬戦はやらない学校が多いようです。）

いつも一律に平等に分担させるのがいいと考えるのでは、いつ襲いかかるかわからない、予期せぬ問題や危機のさいに、単独者として、じぶんがひとりで背負って立つ覚悟の練習になりません。意思虚弱なまま、必要不可欠な課題に背を向けて逃げることしかできない人間になってしまう怖れがあります。ある日突然、そのひとりひとりに襲って来る危機があることを予測して、いつもじぶんの責任で単独で問題に立ち向かう姿勢を陶冶《とうや》するための予備学習にはなりません。

哲学者のカントはすべては「義務」だからやるのだといい、かわいそうだからとか同情心からするのは倫理的でないといって、感情（感性）を切り捨て、義務感からするのがいいというのですが、義務感からでなければだめというのは、ただの空論です。同情心から介護をするのも、りっぱな倫理的行為です。

ニューヨークのタクシーの運転手と話をしていたら、同じ黒人でも、路上でTシャツを売っている黒人は格下で、かれらとじぶんたちハイチ出身でフランス語のわかる者とは格が違うのだそうです。同じ黒い色の洋服でも、黒い肌の色にしても、黒さの「てり」や光り具合で、女性にもてる黒さと、そうでない黒さがあるそうです。韓国の友人によると、韓国語には白さをあらわす語彙が豊富なので、その違いは、とても日本語では説明できないほどだとか。いじめの主体はだれで、だれがいじめているのかは、わかりにくいもの。被害者にも加害者にも主観性が加味されているため、いじめられた側だけでなく、いじめた側にも後味のわるさは残ります。その正負を確認しないで黙っていると、いじめはなかったことになります。

わたしが疎開で神戸から三木へ引っ越したのは昭和19（1944）年、敗戦の前年でした。神戸市須磨区から兵庫県美嚢郡の国民学校に、まちもんの「転校生」として移りました。

いなかの学校は、校舎がまだ新しくてきれいな学校でした。国民学校（小学校）2年で転校したのですが、教員の父が別のところへ学童疎開の引率者として疎開していたので、じっさいは母子疎開でした。不慣れないなかの祖父母の家に、母と幼ない子どもだけが疎開したので、父の郷里とはいえ、わたしたちは、村のしきたりなどだれも教えてくれないまま、村のひとたちとの初期化がうまくいかなかったのです。

むらのひとは黙って見ているだけで、注意するとか声をかけるということをしてくれませんでした。だれも助けてくれない、だれもやり方を教えてくれないので、意外なところで不興を買うとか、誤解されることがあっても、指摘するとかかばってくれるひとはいませんでした。まち育ちの母は、いなかをまったく知らないひとだっただけに苦労したようです。母はその年に生まれたばかりの嬰児がいたので、おむつの洗濯のため、川へ行くと川が汚れるといわれ、井戸水を使うと、水を使いすぎるといわれたそうです。紙おむつなどなく、布おむつの時代は、おむつの洗濯が毎日必要だったのです。こちらとしては、そのつもりなどまったくなくても、やり方の違う者は、生意気で不愉快だとみられることは、予想しない反応だったのです。

転校生のわたしは、知らないあいだに、クラスの悪ガキから、がんをつけられていたのです。

あのころ、同じ集落の子どもは、あさ、集団登校をするのが決まりでした。あさの登校時に、わたしが近づくまでは待っているのに、わたしが近づくとさっと先へ行ってしまう。そういうことがあったのですが、わたしはあまり気にしていませんでした。そういう奴は生意気だ、気に食わないと、狙われていたのでしょう。

ある日、番長に呼び出しをうけました。

ひるやすみに　講堂のうらに来い

と脅《おど》しをかけられたのです。目ざわりな転校生を懲らしめるつもりだったのでしょう。そういう情報はどういうわけか、あっというまにひろまるようです。昼休みの講堂では、窓という窓から、ほぼ全校生が集まった感じで、窓から顔を出す見物客が鈴なりでした。

わたしとかれは、ふたりだけで、講堂の外に立っていました。

みごとなほど、大がかりで、劇場的なセッティングでした。

これは売られたけんかです。受けて立つほかない。わたしは心を決めて、出かけました。ほぼ全校生が見まもるなか、わたしはけんかをしました。疎開で来た「まちもん」には、少しのこる神戸弁が気にさわったのかもしれません。親がアーメン（クリスチャン）だったので、うさんくさいと思われていたかもしれません。どこかテンポの違いがあるのに、しゃあしゃあとしているのは、気に入らない。がき大将として前から威張っていた者にしてみると、じぶんの沽券《こけん》に関わることであり、見逃せないことだったのでしょう。

かれは　仆《たお》れました

一度で決着のつく、けんかでした。昭和21年、わたしは4年生、9歳の春でした。このけんかは、たちまち村中に知れわたりました。転校生としてのわたしにとり、このけんかは、避けることのできない通過儀礼として必要だったのです。次の日かれは顔を腫《は》らせてやって来ました。だれもなにも言いませんでした。担任も顔を腫らしている彼に気づいたのでしょうが、何も言われませんでした。

けんかの結果、わたしは、まったくの自由になります。だれもなにも言わなくなりました。

クラスで選挙があり、その選挙でわたしは「級長」になりました。（それまでクラスの級長は担任の指名でした。）その後、あさの集団登校もすっきりし、おそらく弟にも風通しがよくなっていたはずです。

２００９年に、転校生だったＦが阪神地区にいることがわかり、再会することができました。けんか（１９４６年）から数えると64年ぶりです。中１のとき大阪吹田へ転校したＦは、作文のうまい、よくできる子でした。再会を愉しみにして須磨の舞子ビラで会いました。Ｆはもう白髪で手には杖という姿でした。

そのとき、Ｆは出会うなり、いきなり、

あのとき　決闘したんだったな

と言ったのです。わたしは驚きました。あれが「けんか」ではなく、「決闘」だったのだ、と。

そのときはじめて、あのけんかの意味をわたしは改めて意識するようになったのです。

Ｆによると、かれも疎開の転校生だったので、いじめを受けていたそうです。しかし、あのけんか以降、いじめはなくなったのだそうです。あれがわたしにとっての通過儀礼だったとは意識していましたが、周囲にも転機となっていたとは気づいていませんでした。

あれは「決闘だった」とＦは断言しました。中１の冬、阪神地区へ戻ったまま、それからずっと連絡の取れていなかったFが、60年を過ぎても、「決闘」として記憶していたことは、わたしにとって、それまで存在しなかった、予想もしない時間がいきなりあらわれたような感じを受けました。

かれの自分史のなかに、あのけんかが「決闘」として、位置づけられていたのです。

しかし、わたしは、ただのけんかのつもりでしたから、そこに食い違いがあったのです。

芦屋の山の手に住んで、現役引退後には、司法試験に2度も挑戦してみたというから、相変わらずガッツをもっていろいろ挑戦してきた実力者ぶりが彷彿とするFのことばに、わたしは圧倒されたのです。

もしわたしがあのとき、けんかをしないで、ずるずるとそのままになっていたら、わたしの人生は違ったものになっていたでしょう。みんなの見ている前で、堂々とけんかをやり遂げたことで、わたしはクラスだけでなく、おそらく村のひとからも、公的承認を受けることになったのです。

けんかの後、わたしはまわりがまったくじぶんの意のままになる、新しい自由な世界が展開されるようになり、すっかり村の子として、はしゃぎまわれる少年になりました。

そんなことも、もうとっくに忘れていたある日、夕食が終わったころ、知らないひとからの電話がありました。これまで、電話では話したことのない、成人の声でした。だれだろうと訝《いぶか》っていたら、

わいや、わいや。わいは、あのとき、負けたんや、という電話のむこうで声がしています。

こんど、息子がなあ　医学部に受かったんや

ということでした。かれは息子の医学部への合格を知らせて来たのです。そうか、よかったな、とは言いま

したが、いきなりの電話で、わたしは何が何だかわからないまま、あまり実感のない声だったかもしれないと反省しています。わたしは、もっと大きな声で、よかったな！、と怒鳴るほど大きな声で祝福すべきだったのではないかと、いまは思っています。中学以降、会うことがなかったかれですが、かれもまた、わたしを覚えていて、電話をかけて来てくれたのです。

疎開の体験を扱った作品には、柏原兵三の『長い道』や坂上弘の『枇杷《びわ》の季節』があります。

柏原は、ひとりで父親の郷里である富山へ縁故疎開したせいもあり、「いじめ」にあっており、かれも奮闘しています。坂上の場合、日銀の銀行マンだった父がしばしば転勤するため、たえず出入りがあったようですが、社宅とはいえ、日銀の社宅ですから、想像するようなきびしさはなく、エリート官僚の家族の地位を地域でも確保できていただけに、余裕があった疎開という印象を受けます。

同じころの疎開といっても、父親の郷里に、父とともに疎開したのと、父親が疎開先に同行できないため、疎開先のひとたちとの初期化ができなかったのでは事情がまったくといっていいほど違っていたのです。

わたしは父の故郷に疎開したものの、当初肝心の父が学童疎開先の引率者として他に行っていたため、父といっしょでなかったのは決定的に不利でした。小2を先頭に4人の子を抱える母は、地元のひとからかるく見られて、想像以上に不利な立場（配給がなかった）にありました。

柏原もわたしも、父親が不在だったことが、想像以上にマイナスに働いていました。坂上はじぶんを「異郷人」と呼んでいますが、柏原はじぶんを「闖入者《ちんにゅうしゃ》」だったとみて、こう言っています。

進（がき大将）にとって僕は闖入して来た異物のような存在だったのではないか、彼の君臨していた秩序は、僕の闖入のため乱され、磯介もいっていたことがあるように、彼は僕に自分の力を誇示するために、必要以上に権力を振るった……そのために私刑《リンチ》にあった、被害者は僕でなく彼の方なのだ

重松清の『ナイフ』を見ていると、かれは吃音（どもり）だったせいで、いろいろ苦労したようです。それだけに、いじめられる子の心をうまく捉えています。かれは、14歳の息子のいじめを察知してやきもきする母親に対し、そばでじっと身構える父親の苦悩を描いています。

親が子どものいじめに首をつっこむのはいやだとなると、うかつには介入できません。それでも黙っている息子がずっと下痢をしていることに、親は気づいているのです。ある日、子どもの部屋で通学鞄をみて、そこに潜むわが子の苦しさを知ります。『ナイフ』にはこんな話が書かれています。

国語の教科書は表紙が引きちぎられ、
数学の教科書は水に浸けられたのか紙がふやけ、
英和辞典の表紙には蛍光マーカーで女性器が落書きされ、
ノートのすべてのページに〈ドチビ！死ね！〉
と大きく殴り書きをしてある

関西弁を使うと、その場をやわらげる微妙な効果があります。知りあいの中学生は、クラスの雰囲気がおかしくなると、ええやんか、そんなこと、というと、みんなが思わず笑い出して場がなごむそうです。だれ

かが「だけどなあ」とか「かめへんやないか」というと、雰囲気が変わるそうです。山田詠美の『ひよこの眼』は中3の女子が、転校生の男の子の目にひかれる話。どこか初恋のようでいて初恋ほどでもなく、それでいてどこか忘れられない、かれのまなざしはひよこの眼だったというのです。かれがいなくなってからも、その目がちらつくという。いなくなったかれとは何もなく別れたはずなのに、かれの目がいまもどこにでもみかけられるようだという切なさを、うまくあらわした作品です。

いじめは学校だけでなく、会社やご近所にもあります。いじめは狭い枠のなかで、じぶんが尊敬しているひと、あがってしまうひとは別として、じぶんに近いがじぶんとはちがう者、じぶんと同程度の者、ちょっかいを出したくなる相手がターゲットになります。学校でのいじめ、会社のパワハラ・セクハラの他に、近所ぐるみでの村八分というのもあります。それは真綿で首を締め付けるように、やんわりと相手の心をすりへらすようにしていくのです。学校なら次のクラス替えまで、会社なら配置替えまでつづきます。私立の中高の教員は転勤がないのでひとたび先輩教師に睨まれると、相手の定年まで我慢を強いられるそうです。

いじめがいやなら、そのグループから抜け出せばいいのでしょうが、いやだからといって、会社をやめるとか、クラス替えを待つのも限度があります。学校ではスクール・カーストとか不登校という語彙で説明されたりするようですが、現実のつらさから抜け出すのは至難のわざになります。

いじめがなかなかなくなりにくいのには、いじめという行為には、それ自体がどこかひとを惹きつけるところがあるからかもしれません。それを原罪とは言わなくても、いじわるをして愉しむ心、いたずらが過ぎて、もう少しという出来心がとまらなくなる要素がない、とはいえません。ドイツ語で Schadenfreude（悪を愉しむ心）ということばがあります。じぶんが手を下すことがなくても、だれかが不幸になり、苦しみ、失敗するのを見聞きするときに生じるよろこび、うれしさを感じる心をいうのですが、週刊誌的な好奇心には、そういう要素が絡《から》んでいるのでしょう。ドラマや小説でも、どこかいじわるなひとが出て来ると、同情もするが、やれやれ、もっとやれ、と内心けしかけているじぶんに気づくことがあります。山崎豊子の『沈まぬ太陽』では、実直で誠実で、損ばかりする恩地元には人気がなく、うまくたちまわってのぼりつめていく行天四郎の方に人気があるそうです。

ローレンツは「文明化した人間の8大犯罪」のなかに、競争心というのを入れており、それはなくならない罪のひとつだと認めています。シェイクスピアの『リア王』の3姉妹に悲劇が起きたのは、王国相続のためにと姉妹の間で父親の気をひこうと争いますが、そこには姉妹の嫉妬が渦巻いていました。『白雪姫』だって、娘の方がきれいだと言われるのは自尊心のつよい母親にしてみれば、わが子がじぶんよりきれいだと言われてしまうのはがまんができなくて、それがいじめになりました。

上には上があり、下には下があります。比較する心がある限り、じぶんがだれかの上にいてだれかの下にいるのです。こうするのがあたりまえだ、というのは、そのクラス、その地域では、だれもが思っている通りにしていないと、はみ出してしまい傷つきます。パスカルもピレネー山脈のむこうとこちらでは考え方が違うと言っています。そのひとだけを外す、それだけですが、意味することは大きいのです。

それがいじめであり、それを止めるには大きな決断が必要になります。だからといって、どこのだれでもいいような者ばかりになると面白いドラマはつくれないし、たのしい試合にならない。だれもがいつでも取り替えの利く、ただのパーツあつかいだと、いつでも補充のきくコンビニの商品と同じになります。悪意のある噂はひとたび流布してしまったレッテルを剝がし元に戻すのはむずかしい。そのために、そのクラスやその地域では、その噂を信じ込むひとがいると、口承としてひとびとの心のなかに残ることになります。

いじめの動機はあいまいです。いじめられた者は、つらくなり、じぶんの心のなかに逃げ込むしかない。そうやって引きこもりが始まり、不登校になり、人嫌いになる、という負の連鎖がつづくのです。その結果、不幸な事件が起きることもありますが、そうならなくても、見えないところでながらく苦しみつづけます。不登校にならなくても、学校へ行けば、行かないより、もっとつらいことが起きる。学校も会社も、そこへ行くこと自体がつらくなる状況は想像を絶するものがあるというべきでしょう。相手とうまくことばを交わせるのは、何気なくことばのキャッチボールができるときです。じぶんが思い上がっているとき、じぶんと相手が対等でないことを、どこかがいびつに捉えてしまうことがあります。

気持のいい会話とか対話というのは、多くのことばを要しません。そうなるためには、何が必要なのでしょうか。どうしてじぶんはもっと「容姿」に恵まれなかったのか、どうしてじぶんばかりが「就活」をしなければならないのか、というふうに、だれかを妬み、羨む心はだれにも少しはあるでしょう。

もっと〜だったら、〜だったのに、というように、違った環境や才能だけでなく、違った状況を欲しがるひとは、思うようにいかないことばかりだと、ふてくされてしまうことがあります。そういうひとは、前向きになり、受け身の姿勢から自由にならないと、先に進むことはむずかしいでしょう。必死にもがいていても、そこまではわかってもらえないのです。

そういうとき、じぶんは後ろ向きであり狭い範囲でしかものを考えていないのではないかと、反省できるひとは出直すことができます。相手がわるい、じぶんは悪くない、という立場に固執しているかぎり、出口はみつかりません。じぶんにしてみれば、～してもらってあたりまえだ、それくらいはわかってほしい、ということなのでしょう。

しかし、もろもろのものがありあまるほど、与えられているのに、それが当然だと思うだけで、ますます不満や不足をならべたてる、甘えた子どもはたぶん、そのままになってしまうのでしょう。あなたの不満はあなたのものであり、だれにもあてはまるわけではありません。幼稚園から私立だったというひとが、じぶんのまわりには、そういう友だち（進学しなかった者）など、まずいなかったよ、というとき、小中高でずっと公立だったひとが知っているまわりの友だち（進学しないで家業についた、女性だからと言われて大学へは行かなかった者）とは、そこでいう「あたりまえ」が違うのです。しかし、根がまじめでも、じぶんのまわりのことしか知らない者には、おそろしく食い違いのある現実の認識がまったく違っているのはいたしかたないことなのでしょう。

カフカの『変身』のグレゴールは、あるあさ目が覚めると、一匹の巨大な虫になっているじぶんに気づきます。外見はすっかり変わっていますが、かれのこころは人間のまま。なんとかじぶんの思いを妹や家族に伝えようともがいているのに、それが通じない。これは他のひとが何段もの階段を楽に登り降りができるのに、じぶんはたった1段のぼるのにも苦労するとき、元気で力のある者が、高齢で弱っているひとにも、同じようにするのがあたりまえだと同じようにさせようとすることを思い起こさせます。

病気やけがで働けなくなった者、正社員になれなかった者が、社会的な弱者として不遇な立場にあるとき、それくらいのことができないのかと、お荷物あつかいにして振り捨ててしまえば、生きる場をなくし希望を失くします。いい大学を出ていい会社に入ったと言われていたひとが、あることが原因で、うまくいかなくなり、そのまま社会的に不遇になるひとはたくさんいます。

これくらいのことは当然だ、こうするのがあたりまえだ、と考えてしまうと、何気ないことができないひとが落ちこぼれたまま、わかってもらえずに沈んでいくことを、理解できなくなります。落差や格差がひどくなり、そういう状況のなかで喘《あえ》いでいるひとへのまなざしは必要です。それがわからないひとは、非情になり、いじめに走ることは、決して他人事ではありません。皮肉なことに、情報だけはいろいろ持っていてメールもやりとりしているが、相手の現実の具体像が見えないまま、信頼しあっているとは言えない相手だと、お互いいつ排除されるかわからない不安をかかえて生きることになります。

いじめにはいろいろな矛盾やバリエーションがあるようです。会社ではパワハラで苦しむひとがいて、それが産休や育休にも関係してくると、家族の死活問題になります。いじめは、民族間でも大変な問題です。その民族が生き残るためには、どこかであえて対決してでも相手の植民地化攻略を防御しないと、やがて滅ぼされるか同化させられてしまいます。マヤ文明、アステカ文明、インカ文明などは、列強が先住民の文化を強引にほろぼし乗っ取っていった例になります。

「天は人の上に人を造らず」といわれて、わかりました、というだけではやとちりになります。人間は平等だからといっても、年齢や才能によって個別性があるし、地位や権力を持つ者のパワハラ、家柄や学齢の格差、受けた訓練の量の違いなどで、すぐれた経営者、スポーツ選手、才人、賢人、天才が、ほかの者を凌《しの》ぐ存在として、それぞれの分野で活躍するのが現実です。そういうひとがエリートとして現実の世界を動かし、人類の未来像を左右し、問題の解決の糸口をみつけてくれるのはありがたいが、怖いことでもあります。驚嘆する演技や作品で心を打たれるのは頼もしいことです。そういう才人には、あこがれ賞賛もしますが、ときにはかれらが暴走する危険もあります。

そういうひとのやり方を牽制し、警告するため、預言者的な警醒の言を吐くひとも、ネット社会では必要な人材というべきでしょう。

いじめというのは、じぶんの前にいる相手の優勢さを認めたくないから派生する、いわく言いがたい、相手との距離感に対して、それを承認したくない弱者の思いが生み出す悲劇的な現象です。きれいごとでなく実際面で見ていくと、奴隷解放を言っていたリンカンの奴隷解放令（1863年1月）に、該当しないままの州があるのです。北部側に加わった膝元のケンタッキーだけでなく、デラウェア、ミズーリ、メリーランドなどの境界州は奴隷解放の適用外とし、北部が制圧したテネシー、バージニア、ルイジアナも奴隷解放の対象外だったのです。実際の奴隷解放は後のちまで遅れに遅れています。アメリカでいう基本的人権とは、白人人権です。先住のインディアンや黒人の奴隷は別枠とみなされていました。

いじめというから、わかりにくいのです。人間の欲はいくら手に入れても、さらにもっと欲しくなるものです。それはお金とか名誉といえば、わかるでしょう。

評判のレストランで食べても、いい大学を卒業していても、それで満足することはない。もっと上が欲しいというふうに、欲望はエスカレイトします。やきもちやいじめの問題には、いじめられる側といじめる側のほかに、「われ関せず」として「傍観者」の側に立って、冷静に突き放して評論するだけの、第三の立場に立つひとがいます。第三の立場に立つかぎり、事態はただのお話であり、いじめやパワハラの現実はじぶんには関係がないと見逃すだけで、われ関せずの評論と同じものになり、そんなものですか、とただ通りすぎるだけになってしまいます。

プラトンの「洞窟の比喩」(『国家《ポリテイア》』)によると、人間(囚人たち)は暗い洞窟の奥に住んでおり、身体は洞窟の奥の低い壁に顔を向ける格好で縛りつけられたままです。囚人(大衆)の顔は、洞窟の壁(スマホかテレビの画像)に向かっていて、その壁には後ろの炎が投げかける影(幻実)の画像が次つぎに映る仕組みになっています。わたしたちの背後、洞窟の通路のまんなかに、つい立てのような塀があり、その向こうにある燈火の光が、塀の上で動かされる人形の影として、テレビの前に座っているように映されています。わたしたちは目の前の壁(スクリーン)に写し出された画像(洞窟の壁に映っている影)を見ているだけです。低い壁の後ろには、操られている人形と人形使い(送信する発信者)がいるのであり、(わたしたち)囚人が体験(認識)するのは、その影(画像)にすぎません。そうしてある日、囚人たちが鎖を解かれ、光を放つ炎に顔を向けるようになっても、幻実のなかにいた囚人らは、炎という現実に気づくことなく、じぶんの見たものが、影だったと気づくことはむずかしいのです。

外の新しい世界にある太陽こそが、まわりの季節やあらゆる事物をはぐくみ、それらが在ることを成り立たせている根拠だということが、影の世界にいた囚人たちには、まったくわからないのです。

影の世界に生きるかぎり、暗闇に慣れてしまい、そこに展開される幻実の画像がきれいだと、それだけでしあわせだと思ってしまうので、その向こうにどういう世界があるのか、じぶんがどういう世界しか知らないかなど、識別し判断する力がありません。むしろ新しく外の世界を見たということで、たとえば預言者、エリート、天才、才人などがいろいろ説明してみても、その真価を悟ることができないため、かれらを笑うだけで、事態の真実などわかるはずがないのです。古来、知者たちが見抜いた真実の数々は、愚直な大衆（庶民）からは危険視され、排除されることが少なくなかったのです。

学校というのは、いい子ばかりで、いたずらやいじわるやいじめなどしない所だということを前提にしていて、それがごくふつうに行なわれている、とみなすのは危険です。学校では、みんな仲よくしましょうということを、言い過ぎています。いい意味で、せりあい、はりあい、ひがみ、やっかみなどがあるのをばねとして、切磋琢磨させていけばいい。いい意味での競争心を煽って切磋琢磨させるのをためらう必要はありません。いじめも競争もないというのは偽善です。結果としての平等まで強調していては、公立学校のように、やりたいことをやれずに、きれいごとですませる、うその場所になります。真剣にわが子のことを考えて、わが子を私立校へ送り込むのは、塾では競争という刺激のせいで、みんながのびるからです。

個性があるというのは、どこかでだれかと違うということです。違いがないとか、みんな同じだというのは、個性の否定であり、それはだれもを同じとみなすことになります。人間はコンビニの商品ではありません。だれもがだれかと同じということは現実にはありえないこと。そのわずかな違いが優劣や美醜や利害に絡んでくると、そこに羨む心、妬む心、意地悪な心、悔しがる心が生まれ、優越感にひたれるか劣等感に苛《さいな》まれるかということで、あせりが生じます。

スポーツでも勉強でも、じぶんがだれかより少し上にいられるからうれしいのであって、じぶんがあきらかにだめだとおもしろくない。どこかでだれかに少しだけ差を付けるために、いじめが出て来るのです。ちょっとだけ意地悪をしてじぶんが優位に立ちたいのです。もう教えてもいい情報を、少し時差をつけてから教える情報操作もいじめでしょう。そこまではしなくてもいいだろうといって、できる厚意をしばし保留するのも、微妙なところでいじめの境界線上にあるのかもしれません。

いじめの当事者はあっけらかんとして、加害者意識などないのです。いじめの被害者はたいていは黙って耐えているか泣き寝入りしているので、いくらなんでももう我慢できない、として声を上げるひとが me too と言ったからといって、いじめが増えたわけではありません。というのも、加害者にはそのつもりはないというところに、いじめ問題のやっかいさがあるからです。

いじめる側といじめられる側にそれぞれ言い分があり、加害者側と被害者では、その言い分が違います。親と子、上司と部下、先輩と後輩、選手と補欠、正社員と非正規社員など、いじわるやいやがらせがないわけではありません。それらが、嫉妬、怨嗟、否認、侮蔑につながると、いじめやパワハラとしか言いようのない事態になるのです。いじめた側は強者（の特権）としてじぶんが優位に立つかぎり、それをいじめだとは思わない。そこにいじめをなくすことのむずかしさがあります。

パワハラやセクハラなども視野に入れていじめを考えるとき、いじめは学校のクラス運営という狭い範囲には限定できなくなります。勤め先の上司と部下のいじめを考えるなら、いじめを14歳前後の子どもを対象に考えることは意味をなさなくなります。人間存在の奥深いところでは、だれかにそそのかされてそうしたとか、どこか原罪的なものとしか言えない悪魔的なものが介在すると思える要素があり、いじめという病根の根絶は困難です。こまっているひとを見て助けようというのは、上から目線で考えているのであり、無意識のうちに優越感を抱いているところがある、と意識する必要があります。お互いに助けあっていかないと成り立たないのが人生です。余裕があって、元気で自信がなければ、踏切に飛び込もうとするひとを捕まえることはできません。

サリンジャーの『ライ麦畑でつかまえて』では、崖っぷちに立って困っているひとがいたら、そのひとを捕まえるひと《キャッチャー》になりたい、というのです。決めせりふとしてはかっこいいのですが、現実ではむずかしいことであり、思いつきくらいで言ってはならないことばです。いまじぶんに見えているだれかに、助けが必要だとわかったとき、関係するひとに手をさしのべるというときでも、せいぜい限られたひとに限られたことしかできない。それ以外のことまで手をひろげることはできません。具体的な親切は博愛にはなりえません。あるひとを助けるとは、他のひとを見棄てて、特定のひとだけに力を貸すことです。

現実を真剣に生きるためには、限られたひとにだけ、じぶんの厚意を示すことになります。他のひとにそこまではできないので、後のひとを切り捨てなければならない。それが結果として、いじめ（のようなこと）になることがあるかもしれません。しかし、それでも必要なことは決断しなければならない。

野球やマラソンの監督は、数十名の部員のなかから、体調のいい選手をみつけて、「きみ、たのむぞ」と決めるのです。あわや完投試合になるというとき、急遽、交替や退場を命じる監督の非情な決断は、いじめに近いものになることがしばしばあります。

生きるとは決断の連続であり、決断には選択が避けられません。そのさい、不本意ながら、じぶんが選択したすぐそばのひとを切り捨てることになります。だれかひとり、特定のひとを親友（恋人）とみなすことは、あとのひとをはずすこと（切り捨てること）です。それは切り捨てですが、いじめではありません。

しかし、ひがむひとからすれば、それもいじめになるのでしょう。具体的な状況をそうていねいに説明していく教育は必要です。

いじめのない社会はありません。だれもいつかどこかで、いじめを体験しているはずです。それに拘っていつまでもじくじくしていてはだめです。いじめを他人事のように言って、それを正していこうというのは、かっこいいせりふにはなるでしょう。いじめの悪い面だけを言っていては、先へ進めません。いじめはどこにでもあるもの。それを耐え凌いでこそ、じぶんらしく生きていけるのであり、慌てることではありません。

学校時代、クラスにはジャイアンらしい奴がいたのと同様、国際社会にも覇権あらそいをして、じぶんの縄張りを蹂躙《じゅうりん》されたくないから、いじわるに近いことをしている国はあります。いじめるか、いじめられるかのどちらかです。傍観者として見るだけのひとは、じぶんがいじめていないときは、だれかがいじめられていることを見ていないだけです。

ガリヴァーは小人国では巨人であり、巨人国では小人でした。どちらの国へ行っても不具合があり、じぶんにとってはしっくりとはいかなかったのです。いま、じぶんが生きているところは、じぶんにぴったりした居心地のいいところとは限りません。社会制度の観察も、遠くから概観しただけと近くからの注視では中身が違って来ます。双方をうまく組み合わせていけば、人間世界のさまざまな不合理が少しは微調整できるかもしれません。進学校でよくできると褒められた秀才も、じぶんよりよくできる者の存在を知ってしまうと、少しのことで褒められても、有頂天になるほどおめでたくはなれないのです。

いつの世にも警告を発信してくれるひとは必要です。それは永遠の「もぐら叩き」かもしれません。もしそれが平行線を辿るだけなら、水かけ論になります。その微調整の枠がじぶんの忍耐の枠のなかにあるあいだはいいのですが、忍耐の限度を超えると爆発しかねません。そういう我慢の限界が、少子高齢化のスマホ世代には、かつて以上に低くなっていて毀れやすいひとが増えています。

わたしたちははたしてそれをどこまで我慢できるのでしょうか。それはゆるされない、それではいけない、などと、じぶんを正義の権化のようにみたててしゃかりきになると、寛容さがなくなってしまいます。

だれかじぶんより少し下の者をみつけておいて、じぶんはかれより上である、と安心したいのです。犬やねこには、かれらがひそかに付けているランクづけがあります。家族のなかでじぶんはどういう位置に居るのか、そのきびしいランキングを、ペットを飼っているひとは知っています。

いじめというのは、どうやら生きていく上での安全弁みたいなところがあり、根絶することはむずかしいが、そのときそこで起きているいじめをなくすことで、とりあえず満足するほかありません。そんなことではこまる、根絶やしにしてほしい、というのは欲張りなひとです。現実を見て見ると、ここだけでなく、そこにもあそこにもおかしいことがいろいろあります。それをいまは見ない、気づいていないというだけです。いじめは子どもだけに固有の問題ではありません。社会全般に蔓延しているいじめ現象が見えて来ると、子どものことだけで大騒ぎをしているわけにはいかなくなります。

井上靖の『わが母の記』は80歳を過ぎた母親の認知がはじまる前後を息子の目から描いた作品です。もう息子は成人しているのに、かれがまだ嬰児で、23歳の母が深夜の月光のなかを歩いて探すという姿は幻覚です。しかし、そういう母を描く作者は、世界をよりリアルに生きているらしい母の老いとていねいに向きあっています。認知がはじまり周囲を手こずらせる母が、体力の衰えとともに、老耄《ろうもう》そのものもエネルギーをうしない、静かな明け暮れが訪れるのです。90歳まで元気で生きた、ある老人は、亡くなる年にはすっかり子どもに戻ったようになり、ある日、風呂敷包みに着物を包みこんで家を出ようとしたので、問い質すと、家に帰る、といったそうです。そのひとは「養子」だったので、隣村のじぶんの生家へ帰ろうとしたのです。阪神大震災のとき、亡くなったひとのお悔やみを言ったとき、あのひとは、養子やから、ええのや、というひとがいて驚いたことがあります。

社会の片隅にいて我慢しているひとは、そうは見えないのですが、じぶんではいじめられていたと思い続けていたひと、養子だからといろいろな仕打ちに耐えて生きて来たひとがいる歴史を考えると、有形無形のいじめは「養子」制度にもまとわりついているのでしょう。

日本の養子制度にあたるものは中国や韓国にはないそうですが、いろいろ有名なひとが養子だったと気づけるのは不思議な感じです。何かあると、「お前は養子なんだから」と、その生涯のあいだ、問わず語りのように言われつづけてきたはずです。ご本人のうちには、複雑な潜在意識がいろいろあったでしょうが、黙って噛みしめて生きて来られたのでしょう。その長年のご苦労を思わずしのびたくなってしまうひとがおられます。ノーベル賞をもらった湯川秀樹、戦後の日本を率いた吉田茂元首相、沖縄返還に力を発揮してノーベル（平和）賞をもらった佐藤栄作元首相、民俗学の柳田國男、『広辞苑』を編纂した新村出などは、それぞれかぎりない忍耐心を背後に秘めて生きたひとかもしれません。

アララギ派の歌人、斎藤茂吉も養子です。かれの「死にたまふ母」（『赤光』）は、数年前から病臥中だった母危篤の報に接して、急遽帰省し、しばらく看病ののち、母を見送った一連の輓歌《ばんか》（帰郷、死別、葬儀など）を残した処女歌集です。母をふるさとで見送ったかれの心境には、字面以上の思いがこめられていたはずです。

みちのくの母のいのちを一目《ひとめ》見ん人目見んとぞただにいそげる
のど赤き玄鳥《つばくらめ》ふたつ屋梁《はり》にゐて足乳根《たらちね》の母は死にたまふなり

『阿Q正伝』で知られる魯迅（周樹人）は明治35（1902）年に清《しん》国の留学生として来日、のち仙台医学専門学校に入学します。ここでかれは運命的な師との出会いを体験します。「藤野先生」から講義ノートを見せるように言われ、そうしたところ、先生から返却されたノートには始めから終わりまで添削されたノートになっており、その指導は講義終了まで続いたのです。留学生であるかれが、試験に合格したため、先生が試験問題を漏洩したのだろうなどと疑われます。クラスの仲間から、それとなくやっかみの目で見られたのでしょう。かれはのちに医学をはなれ、文学をめざすようになります。なつかしさと慕わしさがまだつづくなかの決断でした。魯迅は、こう書いています。（『藤野先生』）

なぜか私は、いまでもよく彼のことを思い出す。わが師と仰ぐ人のなかで、彼はもっとも私を感激させ私を励ましてくれた一人。私はよく考える。彼が私に熱烈な期待をかけ、辛抱強く教えてくれたこと、それは小さくいえば中国のため。中国に新しい医学の生まれることを期待した。大きくいえば、学術のため。新しい医学が中国に伝わることを期待した。私の目から見てまた私の心において、彼は偉大な人格。その姓名を知る人がよし少ないにせよ教師や友だちとの出会いとかすれちがいには微妙な関係があります。あのとき、せんせいがうまく処理してくれていたら、いじめは起きなかったということはあるでしょう。あのときうまく処理してもらったので助かったということもあります。それぞれ甘酸っぱさとともに、一抹のさびしさがあるのです。

ハワード・オーウェンの『リトルジョンの静かな一日』(*Littlejohn*) はアメリカという国について複雑な思いをさせられる親子の物語です。そのころの黒人のドライブはハイウェイでは路肩を運転することになっていました。白人たちが四車線を自由自在に、糸をはったようにハイウェィを使いまくっているなか、車の運転にも1960年代のころはまだ、こういう慣例になっていました。法的に解放されてからも、土地と自由は彼らのものにはなりませんでした。1965(昭和40)年、人種差別が法律的には撤廃されたはずの南部では、黒人を「ニガー」と呼んでロッカーのドアに罵倒のことばを書きつけ、黒人のアクセントを嘲《あざけ》って、かれらの自尊心を傷つけることが日常茶飯事として残っていたのです。そのストレスに耐えかねて、ある女生徒が自殺してしまいます。そのとき、じぶんには直接の関係はないが、はたして無関係だろうか、と父親と娘が話しあっています。黒人(ニガー)の女の子《こ》が自殺した、と伝えたとき、父親は「お前らが意地悪をしたのか」と娘に聞いています。娘が「あの娘にはに冗談が通じなかったみたい」と言ったとき、父は娘に、こう言っています。

人間を人間としてきちんと扱っていかないと、こういうことが起きるのだよ
わたしたちは、そうならないように、しようなを

じぶんの出くわした出来事の重さに気づかない娘に対して、おだやかだが成熟した大人として、人間らしい記憶の手わたし方を伝授しているのです。（映画『ガンジー』を見ていて、かれが有色人種だということで南アフリカなどでいわれない差別を受けていたことを思い出します。）

『ドライビング・Missデイジー』という映画では、ユダヤ系の女主人が黒人の運転手との30年以上のつきあいのなかで、仲よくおやつを分けあうなど、ほほえましい情景が出てきます。しかしいつか、車で移動中のことです。かれが「トイレに行きたい」というと、そこのトイレに行けばいいじゃない、という女主人に、わしらは　あそこは　使えんのですよ、と言う場面があります。じぶんには差別意識などないつもりだし、充分仲がいい関係だといっても、社会システムのなかの位置づけでは依然として抑圧されているのです。１９６１年のアメリカを舞台とした映画『ドリーム』（Hidden Figures）では、ＮＡＳＡを支えるインテリの黒人女性がじぶんの使えるトイレが屋内にはないので、雨のなか屋外にある「有色人種女性用」（colored toilet, ladies）という掲示を探しまわるシーンがあり、心が痛みました。それが決まりだとして平然としているとき、じぶんたちの狭い範囲で済ませているのです。そこまで考えないと、じぶんたち以外のところで、他のひとが、どれだけ不利な立場にいるかを意識しないことになります。

ヴィクトール・フランクルは、第二次世界大戦中に、ナチスの「強制収容所」にとらえられ、死の淵をさまよった精神分析学者です。そのつらい体験を綴ったのが『夜と霧』。新旧ふたつの版があり、旧版にはナチ時代の、見るのがつらい衝撃の写真がいくつも掲載されています。（つらくても一度見て頂く必要があります。）過日、わたしはフライブルク大学（ドイツ）での招待講演をすませたあと、ポーランドのクラコウ

（と現地では発音）まで出かけました。重く大きな問題を抱えるアウシュヴィッツの収容所を訪ねるのは気の重い旅でしたが、アウシュヴィッツだけはどうしても行っておこうと決めていたからです。

担当のガイドは、その日ずっと付き添って説明してくれました。往年の現場に佇むと悲惨さがじわじわとわかります。その日の説明が終わった一瞬、ちいさな声で、わたしはあのときの、生き残りの末裔です、と言うや否《いな》や、かれは視界から消えていました。フランクルは、生死の瀬戸際で苦労をかさねながら、書く紙もないなか、わずかなメモを頼りに思い出して書いたのです。ちいさなトイレットペーパーの断片に書き残したものなどを再構成してできたのが『夜と霧』です。あのころ、収容されたひとには、主食のパンは1日に1つだったそうです。そのたった1個のパンを、弱っているだれかに差し出す者がいた、とフランクルは書いています。映画『サウンド・オブ・ミュージック』も、緊迫した様子がわかる箇所には、注目してほしい物語です。

同じころ、昭和20（1945）年、30歳のとき、敗戦と同時に満州で逮捕され、シベリアに抑留された石原吉郎は、『望郷と海』のなかで、つらい時期のことを書き残してくれています。かれはハバロフスクなどの強制収容所で数年をすごし、スターリンの死後、昭和28年、恩赦で帰国しました。抑留されていたころは、飢えと寒さのなか、たったひとつの飯盒に与えられた粥やスープをいれて2人で分けあったそうです。缶のなかに食べものを入れるそのとき、相手のしぐさから目をそらさずにみつめあうのに神経を消耗させていました。睡眠にも神経を使ったそうです。毛布は2枚を共有。1枚は床に敷き、1枚を上にかけて、背中を押しつけあって眠ったそうです。追い詰められせっぱつまったとき、利害の対立する者同士に無傷の連帯などない。ひとはもっとも近い者に最初の敵を発見する、と書いています。

ナチ・ドイツへの批判はいろいろあります。本来、もっと注目すべきことなのに、しばしば忘れられているのはフランスのナチへの協力です。第二次世界大戦のあいだ、1940年7月から44年8月までの4年あまり、フランスはナチ・ドイツの支配下にあり、ユダヤ人を大量に引き渡す役割を演じていたのです。さらに工業製品、農作物、労働者などを送り込むなどの、対独協力をせっせと行なっていたという事実にあまり言及しないのはアンフェアというべきでしょう。（渡辺和行『ナチ占領下のフランス』）

フランスにはあの大戦のさなか、そういう情けない時期が汚点として存在します。フランス人はそういうことがまるでなかったかのように、そ知らぬ顔で、いま連合国側についているのが気になります。たとえばユダヤ人狩りに手を貸していたことの他に、ナチの飛行機はフランスの製品だったという事実も、決して無視されてはならないことです。フランスにとってこの4年間は、できれば抹殺したい4年間でしょう。ミッテラン大統領は、1994年にみずからの関与を認め釈明しましたが、連合国側の者だといって、そのなかに入って発言しているのにはどこか釈然としないものがあります。

わたしたち日本人は、国際社会では名誉白人とみなされて、白人用の施設（トイレ）を使用して来ましたが、「黄色人種」の「東洋人」を不気味な他者とみなして「黄禍論《イエロー・ペリル》」が叫ばれた時期があること、その余韻がまだ消えていないことは意識する必要があります。黄色人種は基本的には黒人より下として低くみる感性の歴史があるという負の側面を、日本人としては見据えておいて、忘れてはならないのです。

黒人差別はいじめだからいけない、黒人はかわいそうだ、などと単純に考える日本の若者は、黄色人種としてのじぶんらが、ほんとうは黒人らより下の位置にいる者とみられ、差別される側に居るという現実に気づいていないのは、国際社会の常識に無知だということです。

12　つたえる

文明の土台はわたしたちが信じたがっているより、はるかに脆《もろ》いのではないでしょうか。伝えることと伝わることは同じではありません。伝えても伝わるとは限らない。大事なことをわたしはいったいだれに伝えたいのでしょうか。しばらく前まで、大学の合格発表は掲示板に出るというので、その掲示をだれかが見に行き、電報で「サクラサク」とか「サクラチル」と伝えていました。他の暗号も使っていました。結果を見るのが怖いので、だれかに見に行ってもらい、わかってから見に行くひとがいました。

むかしの作家で、漱石や太宰にはがきや手紙が多く残っているのは、電話のない時代だったから。最近は手紙やはがきをあまり書かないので、書簡の全集の出るひとは少なくなるでしょう。内村鑑三には『日記書簡全集』（教文館）が8巻、西田幾多郎全集には5巻あります。新渡戸稲造全集に書簡篇がないのは、高弟らが内情の露見を嫌ったからだそうです。（内村の弟子は師弟間のごたごたをすべて公開しています。）

メールを出したから伝わっているつもりでも、添付資料は見ない、資料の末尾の写真も見ないで返信するひとがいます。きちんと伝わるには、双方にそれなりの注意が必要です。

ていねいなひとは、メールを出したあと、メールを見てくれたか、あれでいいか、と確認の電話をして来ます。メールを送っても、それで伝わったとみるのは危険です。だいじなことは電話でも確認すればいいのですが、留守電になっていると、確認が遅れます。伝えようとしても、伝わらないこと、伝えきれないことは、いろいろあります。じぶんでは、メールもしたし電話もしたから、伝えたつもりでいるのに、伝わっていないことがけっこうあります。伝えようとする努力は、だれもがいろいろやっているのに、なかなか成功しないのです。いつかマラソンでトップにゴールした直後、「かんとく、かんとく……」と監督の名を呼んでいたQちゃん（高橋尚子さん）の姿が印象に残っています。全力で2時間半を走り抜いたマラソンのあと、最初に声をかけたのが小出監督だったのです。いつかオリンピックのメダリストばかりの集まりのとき、どれほど多くのひとがそこにいても、コーチや監督の声や顔はすぐわかる、というのに納得させられました。

発信だけなら、簡単です。しかし、いくら伝えてみても肝心のことは意外なほど伝わっていない。本気で伝えない、かるい連絡が多いせいもあるでしょうが、こちらが意を尽くした伝達も空振りのままが多い。俗受けのする、かるくて面白い情報は、資本主義の市場では、これが売れるならこれも受けるだろう、というわけで、その商品の是非についての反省などないまま、製品や番組が新しいというだけで購買意欲や視聴率を喚起しようとしています。

マスメディアは若者や年寄り向けの人気取りの放送で、なんとかいまの態勢を維持していますが、もはや安易にいまのやり方を変えられなくなっています。しかしこのままでは、未来を担う人材を育成するために、これまでの伝統とか古典を引き継ぐのはむずかしいでしょう。

伝統も古典も、だれかがその気になって、保存と伝達に工夫を重ねていかないかぎり、生き残ることはむずかしい。わたしにとって身につくものとは、からだを動かしてようやく会得した身体知だけです。目の前をかすめるだけの情報知は、わたしが納得し記憶にとどめるレベルにはなかなか到達しません。

ありがたみのわからないものは、記憶に残りません。通り抜けるだけの情報は、パソコンのなかのジャンク情報と同じで、そこにあっても、じぶんの力になる情報にはなりません。スポーツというのがテレビで見るもの、音楽が耳栓《イヤホン》で聴くものになってからは、からだを鍛えるというと、ジョギングとかスポーツクラブとかに話が飛んでしまいがちです。スポーツも語学も、本気で身につけるのなら、練習をし学習していかないと、ものにならないでしょう。日本人だから日本の心を継承しているとはかぎりません。伝統を受け継ぐとは、じぶんがそのなかに入って当事者にならないかぎり、傍観者に伝わるのはむずかしいでしょう。

微妙なことをじぶんから、言い始めるのは冒険です。そこまで言えば、誤解されて何を言われるかわからない。それは危険だからやめる、というのは、わかります。しかし、じぶんが引き受けて発言していかないかぎり、どこのだれでもない有象無象ばかりがまかり通る世のなかになってしまいます。

そうならないためには、じぶんの気づいたこと、じぶんにできそうなことを、それぞれの持ち場で少しだけ踏み込んでやっていく必要があります。そうしないと、これからは少数の巨大企業の（顧客という名の）「社畜」になりはててしまいます。アマゾンははやくて便利ですが、アマゾンに過剰依存していると、「アマ畜」とでもいうべき存在にされてしまういまです。それはもう始まっています。

じぶんの教科書さえ読めない子が8割近くもいるという報告があります。いまの若者はいますでにロボット以下なのだそうです。（新井紀子『AI vs 教科書が読めない子どもたち』）これでは身近かにある古典や伝統を受け継ぐ態勢など、とても望めません。古典というのは先人たちが残してくれた、魂の呻きであり、それは凝縮された遺言のようなものです。それを維持し伝承していくには、よほどの覚悟を持って、学び取る姿勢を維持していく必要があります。

ふだんは、のろまで怠惰なのに、自尊心だけはひと一倍強くてじぶんのことしか考えないわがままな大衆が増えるのでは、未来社会にとっては、こまった社会になります。パール・バックが『大地』で描く愚直だが正直な中国民衆、魯迅が『阿Q正伝』で描く、破天荒ですっとこどっこいな大衆の姿は、言いようのない、哀しみとおかしみの漂う作品になっていますが、長年にわたって培われた大衆のありようを、改めていくのは、なかなかできることではありません。

あまたの現象は、データになるまえの生《なま》の状態であるかぎり、それが記号化されなければ、データ化されることはありません。データや記号は、情報化されなければ、伝えたい「相手（他者）」に伝達できません。データ化されないままのものは、いつもどこかに取り残されています。伝えたい情報が意識化されるのは、わたしが目覚めているときであり、わたしが意識しないあいだはデータ化されません。わたしが本気にならないと、情報はスルーして消えていきます。パソコンに記録されても、記憶にない情報は蓄積されてもわたしを動かす情報にはなりません。チャンスを提供されても、それをデータ化し記号化して、わたしが意識しないかぎり、情報が情報としての機能を発揮することはありません。そのあいだに、少数のＣＥＯが大衆を餌食にして、ビッグデータに吸収していくのです。

必要な情報が相手に伝わるためには、情報を送る側（他者）が、知りあいで利害の絡んでいる場合と、知らないひとで利害の絡まない場合があります。知りあいのコメントなら、褒められるときもけなされるときも、その情報を聞き流したりはしないでしょう。しかし、相手がじぶんの知らないひとだと、知らないひとからの情報にいちいち立ち向かうことなく、そのままスルーしてしまう。

じぶんの知らないひとでも、じぶんに関心を持つファンなら、その情報に耳を貸そうとするかもしれません。たいていは、いくら発信しても、聞き流されるだけで消えていきます。

むかしは掲示板を真剣に見ていました。うっかり、申し込みに遅れて、留学を1年遅らせた友人がいます。かつては手紙というのは貴重な伝達手段であり、けっこう信用していたのです。いそぐ場合、海外なら air mail letter（航空便）で、国内は速達か電報でした。大学時代の友人、ロックフェラー4世も、航空便で手紙を書いていました。かれは図書館にいたとき、tomorrow の綴りをわたしに確認したことがあります。

わたしはイエール留学の2年目に、婚約者をアメリカへ呼びよせて学生結婚をしたのですが、保証人が決まった日、近くの郵便局へ直行し、立ったまま air mail letter を書いて送りました。それが日本に届いて、むこうから返信が届くには2週間かかりました。電話がなかった時代であり、手紙のやりとりだけで、結婚にこぎつけました。そんな悠長なことを、と言われましたが、それがふつうでした。電話も電報もできたでしょうが、信頼して書いた手紙がきちんと通じて、予定通り結婚できたのです。

『ライ麦畑でつかまえて』の主人公は、クリスマス前のニューヨークの夜をさまよいつつ、何度も公衆電話をかけますが、肝心の相手になかなか繋がらない。ようやく繋がったと思ったら家族が出て来て、話すのをやめてしまい、話したい相手とは電話で話ができないままになっている。そういう時代でした。

大事なこと、言いたいことは、まだどこかに生きつづけていて、語り継がれることを求めています。

じぶんが言いたいことが意図通りに伝わっているかどうかはわかりませんが、こちらが伝えようとしていること、書きたいと思っていることは、それがうまく伝わっていなくても、必要なことなら、だれかに伝えるよう努力する必要があります。お役所の文章や法律用語は、ふつうに読んだだけではわかりにくく、専門家に聞かないとわからない。パソコンのマニュアルは、くわしいが要領をえなくてわかりづらい。

伝えておいたから、わかったよね、と言わんばかりの姿勢が濃厚な公的文書のわかりにくさ。おそらく庶民は無知で無能だから、こちらから伝えてやらないと、何も伝わらないだろうという、上から目線でものをいう傲慢さがあるのでしょう。医療や介護関係のひとが、仲間うちで使いまわすＡＤＬ（activities of daily living）やＣＰＫ（creatine phosphokinase）も、患者やその家族にはうまく伝わりません。業界内語でわかりあえればいいというのは、難解な用語で哲学をむずかしいと思わせるのと同じです。試合のさなかやゴール寸前の選手には、コーチや監督の声が聞こえているそうです。聖書に出て来る「静かな細い声」（still small voice、列王記上19・12）とは、たぶんそういう声をいうのでしょう。

生きている者には、生き残ることをゆるされた者としての責務があります。年老いていま生きているわたしは、生かされているのであり、いまここを生きる者には、サバイバルできた者として、それぞれに課せられた使命があります。もしあのとき、あのひとに出会わなかったら、わたしはいまとは違うわたしになっていたでしょう。あのときを境にして、わたしは変わった。そういう出会いによる変身は、証言する必要があります。そのことは、じぶんがじぶんのことだけを言っているようでいて、だれかのことばや立場を代弁することにもなっています。哲学や宗教がながく口をすっぱくして伝えて来たことは、遠いむかしのある時期に、ほんの一度だけこういうことばが発せられた、という証しのように記録されたこと（たとえばイエスの復活、ソクラテスの刑死、孔子のことば、アイヌの口承など）が、決してそれだけではなかったと、後のちまでも語りつがれて、意味のある証言（情報、事実）だとみなされて来たことです。

それらの多くは、ただこうだった、と伝えられたことが、後世のひとの支持をえて語り継がれたのです。それは時空を超えていまなお伝わり継がれているという意味で、決してかるがるしくあつかってはならない、人類にとって貴重な遺産です。

ひとたびそうわかると、たとえ古びた紙切れひとつでも、貴重な資料として大切にとっておく価値があります。そうなると、ある日じぶんが目覚めて何かを感じ取るまで、多くの知恵や真理は、いわば凍結状態だったと反省して、いまじぶんのまわりにあるものが、とくに新しくて魅力的なものでなくても、大いに尊重に値するかもしれないという、謙虚で前向きな構え方が生まれて来ます。

その片鱗がわかりはじめると、その向こうに広がる、知的資源の大海原が見えて来て、これまでのわたしは何をしていたのかと目覚めて、感動の渦に巻き込まれてしまいます。それらがまるでわたしのために用意されていたものであるかのように、わたしを感動させるとき、いいものを読むことがどれだけすばらしいかがわかって来ます。わかったぞ、という感動は、これまでの闇のなかから、どれだけささいなものであっても、わたしにとっては、みつけたぞ、という、うれしいガバになります。それが変身であり成熟です。

本を読んでいるとき、前から考えていたことが、だれにも話したことなどないのに、じぶんが感じていたのと同じようなことがそこに書かれている、そう思える文に出くわすと、うれしくなります。それは名作でなくても、ひとりの人間の心に宿った思いが、他のひとの心にもあるのだということがわかり、うれしくなります。しかし、やがて少し違うなということで、わたしはまたひとり取り残されてしまう。じぶん以外のだれかも、そんなことを考えていたのだとわかるのはうれしいが、だれかに賛成してもらえたつもりでうれしくなっても、そううまく、じぶんと同じ意見のひとをみつけることはできないのです。

リアルな啓示は、読むひとにもリアルに伝わります。ただその感動はそのひと独自のものであり、そのひとの悟りもそのひと独自のものですから、同じ感動や悟りが、わたしにそのまま得られるわけではない。わたしはその悟りや感動を、想像し推測するだけ。読むという行為は、擬似的な感動であり、擬似的な悟りです。ただ読むだけで、相手と同じように悟ることも感動することもできませんが、それを推測することができます。

ひとは見えないところで、地下水脈のように、じつに多くのひとと繋がっています。じぶんが何者であり、何をしたいのか、何をして来たのか。考えたことはあっても、たいていはだれにも言わないまま立ち消えになっています。わたしは、孤独なひとりの人間であり、わたしに似たひと、似通った発想のひとがどこかに居ても、わたしと同じ、わたしのクローンは居ません。そうしていつのまにか、わたしの周辺から、わたしを知るひとは少しずつ、増えたり減ったりして、わたしには、そばに居るひとと居ないひとの双方を束ねながら、かれらをわたしの仲間だとみなして生きているのです。

かれらがわたしの心のなかに居るかぎり、もういないひとも、いまもわたしのなかに居るわけですから、わたしが知っているひと、つきあいのあったひとを考えると、そのひとが生きているから、親しいから、覚えているからというだけで、何かが伝わって来るひとは、いま居るひとでなくても同じ効果があります。

そこまでは言わなかったが、あのとき何か言いたそうだったひとが居たことを思い出すのは、生きて来た証しとして、年長者の特権として、そういうひそかな内的回想はいろいろあります。生きるとはただやり過ごすことではありません。わたしも何かを担い、何かを繋いでいく者として、大きなうねりの一端を担っています。生きることをそうみなすことで、わたしも大きな生の流れのなかにおかれていると感じることができます。

ある本を読んでいて、いたたまれなくなった。わたしもそう感じた、そういうことがあった、というときは、読むのをやめることです。あれもこれも読破したというひとは、読むことに力点を置きすぎて、じぶんがある箇所で感動したとか、心を打たれて立ち止まった、という経験の少ないひとです。そういうひとは読むということがどういうことかが、わかっていないのです。あ、そうか、とわかったら、そこで読むのをやめ、これからどうするか、何をしようか、と思うことを優先するのです。

そういう意志的な中断のない読書は、読書ではありません。むかし、百科全書を読破したというひとがいましたが、それは情報量の乏しかった頃の話です。いまはわからないことは、答えがすぐ得られますから、情報ばかり集めて意識の産業化に協力する必要はありません。他のことはあとで知ればいい。あ、そうか、と、ガバが来れば、読書は即中止する。堂々と中断していい。つづきはまた後で、ということで、そこで必要なことを腰を据えて考えることが先決です。

たとえばいま稲を刈ったたんぼに、収穫したあとの藁が積み上げられているとします。その厚い稲わらの束のあいだで「かくれんぼう」をしたことがあるのは、わたしのなかの心象風景のひとつです。たとえばそういう風景で思い出すことで、複合的にいろいろ見えるひとにとって、それはただの田園風景ではありません。そのとき、複合的に見えて来るものがあるひとには、何でもないようでいて、そのことをうまく伝えることはとてもできにくいのです。それが田園風景だと言っただけではわかってもらえたことにはならない。

伝えていないから伝わらない、聞こえないから聞いていない、ということには一理あるように見えますが、知らされても知らないまま、聞かされても聴いていなかったということがしばしばです。鈍感な感性に開きなおられてもこまるのです。

カフカの『城』は、すぐそこにあって近づけそうなのに、なかなか近づけない不思議な城の話です。じぶんがそこへ招かれているのに、なかなかそこへ辿りつけない。測量師Kは、ある城に測量に雇われて出かけますが、霧の深い村を訪ねるあたりから、城のありかさえわからない。そのままのあいまいな状態がずっと最後までつづいていく物語です。城はすぐそこにあるらしいのに、そのありかがわからない。そのせいか、だらだらと冗長な説明がつづくだけで事態は少しも進展しないまま、物語は終わります。文庫本で550ページもあるのに、読後に何も残らない。説明らしいものがないので、何も伝わって来ない。何も起きないまま、そのまま終わらせるのが、行きづまりにさしかかっていたカフカの狙いだろうというのが、これまたあいまいな解説者の説明です。

新しい情報を目にするとき、先ほどまでの画面は忘れて、次の画面に気を取られてしまうことがあります。ものを考えるひとは、そういう傾向を避けるために、はやとちりや読みまちがえのないように、文字化して冷静な判断をするよう心がけています。version up された、最新の情報だからといって、その中身（QOL）がよくなっているとはかぎらない。古いからといって、捨てるべきだとみなす必要はないのです。伝統も継続も、いちがいには無視できないもの。パソコンやケータイは新しい情報を優位とみなし、古いものを上書きするため、伝統的な価値観や先人の知恵を学ぼうとする姿勢がますます乏しくなっていきます。新しい情報機器の登場で進歩したように見えますが、じっさいは時間や距離を短縮しているだけで、その中身が進歩しているわけではないと気づかないひとは、大切なものを忘れているのです。

かつて先人たちが、わずか数キロの旅で感じていた解放感とか長旅に出たという感激、冒険したときのときめきなどは、ますます稀薄になっています。すばやい移動と、次つぎにあらわれる斬新な映像の繰り返しのなかで、もはやハイキングくらいでは、ようやく辿り着いたという感動はなくなっています。忙しく動き回りながら、またすぐ次の目的地に向かうというせわしさが目白押しの生活には潤《うるお》いがありません。1泊して出先の街のたたずまいを堪能することで、日常性を打ち破ることもできた、かつての出張が、飛行機や新幹線で日帰りが可能になってからは、体力や神経を消耗し、疲労がたまるわりに、新鮮な感動は乏しくなっているのです。

人類はいまいったいどこへ向かっているのでしょう。情報化社会は見た目の変貌がはげしく進歩をつづけているように見えます。しかし、似たようなコピーの焼き増しばかりなら、進歩とは言えません。新製品が次つぎにあふれるわりに、わたしたちの心を打つものは乏しい。新しいものを追うひとは、次の新しいものを追うことの繰り返しで、あせりが加速しています。流行の服飾を追うことは、終わりのない競争に加わることです。あるべきユートピアとは何なのでしょう。

トマス・モアは、人類のめざす「ユートピア」(nowhere) をこう紹介しています。

ユートピア人は、一日二十四時間のうち、わずか六時間を労働にあてるにすぎない。午前中に三時間の労働、昼食後は二時間の休息と三時間の労働、そして、夕食。夜の八時には床につき、八時間の睡眠をとる……彼らは仕事をしているとき、七年間はもつといわれる皮革製の質素な服を着ている。外出するときは、そのうえに上着を着るが、この上着は全島を通じて同じ型、同じ色合いの、羊毛の生地の色であって、流行によって変わることはない……。各区の中心には市場がある。ここへ家族の父親がやってきて、必要なものをいくらでも持っていく。金も要らないし交換するものも要らない。すべてのものが豊富にあって、誰も必要以上にむさぼる心配のないところでは、欲しいものを欲しいだけ渡しても何の不都合もないからである

（『ユートピア』）

人類のめざす理想がこの程度なら、もうすでにユートピアを体験していることになります。

文明はスピードをあげて距離感の喪失を加速化させて来ました。じぶんはただ座っているだけで、新幹線や飛行機で、めざす次の目的地に到着できます。ただたとえ素早く到着できても、身体や精神がついていかないまま、移動を終えていることが多いのです。また資料の紛失や喪失をおそれて、保存のためメモリーを増設し、日々データを増やしますが、保存するだけでその記録がどういう意味をもつのかの判別まではいかない。これは録りだめをしたままのビデオと同じで、そこにあってもまだそれを活用しかねています。

またこれだけ自由にいろいろ動けるはずなのに、海を見たことのない者、ろくに旅もしていないひとが少なくないのも事実です。言われている以上の格差の存在は、見過ごすことのできない現実です。この地球上に、いまも自由に行き来できない（国の）民衆がたくさんいて、基本的な人権さえ保証されていない国があるというのは事実です。情報化社会では、少数のエリートが、身なりも知性も環境も、贅沢に与えられ、後の大半の者は、じぶんの時間と肉体を切り売りしながら、ようやくいまの地位を確保するのに汲々としているだけかもしれません。

オルダス・ハックスリーの『すばらしい新世界』は、時代設定が２５４０年。ひとは瓶のなかの培養で、

アルファ、ベータなどと5段階に分けて生み出され、それに順応することが刷り込まれます。多胎によるクローンですから、下層階級に個性はありません。そこでは、生殖と無縁の快楽だけの乱交が推奨される世界です。感覚映画という映画はありますが、書物は追放されています。そこは「ソーマ」というドラッグさえあれば、若者も老人も一定の若さが保てて、いつまでも若く見えるという世界。何か問題が起きれば〈ソーマ〉(soma)という錠剤をのみさえすれば、問題は解決できるのです。

しかし、たった1錠のソーマで世界を理想の世界に変えられるほど楽観的にはなれないようです。人びとは、皺《しわ》もしみもなく、成熟も老化もない暮らしができますが、あるときが来ると、急に死んでいくというのです。これは世界をニヒルに捉える一種のニヒリズムであって、これが近未来のユートピアだとはとても信じられないのですが、ある時期、話題となった作品です。

子ども用の『ガリヴァー旅行記』は、第1篇の「リリパット(小人国)渡航記」と第2篇の「ブロブディンナグ(大人国)渡航記」だけで、後半部分は省略されています。作者が力を入れ風刺《ふうし》を込めて書いた(と思われる)第3篇と第4篇は、子ども用の版では読めません。第3篇に出て来る、長寿のひとの国では、長生きして死なないのはいいようですが、老いがすすむため、醜悪になり、意固地になり、どうしようもない「不死のひと」(ストラルドブラグ)ばかりが生き残っているが、もう死ぬこともできないのです。これは「逆ユートピア」(dystopia ディストピア)とでもいうべき悲惨な国の話です。長生きはできるが、老いがすすむひとたちの、顔をそむけたくなるほどの醜い顔のひとたちが登場する情景は、読むのも忍耐が必要です。

年をとればいいことばかりあるというのは思い違いです。ある程度義理を欠いてもゆるされ、ある程度もの忘れをしても黙認できるのは、老いの特権でしょう。老いが進めば、老いの醜さも加速化されます。

まだ死にたくないというひとは多いのですが、年をとれば仲間がいなくなります。親しい家族も、舞台から消えていきます。それは見えないところで、どんどん進んでいくので、まわりが「死なないひと」ばかりとなれば、どういうことになるのでしょう。スウィフトは、そんなに年をとりたくないな、と思わせるかのように、いやな老人国を登場させます。「ストラルドブラグ」と呼ばれるひとたちは、不死ではあるが不老ではないため、「見たこともないほど醜い不快な老人たち」がいます。まとめていうと、こういう調子です。

ふつう30歳ごろまでは挙動はふつうの人と同じだが、それからは次第に意気銷沈しはじめ、その後はそれが高じる。やがて80歳になると、一般の老人の持つすべての痴愚《ちぐ》、弱点を網羅するだけでなく、おまけに決して死なないという恐るべき未来から来る、多くの欠陥を併せ持つことになる。頑固で、意固地、貪欲《どんよく》で、気むずかし屋で自惚《うぬぼ》れで、ひどいおしゃべりになるだけでなく、友人と親しむこともなく、自然の愛情にも不感症になる。ただ嫉妬と無力な欲望だけが燃えさかる。青年ないし中年時代に見聞きしたこと以外は何一つ覚えていない。すっかり耄碌して記憶がなくなるのはましな方で、満80歳になると、もう法律上では死んだも同然となり、信用、利害についての仕事はすべて無能力者ということになる……90になると、歯も頭髪も抜け落ち、味覚などなくなり、なんでも手当たり次第に、味も食欲もなく飲み食いするだけになる。……本を読んでもいっこうに面白くない、なにしろ肝心の記憶がわずか一つの文章の最初から終わりまでもたないのだから……

たとえばアメリカという国は、ひたすらじぶんの生き方に自信をもって向かうため、じぶんがいいと思ったものはいいのだと、強引に押しつけてくる執拗さに問題があるのは否定できません。またそこにはスポーツやゲームのルールのようなものを取り込んで、それに合っていればOKだがそうでないときはだめだと、あっけらかんとした方針を打ち出す。これは、ある時期まで未開文明への啓蒙として宣教師らの熱意と結びつく歴史でもありました。アメリカ的精神は、下手をすると笑いものになるほど親切ですが横柄でもあります。（2020年秋現在、駐留米軍は世界各地に19万人余が駐留しています。）

　敗戦後の日本には戦闘体験のある者を本国へ引き揚げさせ、戦闘体験のない者だけを新たに日本へ送るという人員の入れ替えを行ないました。駐留に関する、こういうアメリカ的な方針は、憎めないしたたかさがあり、イギリス人のやせ我慢や気取りとはちがいます。オープンでつねに実践的に考えつつ、どこかこまかく計算するわりに、不思議な抜け穴やガス抜きも用意しています。ベトナム戦争のとき、休息のために世界各地の大都市ではめをはずす機会を提供していたR&R（rest and recuperation（慰労と休養））のシステムは、そのあらわれです。たぶんそれが戦後ひろく庶民のあいだに普及していったアメリカ的な発想の根源にあるプラグマティズムの実践力のあらわれとみるべきでしょう。

　近代日本の夜明けに啓蒙的な働きをした福澤諭吉は、文明開化の仕掛け人であり、多くの日本人を啓蒙した才人というべきひとです。福澤は『福翁自伝』のなかで、幕末のあの時期、世のなかは不穏だったので、暗殺を恐れて、夜は一度も外出しなかった、と書いています。維新前、文久2、3年ころから維新後の明治6、7年の頃まで、12、3年の間、夜間はいっさい外出せず、旅先では荷物にも偽名を使ったというのです。駆け落ちしたひとが人目を忍び、泥棒が逃げて廻るような風だった、ともいっています。剛胆とか磊落《らいらく》とかいわれる諭吉が、そこまでこまやかな神経をもって生きる慎重なひとでもあったのです。諭吉のこの記録はギネスものの最多不外出記録だというひとがいます。

わたしがヒロシマを初めて訪ねたのは昭和30（1955）年、まだ悲惨な被爆写真を公開できていなかった、大学1年の夏です。被爆の痕跡が生々しく、ヒロシマ市内のあちこちにのこっていました。市内の太田川のなか（の空き地）には、被災者のバラック小屋とおぼしき、そまつな屋根や壁板だけの住まいが点在していました。テレビがなく、ラジオだけで情報を得ていたころゆえ、被爆状況の写真を未だ見ていなかっただけに、記念館の展示は衝撃的でした。そのころ市内では、ある被爆者の方が、自宅に居ながら、通りを行くひとに背中のケロイドを見せて沈黙の抗議をしておられるのも見ました。被爆した生身のからだを、あつい夏の午後、団扇《うちわ》も使わずに道路に向かって他人にからだをさらす抗議には衝撃を受けました。

そのとき知人の紹介で原爆傷害調査委員会（ＡＢＣＣ）を訪ねてみましたが、調査の実態とか結果はなにひとつ教えてもらえませんでした。ただこういうふうに、資料をあつめ分析している、という説明をうけることができただけです。（正式な調査結果は、その後も公表されていないようです。）

井伏鱒二の『黒い雨』は、ある人の手記を元にして書かれたものだけに、体験者の様子が垣間見られるおだやかな筆致ですが、つらいものがこみ上げて来る、すごい文章です。

いつもの通り、……駅の構内に入った。……そのとき、……目もくらむほど強烈な光の球が見えた。同時に、真っ暗闇になって何も見えなくなった。瞬間に黒い幕か何かに包み込まれたようであった。……叫び声、怒鳴る声、悲鳴。……駅続きの家という家が……そこらじゅう地面を瓦の波で覆っている。

……往来の人は、みんな灰か埃のようなものを頭から被っていた。……両手を幽霊のように前に出して歩いている女もいた。……一糸まとわず、さながら銭湯の湯槽に入るときの恰好《かっこう》で歩いている男もいた。赤ん坊を抱いて「水をくれ、水をくれ」と叫びながら、赤ん坊の目に息を吹きかけている女もいた。……両の掌を見ると、左の掌いちめんに青紫色の紙縒《こより》状のものが着いている。……頭をたたいてみた。灰神楽のように粉が降った。……橋をわたるため、堤防を川下に向かって行った。右手の堤防下の草むらに無数の屍体が転がっていた

二発の原爆の投下は、1945年8月、日本の敗色が濃厚になってからの投下。その必要性を疑うひとは多いのです。しかし、広島市に8月6日、長崎市に8月9日、原爆は二度も、日本に投下されました。無差別の被爆でした。死没者は市民の多くを巻き込む24万7000人がヒロシマ。ナガサキが14万人が死没。

アメリカは戦争終結のため必要だったと主張しますが、なぜ2度もなのかは疑問です。彼らはいまも *We don't apologize* と言い続けています。日本には講和する意志があり、ソ連やスイスに働きかけてもいました。アメリカの情報網は日本の行動などは逐一お見通しだったはずです。ソ連の日本への侵攻は、ヒロシマの原爆投下後の8月8日であることもしっかり記憶しておきましょう。

旧約聖書の『エレミヤ哀歌』4章は、バビロンの捕囚期にあらわれた預言者エレミヤが、そこに見たエルサレムの惨状を嘆きかなしむ記事です。バビロンのネブカドネザル大王がエルサレムを包囲したため、城壁内の市民は、食料が逼迫《ひっぱく》し、惨憺たるありさまでした。(文語訳で紹介します。)

乳哺児《ちのみご》の舌は渇きて上顎《あご》にひたと貼《つ》き、幼児《をさなご》はパンをもとむるも擘《さ》きてあたふる者なし、肥甘物《うまきもの》くらひ居《を》りし者はおちぶれて街衢《ちまた》にあり、紅《くれなゐ》の衣服《ころも》にて育てられし者も今は塵堆《ちりづか》を抱《いだ》く、今我民《わがたみ》の女《むすめ》のうくる愆《とが》の罰はソドムの罪の罰よりもおほいなり、ソドムは古昔《むかし》人に手を加へらる、ことなくして瞬《また》く間《ひま》にほろぼされしなり、わが民の中《うち》なる貴き人は従前《さき》には雪よりも皎潔《きよらか》に乳よりも白く、珊瑚《さんご》よりも躰紅色《からだくれなゐ》にしてその形貌《かたち》のうるはしきこと藍玉《あをだま》のごとくなりしが、今はその面《かほ》くろきが上に黒く、街衢《ちまた》にあるとも人に知られず、その皮は骨にひたと貼《つ》き、乾きて枯木のごとくなれり、剣《つるぎ》にて死ぬる者は飢て死ぬる者よりもさいはひなり、そは斯《かか》る者は田圃《たはた》の産物《なりいでもの》の罄《つ》くるにより漸々《やうやう》におとろへゆき、刺されし者のごとくに成ればなり。わが民の女《むすめ》のほろぶる時には、情愛《なさけ》ふかき婦女等《をんなたち》さへも手づから己《おのれ》の子等《こども》を煮て食《しょく》となせり

こんなことまで、あえて書かなければならなかったのが預言者エレミヤのつらい役割でした。

こういうむごい極限的な苦難の歴史が、伝説となり歌声となって、イスラエルの歴史の底辺に流れているのです。こういう悲惨さは、神の怒りであり審判の結果である、指導者たちがその職責をはたさず、私欲に走り悪事を重ねたからだ、とエレミヤはきびしく糾弾しています。

地球の温暖化が加速し、環境汚染がますます深刻になっています。その結果、すべての人類がいなくなると、地球はどうなるのでしょうか。

それは、温暖化がひどくなるよとか、公害だ！と叫ぶだけでは済まない、すべてのひとの未来に関わる大問題です。かつて地球に生息していた巨大哺乳類は、人類の登場によって地球から姿を消してしまいました。

おそらくこんどは、巨大な建築物をあちこちに残したまま、人類が地球からいなくなるだろう、というのが多くのひとの見立てです。

アラン・ワイズマンの『人類が消えた世界』はいろいろ考えさせられる風景が出て来ます。まず排水機能がおかしくなり、地下から水があふれ、街に新しい水路ができて、地下鉄は水没します。（これは最近の記録的短期間大雨といわれる、ゲリラ豪雨などですでに体験済みです。）

やがて石油化学工場や油田で火災が発生し、大量の有毒物が発生して、大気が汚染され、核の冬が到来します。その結果、土壌は燃えた炭素で肥沃となり、野草が伸び放題にのびていきます。これまで人類が進歩という名目で地球に与えてきたさまざまな負荷は、二酸化炭素や核物質などの残留汚染物質、分解不能のプラスティックなどをますます増やすことになります。牧畜や農業にさまざまな工夫をほどこし、都市化と工業化を推進してきた人類は、みずからの欲望を充たすためといって、未来世代の人間たちに、さまざまな負の後遺症を残していくのです。

たしかに、それを喰らうために人を殺したのは事実ですが、ほんとうはそれどころではなかった、という切実な状況のなかの苦渋の決断だったのです。野上弥生子の『海神丸』は、仲間の兵士から与えられた人肉を、口には入れたが呑み下さなかったかどうかを問題にしており、大岡昇平の『野火』にもふれながら、武田泰淳は『ひかりごけ』のなかでこう描いています。

やっぱ、そうだわえ。おそろしいもんだ。
何だ。何がおそろしいだ。

おめえの首のうしろに、光の輪が見えるだ。
（首を左右に回す）おらには、見えねえど。
おめえにゃ見えねえだ。おらには、よく見えるだ。
おめえの眼の迷いだべ。
うんでねえ。昔からの言い伝えにあるこった。
人の肉さ喰ったもんには、首のうしろに
光の輪が出るだよ。緑色のな。
うッすい、うッすい光の輪が出るだよ。
何でもその光はな、**ひかりごけ**つうもんの光に似てるだと

知床《しれとこ》半島先端の羅臼《らうす》を訪ねた「わたし」が、中学校長の案内で、洞窟内部の「ひかりごけ」を見たときのことです。かれは戦時中に起きた、悲惨な事件の話を聞かされます。難波船の船長が知床半島のペキン岬に漂着し、なんとか厳寒期を生き延びられたのですが、かれの生存の蔭には、口にはしたくない、忌まわしい人肉食の惨劇があったというのです。生存ぎりぎりの状況下の人間は、どう生きていけばいいのでしょう。

武田は、あえて解説をすることなく、こう言っています。「現在なるものは、たった一つではなく無数であり、明瞭なように見える世界は、じつは無限の顔面と心とを以《もっ》て茫漠《ぼうばく》と生きているのである。」

あの戦争のあとに、なんとか生き残ることができたじぶんは、あの戦争のことを書くのに、何をどこまで

どう伝えるのがいいのか。みずから体験した小説家たちは、迷いに迷ったのです。

死んだ戦友のことを考えると、じぶんがおめおめと生き残ったこと自体が生き恥でもあったのです。

島尾敏雄の『出発は遂に訪れず』は特攻隊の隊長だったじぶんが生き残ってしまった話です。

大岡昇平の『野火』はほぼ全員戦死のなか、フィリピンの戦闘から恥ずかしい生還を遂げた話です。

石原吉郎の『望郷と海』は、24歳で召集され、38歳で帰国するまでソ連に抑留されていたひとの話です。かれははじめハルビンの関東軍特務機関に配属され、敗戦と同時にソ連軍に留置され、捕虜収容所に収容され、重労働25年の判決を受けた後、1953年、スターリンの死去に伴なう特赦で帰国しています。

島尾敏雄の『出発は遂に訪れず』は、特攻隊長として出発の準備をととのえ、いままさに出撃の命令を待ちつづけていたとき、突如終戦になって生き残ることになりました。その悔しさ、むなしさを抱えながら、部下を死に追いやったじぶんが、生き残ったぶざまさに呆れはてています。死ぬことが目的だった戦時下の状況が、鋭意待機せよの指令から突如敗戦となり、時計を止められてしまったのです。

思いがけずいのちを取り戻したとはいうものの、この先じぶんはどうすればいいのか。戸惑いながら、重い時間がそこにたゆたっています。

「生きて戻れることの考えられない突入」、「目に見えぬものからの仕返しの顔付き」、「重なり過ぎた日」、「奇妙な停滞」など、島尾の文章は、イメージの重さを増幅させながら呻きつづけています。

島尾は奄美大島南端の加計呂麻島《かけろまじま》で、特攻隊の出撃直前に終戦を迎え、戦後、島の娘ミホと結婚、作家活動を始めますが、やがて神経を病んだ妻ミホのため、鹿児島県奄美市に居を移します。28歳の敗戦から69歳の死まで、引き延ばされた生を引き受けつつ、末期の目をもって、生活のすべてをきびしくみつめつづけて生きました。かれにとって戦後は、全身を賭けた真摯な反省の連続でした。

どれほど小さな出来事も、起こらなければそれは自分のものとならず、いつまでも未知の領分に残っている……死の中にぶつかって行けば過去のすべてから解き放たれるのに、日常にとどまっている限りは過去から縁を切ることはできない。手ひどい肉体のいためつけがほしい

野坂昭如の『火垂るの墓』は、昭和20（1945）年6月5日、B29の大空襲をうけた神戸の状況を描いた作品です。神戸市須磨区にあったわたしの家も、あたり一面が焼け野原になりました。これはわたしたちが「忘れてはいけない物語」として、読み続けるべき書物です。中学3年の清太にとって、家は焼け、母は重傷を負い、妹節子を背負って、いのちからがら石屋川の堤防にのがれます。しかし、まもなく母が亡くなり、かれと節子は西宮の親戚に身を寄せますが、焼け跡から掘り出した食料や米と交換する母の着物がなくなってからは、疫病神扱いになり、二人は貯水池の側の横穴壕のなかで飢えを凌ぐようになります。

それでも空襲はつづき、食糧事情は悪化し、清太は空襲のさなかに近所の畑を荒らし、他人の家に忍び込んで、着物を盗んで、米と交換し、節子に食べさせますが、節子は衰弱し、敗戦の数日前に亡くなります。

清太は妹の亡骸《なきがら》を満池谷《まんちだに》を見下ろす丘でじぶんで火葬にします。火が燃え尽きたころ、あたりは螢の群れが飛び交っていました。清太は焼け跡や闇市をあちこち彷徨《さまよ》ったのち、やがて三宮駅構内で野垂れ死にをしてしまいます。

7月6日、梅雨の名残りの雨の中を、B29が明石を襲い、清太と節子横穴の中で、雨足の池にえがく波紋をぼんやりながめ、節子は常にはなさぬ人形抱いて、「お家《うち》かえりたいわあ、小母さんとこ、もういやや。」およそ不平をこれまで言わなかったのに……「お家焼けてしもたもん、あれへん」

清太は、国鉄（JR）三宮構内の柱に、背中を丸めて、もたれかかっていました。目と鼻の先にあるトイレに、這いずっていく力さえ、彼にはもうなかったのです。ひどい下痢がつづき、腰を浮かすこともできない。きょうは何日やろな、と考えながら、清太は死んでいきます。昭和20年9月21日のことでした。駅員が清太の着衣を調べると、腹巻にドロップの缶があり、それがカラカラと鳴りました。駅員が夏草のなかに缶を放り投げると、蓋がとれ、骨のかけらがころがり出ました。それは栄養失調のため、4歳で衰弱死した、妹節子のものでした。

かつてアメリカでは貧しい黒人は軍隊に入ることで、白人なみのあつかいを受けることができました。無事生還できれば、奨学金で大学に入れたのです。そういう経歴の黒人院生をまじえて、イエール・キャンパスでアルバイトをしました。夏のサマースクールのため、構内にあるいくつかの男子寮をくまなく清掃してまわる作業で、けっこう、てきぱきとした動作が求められるバイトでした。リノリュームの床を電動掃除機で掃除し、部屋ごとにベッドメイキングのため、シーツをしっかりぴんと張るのです。一連のその作業過程ですばらしい実力を発揮したのが、従軍経験のある黒人の院生でした。

名前はたしか、なんとかリンカンでした。かれは従軍中に鍛えられた身体能力のほかに、作業の手順と綿密さが、他のだれも太刀打ちできないほど、すばらしいので、だれもがかれのやり方にしたがうことになったのです。落ち着いた作業の緻密でみごとなこと、それでいて見回りのボスが来ないときには、うまく息抜きするタイミングのあざやかさも、なかなかのものでした。そういう体験があったからこそ、前線から生き延びて帰還できたのだろうと納得させられました。勉強ひとすじのイエールの白人の秀才も、黙って従うほかない、かれの才能に目をみはる思いがしたものです。

わたしが最初の年に住んでいた男子寮には、従軍経験のある黒人（天文学が専攻）の学生がひとりいて、かれも優秀な若者だったようです。この本では、こういう実体験も、証言として報告しておきます。

本を読むというのは、心をひらく自開行為です。読むために心をひらいてだれか他のひとの声に耳をかたむけることです。それは、じぶんというものを改めてみつける絶好のチャンスです。じぶんがいったいだれなのか、どういう存在なのかということは、だれかの書いた本を読むまでは、気づかないまま、平気でやり過ごしているものです。書くひとも、じぶんのことはわかっているようでいて、書き始めてみると、案外わかっていなかった、気づいていなかった、ということがいろいろ見えて来ます。

わかっていると思っていただけで、案外わかっていなかった。何かを話すときもそういうものです。しかし、そのひとの話の前提を無視して、ただそうですか、とうなずくばかりでは個性がなさすぎます。

一冊の本を読むとは、書き手がどこまでわかったうえで、そう言おうとしているのか、その状況把握が正しいのかなど、読者としては、そういうことも少しは確かめながら、読んでいく必要があります。

本気で読むには、読むための気力や体力がなければ、とても読み切れない本があります。雑事にかまけて、読むための精力を失なっていないか、二次的なことに熱中しすぎて、肝心のことが疎かになっていないか、など改めて再考してかかる必要があります。本気で読むからには、時間をさくこと、そのためには相当のエネルギーが必要だということを考えに入れておくべきでしょう。

じぶんの思いが伝わるのは、生きているひととはかぎりません。ひとは傍にいるひとからだけ、何かを教えてもらえるのではありません。もう亡くなったひとのことばが、いまわかる、ということもあります。そのひとの書いた本や文章だけでなく、そのひとのたたずまいや、ある日の何気ないひとことも、心に残る生きたことばになります。いまはもう居ないが、その声がいまも聞こえてくるひとはいます。

そのひとはただ在るとか生きているという意味でなく、そのひとの、在りようなりことばなりが、わたしの心にいまも生きつづけているのです。そうわかると、いろいろな名言や先達が、いまもわたしたちに語りかけてくれていることと変わりないのです。

何かを伝えるには、その時を待つ必要があります。時充ちてはじめて、そのことがお互いにわかりあえるようになる。ことばは伝えるだけでは充分ではありません。伝えたいことが伝わるためには、じぶんからも積極的に働きかけてみる気概が必要です。意識して努力しなければ、新しいことを始めることはできません。じぶんから意識して始めて見ないかぎり、何も実現しないままになるのは当然です。待っていてできることもあるでしょうが、じぶんから動き出さないかぎり、何も始まりません。大事なことは、タイミングを見はからって、じぶんで機会をつくって動き出すことです。

いま必要なことばを、警句として発信する預言者的存在は、いま生きているひととはかぎりません。そういうひとは、いかにも何かを語っているというタイプではないかもしれず、何も語らないけれど、そこに存在するだけで影響力を与えるひとかもしれません。そういうひとこそが、本来の君子であり聖人であり、預言者的な存在になるのです。世に知られた偉人賢人ではないかもしれないが、必要なときに必要なことを伝えて、若いたましいを鼓舞することのできるひとが、いなかにも居られました。わたしはそういうひとたちの恩恵を受けた幸せ者です。

小学校の後半の3年間、小4から小6までの担任だった岩城文吾先生は、六甲山や富士登山に引率して下さった方で、書家として東京藝術大学へ書道の特別研究生として内地留学もされました。東京都台東区上野公園にて、という封書を頂いたことを覚えています。

高1と高3の担任だった広田千賀治先生は、三木高の哲人と言われていた方で、授業とは別に、思いついたことをいろいろ話される方でした。孔子の話から、プラトンのイデア論やニーチェの「神の死」論、釈迢空の短歌論、お茶の水界隈の街のたたずまいのことなども、うれしい雑談でした。鑑真や空海のことも気になる面白い話でした。わたしは、高1の読書週間のとき、パスカルの『瞑想録（パンセ）』について、お前何か話せ、と言われて、何かしゃべらされたのです。進学のとき、関西に居るか上京するか迷っていたとき、「お前はトーキョーへ行け」と言って下さったのは広田先生です。

大学時代のICUの恩師秋田稔先生は、東大倫理学科の出身。和辻哲郎の晩年のお弟子さんです。じぶんはこれからこういう本を出すぞ、という予備段階の草稿をいつも熱く語って下さった方でした。たぶん前日遅くにできたばかりのノートを読み聞かせる気迫にあふれんばかりの方で、大いに刺激を受け、その講義は

2Bの鉛筆ですべて書き取っていました。先生の旧約聖書研究会は難解だということで、旧約学会だといわれたりしていました。のちに旧約聖書学会の会長になる並木浩一は卒論にロマ書を書いたので、秋田門下で旧約をやったのはわたしが第一号になります。

中1の藤田五十鈴先生は、関西弁の「せやさかいに」は理由をあらわす助詞である、というひとことで、わたしを「撲殺」された方です。中学に入ったばかりの12歳を、一挙にどこかへ連れ去ってしまわれた方です。先生は時枝文法のことも口にされていましたが、そこまではわかりませんでした。先生は、何を思われたのか、中学生のわたしに、じぶんはこういうものを書いていると、小説のようなものを見せて下さったこともあり、書くということにおいて受けた衝撃はなみのものではありませんでした。

わたしは、シェラーさんがサバティカルで帰国されるとき、おいていかれたオーバーコートを母にリフォームしてもらい、藤田先生と同じようなジャンパーをつくってもらいました。先日再会したFは、そのころわたしが戦闘帽をかぶっていたというのですが、覚えていません。『宮本武蔵』はFに又貸ししていたことがあるとか、漱石の『こころ』を読めといってわたした、というのも、まったく覚えていません。

考えてみると、わたしのお世話になった先生は、農業国の遺産なのか、田の付く方ばかりです。中学の藤田先生、高校の広田先生、大学の秋田先生など。いずれも「ガバ」を体験させて頂きました。14歳のときのシェラーさんの登場によって、アメリカとの距離がいきなり近いものになります。わたしにはそれが号砲であり、ターニングポイントというべきものになりました。外国とか外国人が、いきなり向こうから近づいて来て、わたしのものを見る目を一挙にひろげてくれたのです。

人生というのは、わたしがどこかを踏破したとか登頂できた、という報告をめざすものではありません。わたしが気づいたこと、わかったことを、だれかに語り継いでいくという意味では、わたしひとりが走るマラソンというより、次のだれかにバトンを手渡す駅伝のようなものかもしれません。インターネットが地球全体の生態系や精神系にひろく深く浸透していくなか、さまざまな視点や視界が庶民にまでいきわたるようすは目を見張るものがあります。しかし、肝心要のところで何も伝わっていない、どこかちぐはぐさが残っているのは、コロナでパニックになり、コロナでグローバリズムが影を潜めたことからもわかります。医療が進歩しているといっても、コロナでパニックになり、自国中心主義に舞い戻り、分断状態を生むことになりました。

わたしたちはいま、だれもが、どこかでお互いにケアしあうという意味で、だれもが介護士のような立場にあって、どこかでだれかをケアすることが必要な社会になっています。じぶんだけがだいじょうぶなどというひとはいません。だれもが危うい淵を歩いているのに、そうわかるひとと、何もわからないひとがいて、もの不足や情報ギャップに怯えています。

いま必要なのは、事実でも情報でもなく、その事実（情報）についての意味を伝えあっていくということでしょう。情報やうわさに左右されず、それが何を意味するかを把握し、それを持ち堪える、ひとりの大人としての自覚ある人材の養成が肝要です。

『星の王子さま』はいい本だよね、といって、再読するひとが多いようですが、こういうことは「おとな」には「わかりっこない」、という締め括りの決めつけには、注意が必要です。そこは少し、子どもに対するおだてが過ぎるので、子どもにはわかるがおとなにはわからない、と思ってしまいそうな箇所ですが、それはかれの言い過ぎたところです。

子どもにわかるが、大人にはもうわからなくなったことがあるのは事実です。しかし大人がわかるのに子どもがわからないことがあることも確かです。お互いにわかりあえないことがあるのは、見えないものがあるからでなく、見えていても、わからないことが増えており、それは子どもだからでも、大人だからでもありません。子どもだってだれもが純真だとは限らない。大人だってだれもがわからんちんばかりではないことをわきまえないひとは、単純すぎる二元論者になってしまいます。

たちどころに説明ができて、だれもがそうだとわかってくれることなど、そうたくさんはありません。だいたい、事態そのものがそう簡単に説明ができることではないのですから。大人にも子どもにも、わからないことがいろいろあります。あいまいでまだ決着がつかないこと、考えはじめるときりのないことが、次つぎにあらわれます。そのため、もうこれで終了、ということは、生きるかぎりないのです。

エピローグ

すべてをうまく説明できるようなことばをみつけることはできません。しかし、記憶にとどめていることのなかで、これらのすべてを、なかったことにはできない。いまもそういう思い入れのある出来事を書きました。哀切な思いのあるものは、私的であるだけに秘められた出来事であったわけで、切実なわたくし性がありますが、それがかえって普遍性を加えるだろうと思っています。あのときの厚意や感謝は、このままでは消えていくばかりなので、こういうことがあったと、感謝をもって書きとどめておこうと決断したのです。

世のなかには、読んだ本を覚えていて詳しい一覧表にするひとがいます。全部読んだとか、読み終わったことが目標になっているのか、とくに影響を受けたという本がないまま、本の題名にくわしいひとがいます。

わたしが読んだ本は、どこかで出会いのあった本、じぶんがあるところで読むのをやめて考えこまされた本です。出会いのあった本は、完読した本とは限りません。ショックをうけて読むのをやめた本は、後日読み終わったのでしょうが、そのとき読み通したとはかぎらない。あの本もこの本も、すべて読み切った、だれとだれの全集を完読したと豪語するひとはすごいと思いますが、ある箇所で衝撃を受けて、先が読めなくなったという実存的な体験を知らないひとが多いようです。

あるところで読むのをやめるほどショックを受けて、それ以降のじぶんの人生が変えられたという体験をするのが読書の醍醐味です。ガバを知らないまま読書をして来たひとは、年はとっていても、読書歴は14歳以下かもしれません。心をひきしめて、手元にある本に本気で挑戦し直してみて下さい。傍にあるふつうの本が、それまで想像もできなかった、思わぬ出会いの胞子を出してくれるでしょう。

わたしは先に『自分史心得帖』を出し、『ニューヘヴンの冬』も書きましたが、どこか満足できませんでした。言いたいことが文章にならないもどかしさがあり、どこかしっくりしなかったのです。

しかし、ある日、トーマス・マンの晩年の『日誌』に、こういう箇所をみつけて、ほっとしました。

わたしがいま書かないなら、それは永遠に失なわれたままになるだろう。後代のひとはその証拠探しに必要な問題意識も予備知識も持ちあわせていない。あのころの情熱の舞台など、もはやどこにも存在しない。その痕跡を書き残すことによって、あのころを確保し、あのころの体験や思い出を永遠化できるのだから、書き残しておくことは大切なことなのだ

２０２１年はわたしがシェラーさんと出会って70年になります。令息のボビーちゃんは、ながらく松山の教会で宣教活動をつづけておられたことがわかりました。本書に、人名や場所をいくつも書き残したのは、かつて励まし支えて下さった方へのオマージュ（謝意）のあらわれです。わたしが出会った作品のなかには積年の魂の呻《うめ》きが込められており、伝えるべき物語がそこに凝縮されて谺《こだま》していました。そういう本に挑戦して、それまで気づくことのなかった世界が次つぎに開かれて不思議な魔力が与えられました。本書はわたしがこういう本や人に出会い、こういう読み方をしたという、わたしの読み方を記述したにすぎません。

あとがき

いまこうして『十四歳からの読書ナビ』の翔び発つのをうれしく思います。これはわたしの14歳から84歳までのお話です。もう70年になりますが、いまも心にひびく物語を書きました。

あの日、14歳の少年の前に、シェラーさんというアメリカ人宣教師が登場した（1951（昭和26）年）のは、うそのようなほんとうの話です。小川日曜学校のことは、カバーの写真（1952（昭和27）年）と、143頁にあるクリスマス祝会のあとの写真（1953（昭和28）年）がわが家の8畳と6畳の2部屋に犇《ひし》めいていた子どもたちを想像させるでしょう。

あのときにしかありえなかったのでしょうが、そういうことがあったのです。1960年代はケネディ大統領が暗殺された激動のアメリカ。だれもが夢と希望を抱いていた時代です。単身留学があたりまえの時期に、フィアンセを呼び寄せて学生結婚をする（1963（昭和38）年）のは破天荒の冒険でした。

2021（令和3）年1月に脱稿したあと、2月になり、妻 克子《よしこ》は、本書を目にすることなく、旅立ちました。途中稿には目を通してくれていますが、入退院を繰り返し、コロナ禍のなか、特養に入りましたので、長女 福澤洋子が査読を引き継いでくれました。本来なら消えていっただろう心の旅路を書き遺せた僥倖に感謝しております。

2021年4月　つくし野にて

小原　信

著者紹介

小原 信（おはら・しん）

国際基督教大学（ICU）、東京大学大学院を経て、1966年キルケゴール研究によりイエール大学哲学博士号 Ph.D 取得。1970年和辻哲郎賞（日本倫理学会賞）受賞。青山学院大学名誉教授。
本書に関連深い著作に
『ｉモード社会の「われとわれわれ」』中公叢書
『あなたはひとりではない』以文社
『いのちの継承』新教新書
『内村鑑三の生涯』PHP 文庫
『現代の病根』PHP 研究所
『孤独と連帯』中公新書
『自分史心得帖』教文館
『情報化社会の倫理的想像力』ICU 哲学研究会
『新・アメリカ見聞録』PHP 研究所
『日本人の時間意識』三笠書房知的生きかた文庫
『ニューヘヴンの冬』文藝春秋
『ファンタジーの発想』新潮選書
『ホスピス』ちくま新書
『われとわれわれ』中公新書
などがある。

十四歳からの読書ナビ

2021年7月30日　初版発行

著　者　小原　信
発行者　渡部　満
発行所　株式会社　教 文 館
〒104-0061　東京都中央区銀座4-5-1
電話 03（3561）5549　FAX 03（5250）5107
URL http://www.kyobunkwan.co.jp/publishing/
印刷所　株式会社平河工業社

配給元　日キ販　〒162-0814　東京都新宿区新小川町9-1
電話 03（3260）5670　FAX 03（3260）5637

ISBN 978-4-7642-6156-3　Printed in Japan